U0515371

国家社会科学基金项目"海外华人科学家跨国流动对我国前沿知识创新的影响研究"（课题编号：21BGL054）资助

合作网络与知识创新

理论、实证与仿真研究

张　华◎著

中国财经出版传媒集团

经济科学出版社

Economic Science Press

图书在版编目（CIP）数据

合作网络与知识创新：理论、实证与仿真研究／张华
著 . -- 北京：经济科学出版社，2022.7
ISBN 978 - 7 - 5218 - 3815 - 2

Ⅰ.①合…　Ⅱ.①张…　Ⅲ.①知识创新 - 研究　Ⅳ.
①G302

中国版本图书馆 CIP 数据核字（2022）第 121832 号

责任编辑：张　燕
责任校对：王苗苗
责任印制：邱　天

合作网络与知识创新：理论、实证与仿真研究
张　华/著
经济科学出版社出版、发行　新华书店经销
社址：北京市海淀区阜成路甲 28 号　邮编：100142
总编部电话：010 - 88191217　发行部电话：010 - 88191522
网址：www. esp. com. cn
电子邮箱：esp@ esp. com. cn
天猫网店：经济科学出版社旗舰店
网址：http：//jjkxcbs. tmall. com
固安华明印业有限公司印装
710 × 1000　16 开　15. 5 印张　270000 字
2022 年 10 月第 1 版　2022 年 10 月第 1 次印刷
ISBN 978 - 7 - 5218 - 3815 - 2　定价：79. 00 元
（图书出现印装问题，本社负责调换。电话：010 - 88191510）
（版权所有　侵权必究　打击盗版　举报热线：010 - 88191661
QQ：2242791300　营销中心电话：010 - 88191537
电子邮箱：dbts@ esp. com. cn）

目　　录

第1章　绪论 ……………………………………………………………… 1

  1.1　研究背景 ………………………………………………………… 1

  1.2　问题的提出 ……………………………………………………… 5

  1.3　研究的内容与意义 ……………………………………………… 8

  1.4　研究的技术路线 ………………………………………………… 10

  1.5　本书的研究思路及结构框架 …………………………………… 11

第2章　相关研究综述 …………………………………………………… 13

  2.1　个体创新研究文献综述 ………………………………………… 13

  2.2　社会网络理论研究文献综述 …………………………………… 22

  2.3　动态网络研究评述 ……………………………………………… 33

  2.4　仿真研究对发展管理理论的意义 ……………………………… 36

  2.5　本书的研究构思与假设分类 …………………………………… 43

第3章　网络结构与关系特征对个体创新的影响研究 ………………… 46

  3.1　直接关系对个体创新产出的影响 ……………………………… 46

  3.2　间接关系与网络位置对个体创新产出的影响 ………………… 49

  3.3　已有研究评述以及对本章研究的启示 ………………………… 52

  3.4　合作网络与关系特征对创新的作用模型 ……………………… 53

  3.5　实证研究设计 …………………………………………………… 61

  3.6　合作网络对个体创新直接影响的假设检验 …………………… 68

  3.7　对关系与结构的交互影响的假设检验 ………………………… 70

  3.8　结论 ……………………………………………………………… 71

第4章　权变视角下的合作网络对知识创新的影响研究 ……………… 73

  4.1　个体属性与网络结构对知识创新的交互研究 ………………… 75

  4.2　以往绩效与网络结构对个体知识创新绩效的影响研究 ……… 86

4.3　人格特质与网络结构对个体知识创新的交互影响研究　………　98

4.4　组织内合作网络与知识网络对个体创新的交互影响研究………　110

4.5　自我监控对个体合作网络构建与知识创新的影响研究………　126

第5章　动态网络与仿真研究　………………………………………　134

5.1　知识创新网络中结构洞的演进动力研究………………………　136

5.2　社会资本视角下的咨询网络演化研究…………………………　149

5.3　海峡西岸经济区装备制造业产学研创新网络的演化研究………　163

5.4　关键创新者、组织内网络的互动演化对创新的影响研究………　181

5.5　网络结构与成员学习策略对组织绩效的影响研究………………　196

第6章　结论　………………………………………………………　209

6.1　本书的主要工作及结论………………………………………　209

6.2　主要创新点……………………………………………………　212

6.3　理论贡献和实践借鉴…………………………………………　213

6.4　研究局限………………………………………………………　214

6.5　进一步研究的方向……………………………………………　215

参考文献　………………………………………………………………　217

后记　……………………………………………………………………　243

第1章 绪 论

1.1 研究背景

1.1.1 现实背景

自主创新的主体是企业和个人,而企业创新也是以个体创新为基础的,富有创新意识的人才是提高企业乃至一个国家自主创新能力的关键所在。基于个体创新的重要性,企业纷纷寻求提升员工创新能力的措施,想方设法调动员工的积极性,发挥员工的创新潜能,提高企业的竞争力,从而确保企业战略目标的实现。随着知识经济的到来,以及 IT 技术的发展,知识管理系统(knowledge management system)应运而生。很多企业纷纷构建自己的知识库,试图依托信息技术与网络技术,最终做到有效地存储信息,同时实现高效的知识流转、共享和发现。知识管理系统确实在提高企业的工作效率,减少员工的重复劳动,积累知识资产,降低企业的运营成本等方面发挥了重要作用。但是知识管理系统终归是一种基于硬件的信息系统,其对企业显性知识的管理作用明显;但对存在于员工头脑中的个体创新重要的基础——隐性知识的管理则无能为力。创新的主体是个人,人对隐性知识的处理与整合能力是无法被硬件系统所取代的。已有研究表明,在面对如此方便快捷的信息管理工具的今天,人们在搜寻信息的时候还是倾向于求助于他人。很多学者在对组织中实践社区的调查研究发现,创新产生于人与人之间的互动。知识管理系统为组织知识的充分共享提供了条件,而如何加强员工之间的交流与合作,如何调动起员工工作的积极性与创造性,从而达到组织目的,提高企业的核心竞争力是摆在企业面前的比引入知识管理系统更重要的现实问题。从上述讨论中我们可以看出,当前企业实施的很多促进员工创新的措施并没有取得预期的效果，尤其在我国的高科技企业中，对员工创新的理解还不够。现实中企业非常缺乏这方面的理论指导，因此非常有必要对个体创新的影响因素做进一步的研究。

1.1.2　理论背景

1.1.2.1　个体创新研究

随着经济全球化的发展，行业竞争加剧，企业所面临的经营环境日益复杂多变，管理者的有限理性也日益凸现。面对复杂多变的外部环境和管理问题，组织无法给出解决问题的具体行动路线，这时在明确且让员工共享组织愿景与和谐主题的基础上，放手让员工自主解决，激发员工的创新潜力，从而创造性地解决问题成为更经济或者更符合时效的要求（席酉民，2003）。个体创新以其不可模仿性已成为企业最重要的核心竞争力之一，对个体创新的研究也日益成为学术界关注的热点。

对个体创新的研究文献主要集中在对个体创造力的研究以及对个体创新行为的研究上。前者主要关注创意的产生，而后者关注的是在创新过程中，个体所表现出来的创新参与行为（Scott and Bruce，1994）。以往对个体创造力的研究基本上可分为两种思路：其一，早期大多是探讨富有创意的人的人格特征，试图发现具有较高创造力的人的特殊心理特征（Amabile，1983，1988）。其二，员工创造力的发挥，除了个人内在条件之外，更与其所身处的情景因素有关。如对员工的工作环境因素的关注集中在：具有挑战性的工作特征（Gough，1979）；倡导鼓励与支持的组织氛围（Oldham，1996）；组织评价体系（Kanfer et al.，1994），以及直属领导的类型（Zhou and George，2001）等。随着对实践社区研究的深入以及社会网络理论的发展，人们逐渐认识到，知识的应用与创新根源于人与人之间的交流、互动过程，因此对社会过程及社会网络的关注逐渐成为员工创造力研究的主流（Perry-Smith，2001，2006）。

对个体创新行为的研究则涵盖了个体特征变量、外界环境变量与任务特征变量三个层面。研究关注点也逐步从对个体特征的关注转变到对个体所处的外界环境的关注上来，在对外界环境变量的考察中，组织的创新氛围（innovation climate）是个体创新行为研究关注的焦点（Scott and Bruce，1994）。同创造力的研究一样，近年来社会网络理论也越来越受到个体创新行为研究者的重视。当前的研究表明，外界环境变量中的领导下属交换关系、成员间的交换关系等因素都是通过创新氛围来影响个体的创新行为（Kleysen，2001；Payne et al.，1990；Ong，2003）。而社会网络中的情感支持是创新氛围的重要组成部分，除此之外，成员的知识获取结构也被证实显著影响着个体的创新行为。而在知识创新背景下，社会网络为个体提供了创新所需要的异质知识以及及时的反馈，成员合作网络是知识获取结构的重要来源之一。因此，社会网络理论已经逐渐得到了个体创新研究者足够的关注（Kanter，2000）。

1.1.2.2　知识创新背景下的社会网络研究

社会网络理论之所以得到学术界的普遍关注，在于其独特的研究视角。它抛弃了以往仅仅关注个体的原子论研究观，将个体放置于广阔的社会关系背景下，强调人的行为的社会嵌入性。不同于以往集中在针对个人特质的个体创造力的研究，社会网络视角的研究认为，人的创新行为不是孤立发生的，而是嵌入在一定的社会关系之中的。为什么人际互动能发展个体创新呢？那是因为社会网络为个体提供了创新的基础——多样化的知识以及创新的激励——创新氛围。

在科技如此发达的今天，组织中可以提供如此繁多、便捷的知识管理工具的同时，为什么人们在寻求知识的时候，还是倾向于求助社会网络呢？这是因为，首先，以信息技术为核心的知识管理工具只能对那些显性知识进行管理，而对于隐性知识的管理则无能为力。知识的创新行为必然要求隐性知识的参与，而隐性知识藏于人脑中，只有通过人际互动才能表达出来。其次，工作情境将随着时间的变化而发生变化。当时成功的解决方案在现在的情境下是否依然适用？而且没有完全一致的问题情境，在问题情境发生了些许改变之后，完全遵循原始方案是不合适的，在这种情况下，最好的方式是直接去咨询问题的解决者，即求助于社会网络。最后，相比书本知识，人们更倾向于从人际互动中得到知识。人与人之间的交互不仅仅在于知识的转移，更重要的是将带来想法、思维方式的交流与碰撞，从而带来更多的启发与新的解决思路或角度。这些特点使得社会网络成为人们寻求知识的首选（Sutton and Hargadon，1996；Paulus and Nijstad，2003）。

社会网络理论强调从个体的嵌入特征入手，来研究其对个体创新的影响。我们按照加比（Gabbay，2001）对社会网络研究的分类可以看出，当前从社会网络角度对个体创新的研究，主要关注点集中在网络结构特征——中心性、结构洞、个体网络密度，以及关系特征——强关系、弱关系等角度，考察了对个体创新的影响。其基本的逻辑在于，个体所处的社会网络的位置不同，或者个体所嵌入的网络拓扑结构的差异最终将导致个体创新成果的差异（Coleman，1988；Granovetter，1973；Burt，1992）。近年来，随着对情境变量的关注，也有很多社会网络研究者从权变理论的视角出发，探讨了个体行为策略、个体特征等与社会网络结构对个体绩效的交互影响（Obstfeld，2005；Rodan and Galunic，2004；Cattani and Ferrian，2008）。

1.1.2.3　动态网络研究与多 Agent（代理）建模仿真方法

网络动态性的研究源自统计物理学与复杂性研究对复杂网络的关注。自然世界中存在的大量的复杂系统都可以用网络来进行刻画，而现实世界的网络结构表现出来的小世界和无标度等特性更是激发了理论界的极大关注。当前，复杂网络的研究方兴未艾，里程碑式的研究源自两篇著名的论文：一篇是1998 年瓦茨（Watts）和斯特罗加兹（Strogatz）在《自然》（*Nature*）杂志上发表的文章，其构建了小世界（small-world）网络模型，通过对规则网络进行概率的增删边的方法，指出在完全规则网络与完全随机网络之间存在的小世界网络现象，小世界网络将同时具备较大的集聚系数与较短的路径距离；另一篇是1999 年巴洛巴斯（Barabasi）和阿尔伯特（Albert）在《科学》（*Science*）上发表的文章，他们指出许多实际的复杂网络的连接度分布服从幂率特征，并通过生长与择优两个机制提出了 BA 网络模型来模拟这种网络特征。随后来自多个交叉学科的学者探讨了复杂网络的其他特性。复杂网络研究对我们的重要启示在于，它克服了传统的基于静态的结构主义分析逻辑的社会网络研究的束缚，强调网络的自组织性与动力学复杂性。因此，复杂网络为我们考察个体行为及个体创新与网络的互动提供了一定的理论基础。而对个体自主性与能动性的考察，需要引入对个体行为以及网络的建模，仿真方法则为这方面的研究提供了有力的武器。

近年来，仿真研究得到了社会科学领域，尤其是管理理论研究领域的极大关注。随着计算数理组织理论（computational and mathematical organization theory）的提出，一个新的"卡耐基梅隆学派"正在形成（Carley，1991，1995，1999）。计算机数理组织理论的基本方法，就是通过计算机仿真的视角来从事组织行为研究，将组织视为一个开放性的复杂系统，采用建模和逻辑语言来描述组织情景，并通过虚拟实验来研究组织现象。计算数理组织理论的研究已经取得了多方面的研究成果，现已成为组织理论研究的前沿之一

（Carley，1991，1995，1999）。随着研究的深入，仿真方法在管理理论研究中的地位也得到了学术界的广泛认可。一系列应用仿真技术的论文对管理理论的发展发挥了重大的推动作用（如马奇（March）在 1991 年发表的组织学习的论文）。在最近的顶级学术杂志上出现了一系列以复杂系统的视角进行管理研究，并对仿真方法进行系统评述的文章（如 2005 年《美国社会学期刊》（AJS）以及 2007 年《管理科学》（MS）上面的 special issue），探讨了仿真方法在理论发展中的地位和重要作用（Davis，2007；Harrison，2007）。而仿真研究的发展历史也表明了其在社会科学研究中的重要地位。

仿真研究特别适合于动态网络演化研究以及对个体行为策略的建模。不同于传统社会网络理论的静态结构主义研究，仿真方法非常适合于对个体特征及个体间互动关系进行建模，然后对涌现出来的网络特征进行考察（Cederman，2005；Amaral，2007）。除此以外，人具有理性及对涌现结果的分析能力，也就是说系统涌现的信息将反馈给个体，并将进一步影响到个体后续的行为。这种"二次涌现现象"揭示了个体行为与网络结构的协同演化（co-evolution）（方美琪，2005）。仿真研究的这个特点，就为我们考察网络与个体创新之间的交互影响提供了有力的研究武器。

1.2　问题的提出

1.2.1　前人研究的不足

如前所述，尽管目前已有研究对社会网络影响个体创新的作用机理进行了大量富有价值的研究，但是仍留下了很多没有解释的空白区域以及大量研究争论的存在。主要表现在以下三个方面。

1.2.1.1　缺少对社会网络和个体创新研究变量的系统整合

尽管社会互动对个体创造力的影响已经得到了很多学者的认可，但对于何种结构的网络更有利于促进个体创新，至今还存在着争论。基于科尔曼（Coleman，1988）对社会资本的定义的观点认为，闭合网络促进了复杂性知识的转移，从而对个体创新的产生具有积极的作用；另一种观点则与格兰诺维特（Granovetter，1973）的弱关系研究以及博特（Burt，1992）的结构洞理论一致，强调稀疏的、富于结构洞的网络，有利于个体创新。

在以往的研究中，个体创新被理解为一种通用的现象，事实上这种全能观并不适用于个体创新研究，现有的研究缺乏对不同类型的个体创新的考量。除此以外，传统的社会网络研究都是基于结构主义的分析思路，还很少有结合网络结构与个体关系来系统地考察对个体不同类型的创新影响的研究。尤其是对个体所嵌入的网络结构、个体所具有的特定关系以及个体的行为策略等三类变量之间，对个体不同种创新类型的交互影响得到关注的还很少。

1.2.1.2　社会网络研究缺乏对个体属性的考量

以往的社会网络研究过于强调网络结构和关系特征对一个人行为的约束，而对于个体能动性则极少考虑。在社会网络对个体创新的影响的研究文献中，网络结构与关系变量得到了研究者足够的关注，而对个体特征变量以及个体行为策略则很少有文献关注。这造成的一个必然的结果是，以往研究中个体创新的差异体现在网络位置与关系特征的差异上，而忽略了即使处于同一位置或具有相同关系特征的情况下，人与人的创新也是有差别的，这体现了人与人之间知识背景的差异、能力的差异或者行为策略的差异。而现有的社会网络研究文献很少关注到这些个体差异，因此造成大量空白的研究区域，以及研究争论的存在。

1.2.1.3　以往的研究忽略了对个体创新与网络结构之间相互作用的考察

以往的研究大多集中在网络对创新的影响，如个体所嵌入的网络的拓扑特性对个体创新的影响研究；或者体现在创新驱动网络演化方面，如复杂网络研究中，对机制网络模型的构建中对个体行为的建模。这些都是对创新与网络的单方面考量，很少有研究同时考虑到两者间的相互作用，以及在这种动态作用下个体创新类型的改变以及合作网络的演化路径。实际上，这体现了当前研究中缺乏对个体创新的跟踪研究，即个体创新将改变所处的网络状况，而所嵌入的网络结构的改变反过来也将影响个体的创新类型。整个过程体现了个体与网络之间的交互影响。

笔者认为，产生这些不足的原因主要有以下三点。

第一，这些研究要么基于静态的结构主义分析逻辑，要么只考虑二元层次上的强弱关系对个体创新的影响。将网络结构或者强弱关系作为唯一的自变量去解释对个体创新的影响。不同于心理学家对个体特质的关注，社会学家关注的是网络结构，因为网络结构不同而且网络地位因人而异，所以人们表现出不同的行为。这本是两个不同的解释角度，可如今的问题是，两者缺乏足够的对话。社会网络研究存在着一个基本导向，只关注静态的网络结构，忽视具有能动性的个体行动者。网络研究强调对成员行为的外在结构限制（或机会）而缺乏对个体行为的内在驱动力的解释。更有一些"坚定"的结构主义理论家主张社会网络结构在研究上享有优于个体行为的本体论地位。如在对个体创造力的研究中，心理学视角的研究者过多地关注个体特质对创造行为的影响，而忽视了情境变量，这导致的结果就是研究者只关注那些具有创新特性的人，探讨富有创意的人的人格特征，试图发现具有较高创造力的人的特殊心理特征；而社会学视角的研究者只关注个体所处的网络结构，认为特定的网络结构决定了个体创造力的高低。如果仅仅从网络结构这一个维度去分析对创造力的影响，不但会遗漏很多影响创造力的关键变量，而且将导致自相矛盾的观点出现。

第二，造成研究争论的原因在于研究者把创造力理解为一种通用的现象，事实上这种全能观并不适用于创新研究。因为不同类型的问题和工作需求可能依赖于不同的理论背景、技能、认知和行为策略去解决，这表现为个体将发展出不同的创新行为。因此，本书将重新思索个体创新的类型，将个体创新按照表现出来的不同方面，以及对异质知识的不同需求加以区分。

第三，以往的研究缺乏对个体创新和合作网络的交互影响研究，很大程度上也是由于纵贯的社会网络数据的缺乏，以及对创新者持续跟踪调查的困难造成的。实证上的困难导致社会网络研究很少涉及对网络与个体间交互影响的研究。除此以外，复杂网络研究方面的网络演化模型也大多是网络源于多 Agent 之间的互动，对 Agent "二次涌现"现象的建模关注较少，此外，当前还很少有对知识创新背景下的 Agent 行为策略的建模研究。在知识创新背景下，除了有一些研究者提出的理论分析文章之外，对个体与网络之间的交互影响的实证或仿真研究都还很少。

1.2.2　本书研究问题的提出

根据上述的现实背景和理论背景分析，结合前人研究的不足，本书将采用权变的视角，将组织学习领域中的双 E（exploration 和 exploitation）创新理论（March，1991）引入个体层次，考察合作网络对这两种不同类型的个体创新的影响。同时试图突破结构主义的研究束缚，将个体属性引入网络分析中。我们认为，个体创新的差异不仅仅体现在网络位置上的差异，即不同的结构位置对人的创新影响不同；我们同样也关注即使是在同一个网络位置上，个体创新也会在类型与绩效水平上产生差异，这就体现了个体间能力的差异和个体行为策略的差异。最后我们将从网络动态性的视角，考察个体创新与合作网络的协同演化。基于这样的研究观点，本书研究的主要问题如下所述。

基于静态的研究视角，我们考察合作网络与个体属性如何影响个体的双E创新；基于动态的研究视角，我们考察了合作网络与个体创新之间如何相互影响而发生协同演化，合作网络的演化路径以及对个体创新的影响。我们将其分为以下方面分别进行研究：合作网络对个体双E创新的直接作用研究；合作网络与个体属性对双E创新的交互作用研究；个体行为与网络结构对双E创新的交互作用研究；双E创新与合作网络的相互影响研究。

1.3　研究的内容与意义

1.3.1　研究内容

本书的研究内容共分为六章。

第1章绪论。首先，在现实和理论背景的支持下，提出从合作网络视角研究个体创新的重要性。并针对目前前人研究的不足，提出本书要研究的科学问题。其次，概括了本书的研究内容、研究意义、研究的技术路线以及本书的研究思路和结构安排。

第2章相关研究综述，是对个体创新研究、社会网络研究、动态网络研究以及仿真研究的文献综述。首先，对创新、个体创新与创造力等概念进行辨析，然后从个体创造力与个体创新行为的角度对个体创新进行文献梳理。其次，根据加比（Gabbay，2001）对社会网络研究的分类，将社会网络视角下的个体创新研究分为结构主义视角、联结主义视角和权变理论视角三个角度，并分别对其进行文献梳理。同时对动态网络、仿真研究进行文献梳理。这些研究思路和方法都是后续章节研究所涉及的。

第3章网络结构与关系特征对个体创新的影响研究。首先，对以往的相关研究进行文献综述；其次，结合第2章的理论综述，分别从代表直接联系的关系数量与关系强度、代表间接关系或网络结构的个体网络密度，以及直接关系与间接关系的交互作用三个方面研究了合作网络对个体创新的影响。

第 4 章权变视角下的合作网络对知识创新的影响研究。首先，本章在回顾大量相关文献的基础上，先将个体属性与网络结构交互的最新研究进行综述，并对其解释逻辑进行了讨论与总结；其次，第 4.2 节从以往绩效的视角，第 4.3 节从个体特质的视角，第 4.4 节从个体具有的知识元素在知识网络中的位置的视角，第 4.5 节从个体的自我监控水平，同时将创新分为改进型与探索型创新的视角，探讨了权变视角下的合作网络对知识创新的影响。

第 5 章动态网络与仿真研究。本章借鉴了复杂网络理论研究以及企业联盟网络演化理论的研究成果，第 5.1 节聚焦个体层次，研究个体是如何占据结构洞位置的，以及知识创新网络中结构洞背后的动力机制；在本章的第 5.2 节和第 5.3 节，我们将提出两种网络演化的研究。其中，第 5.1 节关注的是微观层次——组织中员工咨询网络的演化，第 5.2 节关注宏观层次——以企业为节点的产学研合作网络的演化。除此以外，个体与网络的互动体现了组织的知识创新过程，构成了企业核心竞争力的微观基础。第 5.3 节从理论上论证了个体与网络的互动是企业核心竞争力的微观基础的机理，提出了一些研究议题和研究方向。第 5.4 节和第 5.5 节则借鉴复杂性研究成果，利用 NK 模型构建了一个组织在进行平行任务处理时的多 Agent 互动模型。

第 6 章结论。

1.3.2 研究意义

本书的研究在理论和方法上具有以下五个方面的意义。

第一，本书明确定义了个体创新的两种类型，从权变理论的视角，对影响个体创新的社会网络变量进行了详细分类，并对网络结构变量、关系特征变量以及个体属性变量做了明确的区分和比较，利用理论分析及实证与仿真相结合的方法，阐述论证了合作网络对个体创新的影响。本书是专门针对社会网络对个体创新影响的系统而完整的研究，为后续研究奠定了一定的基础。

第二，本书在麦克法迪恩（McFadyen）等对强关系与稀疏网络对个体知识创新的交互作用的基础上，深入研究了关系与网络密度对创新类型的交互影响。通过对关系强度变化与网络密度变化所导致的知识差异化分析，同时引入个体的创新类型，我们提出关系强度与网络密度的乘积与个体改进型创新正相关。即无论是网络密度增大还是关系强度增强，都表示个体与其合作者的知识差异化降低，集中度提高，个体在进行改进型创新。该项研究是对已有研究的深化和补充。

第三，传统的社会网络研究大多是基于静态的结构主义分析逻辑，在这种视角下，忽略了个体的能动作用，个体创新的差异主要表现在网络位置上的差异。本书认为，个体创新的差异除了与所处网络结构有关以外还与个体行为关系密切。也就是说，即使是在同一个位置上，个体创新也会在类型绩效水平上产生差异，这就体现了个体间能力的差异和个体行为策略的差异。对此本书将两类个体学习行为（完全模仿和选择性模仿），以及个体的信息搜索方式的差异（自我监控水平）引入我们的考察视野，同时结合网络结构研究了二者对个体创新的交互作用。该研究扩展了社会网络研究文献，并加深了对网络结构的本质和作用的认识。

第四，本书在以往复杂网络研究中网络机制模型、动态网络演化模型的基础上，提出了个体创新与合作网络的交互影响模型。通过理论分析与仿真实验模拟了在不同的网络演化驱动力——两类个体创新下，合作网络的两种演化路径。填补了知识创新网络演化研究的空白。并为后续对理解个体的创造力生命周期研究以及行业创新网络的演化趋势研究提供了理论支持。

第五，本书研究在方法上是一次全新的尝试。尽管仿真方法近年来得到了管理研究学术界的追捧，但仍有很多学者对仿真研究结论的信度和效度产生了质疑。而本书在研究方法上的意义在于，通过使用美国生物科技行业的专利数据进行二元逻辑（binary logistic）回归和仿真建模的虚拟实验对研究假设进行了验证。实证与仿真相结合的方法在相关研究中还比较少，本书在这方面进行了一些有益的探索和实践。

1.4　研究的技术路线

本书可以归属于四个研究领域：社会网络理论、个体创新理论、复杂性研究与复杂网络研究、计算机仿真研究。在技术路线上，本书采用理论研究与实证研究相结合、理论研究与仿真研究相结合、实证与仿真交互验证（cross-validation）的方法。

在确定了研究问题之后，先对现有的相关理论进行梳理，并以此为基础，通过理论分析和逻辑推理，提出本书研究的理论假设。对其中的因果关系变量采用实证的研究方法，通过对专利数据的编码与整理得到量化的数据，对研究假设给予验证和支持；对其中涉及成员认知、时间变量等难以在统计模型中得到验证的假设，则采用建模仿真的研究方法，通过设定任务域、成员属性与行为规则建立多 Agent 互动模型。并将模型运行结果与实证研究结论进行对照，反馈修订模型参数，使得仿真模型符合实证的检验，完成实证数据与仿真模型的交互验证。

　　由于社会网络数据涉及对关系变量的测量，而对个体关系的测量涉及个人态度、私人关系，在实际的组织中非常敏感，也不便于直接进行访谈和问卷测量，即使强力为之，也必是勉为其难，收集到一些虚假信息和数据，反而会对研究结果产生严重的影响，因此以访谈和问卷为主要手段的实地研究（field study）并不是非常适合本书；另外，社会网络研究的一大困难在于，如果采用实地研究，个体在意识到自己的创新成果将被追踪之后，将改变自己的行为，而使得研究无法进行。因此，本书的实证研究数据将采用美国经济研究署（National Bureau of Economic Research，NBER）公布的专利数据。一方面，这些专利数据具有数据量大，数据翔实可靠，并且分类明晰，可追溯的时间跨度较大等特点，一直以来都是社会网络研究和知识转移研究的主要数据来源。本书选择典型的知识密集型、以创新为主要特点的高科技行业——美国生物科技行业（biotechnology industry）作为我们的数据收集源。另一方面，本书对网络内容变量的考察还涵盖了个体的认知与学习行为，这涉及个体间的互动以及负反馈，使得探寻因果关系的统计模型难以满足我们的研究需求，因此我们采用建模仿真的方式来验证这些非线性关系。仿真模型不是笔者编制的程序游戏，应得到实证研究的佐证。本书研究的仿真部分将从仿真模型的有效性检验开始，在完成与之前的实证数据的交互验证后，才投入到验证非线性关系中去。因此，从本书的研究内容与特点来看，本书采用理论研究与实证研究相结合、理论研究与仿真研究相结合、实证与仿真交互验证的方法既是必要的也是合理的。

1.5　本书的研究思路及结构框架

　　本书的研究思路和结构如图 1－1 所示。首先，笔者基于理论和现实背景，提出本书要研究的主要问题。其次，在界定相关概念、研究范围的基础上，通过对前人研究的文献综述，对影响个体创造力的网络结构变量和网络内容变量以及它们之间的相互作用关系进行理论分析，提出相应的研究假设；根据研究的理论模型和需要，对创意产生与创意应用部分选择实证方法进行验证，采用方差分析和多元回归的方法对理论假设进行验证，对涉及成员认知与学习行为的研究再采用建模仿真的方法。最后，通过对于上述研究结论的总结，提出相应的建议。

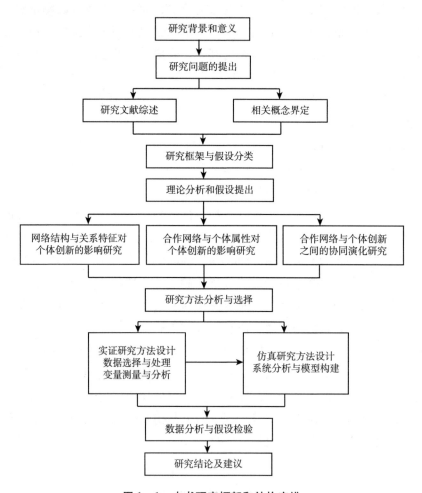

图 1-1　本书研究框架和结构安排

第2章 相关研究综述

本章对社会网络研究范式以及创造力研究文献进行了梳理，并界定了本书要研究的创造力的概念、网络结构和网络内容变量。传统的个体创造力研究都是以个体为研究对象，随着研究的进展，组织情境变量与社会网络逐渐成为个体创造力研究的主要关注对象。本书将结合网络结构与网络内容变量，采用实证与仿真相结合的研究方法全面考察网络结构与网络内容对个体创造力的影响。最后，得出本书研究的概念模型。

2.1 个体创新研究文献综述

2.1.1 创新、个体创新与创造力概念的比较

创新（innovation）、个体创新（individual innovation）和创造力（creativity）是三个彼此间具有密切联系的概念，在意义上有相互重合的方面，在进行文献综述以前有必要对三者的内涵加以说明。

创新（innovation）的概念最早由熊彼特（1991）提出，他认为创新就是一种新的生产函数，是一种对生产要素和生产方式的全新组合，这种新组合将为创新者带来比以往更多的利润。熊彼特将创新分为五种类型：第一，采用一种全新的产品或对现有产品的功能进行拓展；第二，采用新的生产方法；第三，对现有市场进行细分或寻求其他机会，开拓新市场；第四，对产品所需的原材料创新或对其他生产投入要素的创新，来开发新产品与新资源；第五，改变现有组织模式，形成新的组织结构或组织形式。熊彼特是从经济产出的角度对创新进行的定义，后来的学者从过程的角度对创新又进行了界定。创新是一个过程的思想得到了现今学术界的普遍认同，并认为应该将创新分

为创意的起源和后续阶段的实施两个阶段。除了对创新发生的过程角度的关注之外，学术界也有很多研究从发生创新的层次角度对创新加以区分。最典型的莫过于个体创新、团队创新和企业创新等。

随着人的因素在创新中的重要性日益显现，个体层面的创新逐渐得到学术界的重视与研究。个体创新（individual innovation）被认为是组织获取竞争优势的必经阶段（Amabile，1988）。发生在个体层次上的创新是本书的关注点。

对创造力（creativity）概念的界定在学术界一直存在争议，由于实证的困难，现阶段对创造力的定义都围绕着"新颖（novelty）"与"可适性（appropriateness）"展开（Barron，1955）。但在实证中产生的困难在于，新颖与可适性并不是一个静态的概念，对创造力的评判是在"一定的社会、历史和文化的情境中的"（Perry-Smith，2003）。社会历史的变迁将导致对创造力标准的改变。为了便于实证研究，当今对创造力的定义主要遵循阿马比尔（Amabile，1998）的经典定义——对创造力的判断取决于创新成果的新颖与有用（novelty and usefulness），而有用则由专家的评判决定。因此，创造力不仅仅是个体自己的事情，更体现了社会系统对个体的创新产品的主观评价。

个体创造力与个体创新之间在内涵层面上存在某些重叠的部分，但个体创新行为具有比创造力更为丰富的内涵。如阿马比尔（1988）认为，创造力是由个体发出的新奇而有用的产品或创意，而当今大多数对创新的定义皆包含了创造力的产生与执行。韦斯特（West，2002）认为，创新包括两个阶段，即创新的产生，以及后续想法的实施——在工作中实施新的或改进的产品或工艺流程。可见，创造力发生在个体创新的第一个阶段——创新构想的产生阶段，个体拥有创造力未必可以完成创新，个体创新的基础来源于个体创造力。基于过程的观点认为，个体创新包含了各种不同的阶段，而在不同的阶段需要个体采取不同的创新活动，因此，斯科特（Scott，1994）就将在任意时刻上个体参与的这些活动称为个体的创新行为（individual innovative behavior）。此外，个体创新与个体创造力的区别还体现在是否具有商业价值上，汤普森（Thompson，1965）将创新定义为新的观点、新的工艺流程以及新产品和新技术的诞生、推广和应用。也就是说，创新是具有实际用途或者具有商业价值的，而创造力却不一定如此。

从上述文献的探讨中可以看出，在个体层次上，个体创造力和个体创新的定义与相互的界限都是相当模糊和没有定论的，在很多层面都是可以相互替代，并发生意义上的重叠。但基于过程的观点，我们将个体创新分为创意的产生与创意的实施两个阶段之后，个体层次上的创新研究将主要集中在个体创造力与个体创新行为上面。因此，本书将着重对创造力与个体创新行为的研究文献进行总结。

2.1.2　个体创造力研究评述

传统的创造力研究认为，创造力体现在个体思维上的"灵光一闪"，因此研究大多集中在探讨富有创意的人的人格特征，试图发现具有较高的创造力的人的特殊心理特质上面。这种对创造力的理解造成了研究局限在个体特质与认知属性方面，"个体"（self）成为创造力研究的主要对象，神经生物学、心理学成为关注创造力研究的主要学科。如海尔曼等（Heilman et al.，2003）从神经科学的角度，认为额叶是大脑皮层中对发散思维起到关键作用的部位，其研究表明，具有非凡创造力的人有着特殊的脑组织结构，神经传导系统也异于常人。阿马比尔的系列研究（Amabile，1983，1988）认为，具有非凡创造力的个体具有独特的思维模式。阿马比尔的研究表明，创造力高的个体，其在创造性思考和发散思维的能力上都优于普通人，创造力高的个体善于在问题域上收集各种不同的信息，并能在多种要素之间巧妙地找到其中的联系，对后续信息的判断能力突出。高夫（Gough，1979）等的早期研究也是从个体认知过程出发，研究展现出具有非凡创造力的人在发现问题、思维构建、对方案的甄别与筛选等方面都具备非常突出的优点，高夫认为这些认知能力是构成个体创造力的重要因素。

随着研究的深入，人们发现个体创造力的发挥，除了个人内在条件之外，更与其所身处的情境因素有关。创造力的研究也引发了组织学者的强烈关注，如何在组织情境下提高员工创造力一度成为组织行为学研究的热点。当前的研究主要集中在组织氛围、评价体系、工作任务特征等方面。斯科特等（Scott et al.，1994）研究认为，鼓励与支持的组织氛围将有助于员工创造力的发挥；周和乔治（Zhou and George，2001）的研究也表明，来自同事的支持程度，以及来自同事们信息反馈的准确与否是员工发挥创造力的关键因素；沙利和佩里－史密斯（Shalley and Perry-Smith，2001）的研究则关注了组织评价体系，他们研究认为，外部评价体系是通过影响员工的内在因素来影响员工创造力的，如外界评价通过激发个体动机等因素来促进个体创造力。此时的外部评价必须为员工的创新行为提供建设性意见和较为明晰的负反馈，这样才能起到激发个体内因的作用。除此以外，任务特征变量也得到了研究者的关注。奥尔德汉姆等（Oldham et al.，1996）的研究关注了员工面临的任务特征，认为复杂的、具有挑战性的工作特征有助于员工创造力的发挥。坎弗与阿克曼（Kanfer and Ackerman，1994）研究表明，任务特征是一种非常有效的创造力激励方式。任务特征最大的优势在于，它可以激发员工的注意力与关注度，对员工工作热情与注意力的持续集中具有重要影响，这些因素都将非常有利于员工创造力的发挥；除此以外，明晰的任务目标将鼓励员工在问题域上进行积极的信息搜索，并激发员工进行发散思维，从而有利于员工创造力的发挥。

作为组织情境中的一个重要的构成要素——领导对创造力的影响，也得到了组织学者的热切关注。蒂尔尼等（Tierney et al.，1999，2002）的系列研究表明，领导风格与员工个体属性、员工的认知风格共同影响员工创造力，领导成员交换（LMX）与员工认知风格将对个体创造力产生交互影响；周（Zhou，2003，2003）研究表明，领导影响员工的创造力主要体现在领导可以创造一个员工可以感知到的创新支持的氛围。领导可以通过授权与容忍创新失败，鼓励试错，鼓励员工在问题域上开展积极的信息搜索等措施为员工创造良好的创新氛围。而对变革型领导的研究表明，变革型领导大多是通过影响员工的内在动机来激发员工的创造力。主要表现在其能够满足员工内在需求，为员工提供智力激励（intellectual stimulation）等方面。随着研究的深入，领导通过影响员工创造力的何种内在动机的研究也得到足够多的关注，如员工的心理授权以及领导与下属之间的关系等因素对创造力的支持作用也得到了实证检验。

由前面的文献回顾可以看到，当前对创造力的研究已经突破了个体特征的限制，逐步关注到具体的组织情境。情境的引入是个体创造力研究的一大进步，正如伍德曼（Woodman，1993）所言，正是群体构成了"创造行为发生的情景"，使得个体的创造力得以发挥。而几乎所有的这些情境要素都是通过影响员工的内在动机来提高个体的创造力。因此对组织情境要素的关注其实质上是沿袭了阿马比尔提出的创造力动机理论，阿马比尔（Amabile，1983，1988）的系列研究表明，个体的内在动机对创造力的发挥具有重要意义，强调外在因素将通过影响员工的内在动机来影响员工的创造力，并主张应通过外界要素与内在要素的共同作用来达到开发员工创造力的目的。根据以往的研究，大体上动机可以分为两类：内在动机（如兴趣、好奇心、挑战性等）和外在动机（如获得报酬、赢得竞争等）。几乎所有的情境变量，如工作特征、组织氛围、组织评价体系以及直属领导的类型等这些外部动机都是通过影响员工的内在动机（如心理授权）等来影响员工的创造力。

当今世界已进入信息技术时代，人与人之间的联系前所未有的紧密起来。创造力可以单独发生，但不是永远是这样。当今几乎所有具有创造力特征的产物都不再是一个人闷在屋子里，拍脑袋可以发明出来的，包括电影、音乐、戏剧、科研论文、科学发现等创新性成果都是多人合作的结果。因此，创新产出根植于个体间交互的思想成为创造力研究的最新热点。佩里－史密斯（Perry-Smith，2003，2006）的系列研究表明，与不同人的信息和想法的沟通与交流将影响一个人创造力的发挥。卡普森（Kaperson，1978）研究表明，那些具有多种学科认知知识的科学家在其所在领域的建树都很高。当今创造力的研究进展表明，除了时间和物质资源之外，人也是重要的资源，能接触到什么样类型的人将决定信息和知识，以及思维方式的获得与借鉴，从而有利于创造力的发挥。因此，当今创造力的研究已经不再是心理学家的研究专利，社会学家以及社会心理学家都加入了个体创造力研究中来。基于这样的研究背景，基于社会网络的个体创造力研究就成为组织研究的热点问题。布拉斯（Brass，1995）的系列文章更是宣称，个体创造力体现在其所嵌入的社会网络之中；当今从社会网络角度对个体创造力的研究，也依然沿袭了传统的结构主义视野，如佩里－史密斯（Perry-Smith，2006）研究个体创造力与社会网络的关系，其研究的焦点定位在何种网络位置对个体的创造力具有最大的影响。

2.1.3　个体创新行为研究

创造力通常被看作"第一次做这件事情或者创造出了新的知识"（Woodman and Sawyer，1993），基于过程的观点，学者们认为，创意的产生是个体创新的第一个阶段，而整个创新过程则包含了从创意的产生到创意的实施的一系列阶段（Kanter，2000）。创新始于创新性的想法，而人是"发展、实现、反馈、修改"创新性想法的主体（Van de Ven，1986），是推动这些创新性想法前进并最终导致创新得以实现的关键。正是基于这样的观点，斯科特等（Scott et al.，1994）将个体创新分为四个步骤：第一步是个体对问题的确认；第二步是创意以及解决方案的产生，这里的解决方案既包含新颖的也包含适应性方案；第三步则是寻求支持阶段，个体为产生的创意寻求广泛的支持，并组成支持者的同盟；第四步则是创意的实施阶段，个体将创意最终应用于实践，量化生产并推出商品化的产出或服务。基于这样的分类，斯科特认为，既然个体创新是包含一系列过程的活动，那么就需要个体在不同阶段付诸努力才能最终完成创新，因此相对应的，斯科特就把人在创新的整个系列阶段中所参与的活动定义为个体创新行为（individual innovative behavior）。

与之相类似，克莱森和斯特里特（Kleysen and Street，2001）也是基于过程的观点将个体创新行为划分为五个阶段：第一个阶段是机会的挖掘（opportunity exploration），在这个阶段，个体将注意力投入在广泛的搜集各类信息、寻找创新的机会上面；第二个阶段是创新性想法的产生（generativity）；第三个阶段是正式的考察（formative investigation），包括对产生的想法进行评价与实验；第四个阶段是对解决方案的提倡与支持（championing），类似于斯科特的为解决方案需求支持的划分，在这一阶段个体主要致力于协商谈判，为推动此方案的顺利实施进行努力；第五个阶段就是创新的应用（application）。因此，基于以上对个体创新行为的分类，克莱森和斯特里特（Kleysen and Street，2001）将个体创新定义为，在组织的各个层面上，个体致力于产生、推广和实施对组织有益且新颖的有创意的活动。而这些新颖且对组织有利的活动包括了新产品创意以及新技术的开发和致力于改变组织的任务咨询网络，使得组织的沟通更加有效率的组织流程方面的创新行为。

因此，对个体创新的研究，既包括研究创意是如何产生的，即创造力方面的研究，还包括对哪些因素影响了创意的后续实施，即对个体创新行为的研究。我们注意到，个体创新行为在创新的不同阶段将有不同方面的体现，而且这些行为不仅与个体特征有关，还受到外界环境变量的影响，如个体在创意的寻求支持与创意实施的阶段都必须与外界进行交互。因此，对个体创新行为的研究除了要考察个体特征要素以外，还将考察外界环境变量的影响以及两者的交互影响。

在综合前人研究的基础上，斯科特等（Scott et al.，1994）认为，个体创新行为受到个体（individual）、领导者（leader）、工作团队（work group）以及创新氛围（climate for innovation）这四个相互交互系统的影响，如图 2-1 所示。其中，个体特质方面的变量将直接影响到个体的创新行为，而领导者与下属交换关系以及工作团队变量都将通过创造创新氛围而影响个体的创新行为。除此之外，斯科特等的实证研究表明，工作类型特征是领导者角色期待与个体创新行为的中介变量。

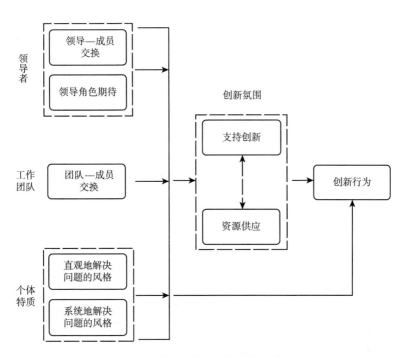

图 2 - 1　影响个体创新行为的概念图

资料来源：Scott S G, Bruce R A. Determinants of Innovative Behavior: A Path Model of Individual Innovation in the Workplace [J]. Academy of Management Journal, 1994, 37 (3): 580 - 607.

斯科特等（Scott et al.，1994）对个体创新行为的研究具有普遍的意义，相比于个体创造力，个体要完成创新既需要个体特质方面的要求，又要求个体具有创新的意愿，同时又受到在创新活动过程中其他外界环境变量的影响，还有特定的任务特征也将影响到个体是否容易参与到创新活动中来。因此，我们可以借鉴斯科特的概念模型，将影响个体创新行为的研究大体划分为个体特征、外界环境与工作特征三个部分。如表 2 - 1 所示，影响个体创新行为的主要文献可以按照上述三个大的类别进行分类，其中有些文献的研究变量涵盖了三个部分的内容，但我们的分类标准以其"侧重性"为主。如奥布斯特菲尔德（Obstfeld，2005）的研究虽然包含了对个体间知识获取结构变量的关注，但其研究主要侧重了对个体行为策略的研究。

表 2 – 1   对个体创新行为研究的分类

研究分类	研究变量	主要研究者
个体特征	认知风格	Barron and Harrington，1981；Jabri，1991；Kirton，1976
	处理问题的方式	Scott and Bruce，1994；Payne，Lane and Jabri，1990
	个体行为策略	Obstfeld，2005
外界环境	团队支持	Amabile，1996
	领导下属交换关系	Dansereau et al.，1975；Graen and Scandura，1987
	领导角色期待	Scott and Bruce，1994
	成员间交换关系	Seers，1989；Zhou and George，2004
	感知到的支持	Payne et al.，1990
	知识获取结构	Hargadon and Sutton，2000；Ong et al.，2003
工作特征	工作的挑战性	Ong et al.，2003
	任务导向程度	Amabile，1983；Amabile，1996；West，2002

通过以上对个体创新行为影响因素的分类可以看出，以往的研究正逐渐从对个体特征的关注转移到对个体所处的外部环境的关注。也正是基于人人都具有创造力的原则，组织都在致力于创造一个创新支持的氛围来促进个体的创新行为。斯科特和布鲁斯（Scott and Bruce，1994）将创新氛围分为个体感知到的资源供与创新支持两方面的心理氛围，其中创新支持的氛围显著影响了个体的创新行为。除了创新氛围以外，个体所具有的知识获取结构被认为是个体创新行为产生的关键因素。翁（Ong，2003）对日本在新加坡的附属公司中个体创新的实证研究表明，在影响个体创新的内部要素中，个体的知识获取网络是最显著的影响变量。无论在创新方案的支持寻求阶段还是创新的实施阶段，完善的知识获取网络有利于个体间的知识交换，一个好的解决方案将激起整个组织的关注，个体创新者将得到及时的反馈，有利于创新方案的改进、完善与传播。

从对个体创新行为研究文献的梳理可以看出，无论是创新氛围还是知识获取网络，都与个体所嵌入的社会网络有关。社会网络对个体创新行为提供两类支持：外在物化方面的知识支持与对个体内在感知方面的创新氛围的支持。无论是领导下属交换关系还是团队成员之间的交换关系，都体现了个体所嵌入的社会网络的互动，而正是来源于社会网络的情感支持使得个体感知到组织中的创新氛围，从而促进了个体的创新行为。因此，无论是对个体创造力的研究还是对个体创新行为的研究，社会网络所起到的作用都引起了学术界足够的重视。

2.1.4　本书对个体创新的界定与分类

通过对个体创新研究文献的总结，无论是个体创造力还是个体创新行为最终的标志都是个体创新产品的产生。因此，本书将开发出新的创新产品作为个体创新完成的标志，即发生了个体创新。在以往的研究中也将创新产品（如电影、歌曲、论文、发明专利）的产生视为个体创新的标志（Cattani and Ferriani，2008；Fleming，2007；Lee，2009；Audia and Goncalo，2007），体现了一个由个体提出创新性想法到个体创新行为参与，再到创新最终实现的整个过程（Kanter，1988）。

以往的研究大多把创造力视为一种通用的变量，事实上这种全能观并不适用于个体创新研究。这是因为不同类型的问题和工作需求可能依赖于不同的理论背景、技能、认知和行为策略，这表现为个体将发展出不同的创新行为。因此，本书试图重新思索个体的创新行为，将个体创造力按照表现出来的不同方面，以及对异质知识的不同需求加以区分。对创新类型的划分是创新研究中最具有争议的内容之一。很多学者从不同的角度对创新进行了分类，这为我们对个体创新的界定提供了很好的借鉴。已有文献对创新的分类归纳如表 2-2 所示。

表 2-2　　　　　　　　　　　　　　创新的分类

文献	对创新的分类
Utterback，1976	渐进性创新、系统创新与突破性创新
Howella，2005	产品创新与工艺创新
Mumford M D and Licuanan B，2001	连续性创新与非连续性创新
Christensen，1997	持续性创新与排斥性创新
Gatignon，2002	模块性创新与架构创新
Leifer and Mcdermott，2000	渐进性创新与突破性创新
Henderson and Clark，1996	渐进式创新、突破式创新、模块化创新与整体结构创新
Bessant，2003	做改进的创新与做区别的创新
March，1991	探索型创新与改进型创新

从表 2-2 的创新分类可以看出，现如今大多数的研究都是按照创新产品

的特点以及产品构成中的核心知识对创新进行分类。其中亨德森和克拉克（Henderson and Clark，1996）认为，传统的创新分类都有不完整甚至错误的地方，因此，他重新按照产品内在具有的核心知识及其关联关系的改变与否，再结合深入与重塑的分类标准，将创新分为渐进式创新（incremental innovation）、突破式创新（radical innovation）、模块化创新（modular innovation）与整体结构创新（architechtural innovation）四种类别。与之相类似的，贝赞特（Bessant，2003）按照创新产品的特点将个体创新分为"做改进的创新与做区别的创新"两类。这些都体现了创新产品中核心知识的构成是判定创新归属的重要标准。而马奇（March，1991）对组织学习与创新研究中提出的探索型创新与改进型创新则更好地诠释了创新类型的判别，以及组织战略与组织学习的方向。

2.2　社会网络理论研究文献综述

2.2.1　社会网络的定义

网络概念是当今世界最重要的定义性范式之一。在过去的一个世纪里，物理学、生物学、计算机科学、社会学等领域都在应用网络思想。网络概念的内涵深刻地揭示了个体或组织的行动不是孤立的，而是嵌入在更为广阔的活动空间中进行的。进入社会学领域的网络概念，最早源自德国的物理力场理论学者们的研究，正是他们把网络的概念引入社会互动的研究中。在20世纪二三十年代网络分析方法被引入美国。随着一大批以图论（graph theory）等数学方法为研究工具开展社会网络理论研究学者（Cartwright and Harary，1956）的介入，推动了从描述性研究转向分析性研究的视角转变。而伴随着运算能力强大的电子计算机的问世，社会网络分析方法的优势开始凸显，这些都大大推动了社会网络理论的发展。

社会网络通常被定义为行动者（actor）与关系（tie）的集合。从图论的定义上看，社会网络就是由多个节点（node）和各个节点之间的连接——边（即关系，大体可分为单向、双向与无向三类）组成的集合。任何一个社会实体都可以看作一个节点（node）或一个行动者（actor），如一个人、一个组织、一个国家都可以看作网络中的一个节点。这些节点可以有不同的属性，

如存在所拥有的资源的种类和数量上的差异，在所处网络中所拥有的地位与
信誉上的差别等。节点之间的关系通常具有具体的关系内容，如个体之间是
合作关系、情感关系、归属关系等。而本书研究的合作网络，就是指个体之
间都是合作的关系，我们用曾经一起发表过专利来确定这种关系的存在。在
具体问题上，社会网络中的关系常常附加界定关系程度的权重，如关系交往
频度、信任度、互惠度、关系持续程度等。我们选择其中一个节点作为分析
对象，则这个节点就称为"自我"，而其他节点就将称为"他人"。社会网络
的结构示意图如图 2 - 2 所示。

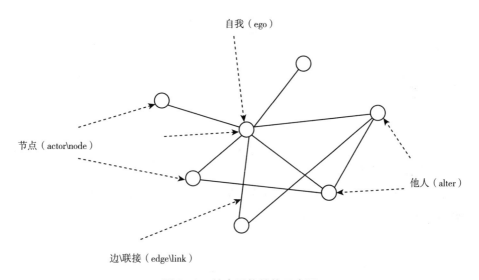

图 2 - 2　社会网络结构示意图

结合图 2 - 2，社会网络也可以抽象为赋权图，可以用公式表示如下：

$$G = \{V, E, \alpha\} \tag{2-1}$$

其中，V 为节点集；E 为连接集合；α 为边的权重集合。

具体来说，V 为节点集，V = $\{V_i$, i = 1, 2, …, n$\}$，具有属性向量：
$v_i = (v_{i1}, v_{i2}, v_{i3}, …, v_{in})$，其中 $v_{i,j}$ (i = 1, 2, …, n; j = 1, 2, …, m)
为第 i 个节点的第 j 个属性值。$E_{i,j}$ (i = 1, 2, …, n; j = 1, 2, …, m)，$E_{i,j}$
为节点 V_i 与 V_j 确定的连接集合。$\alpha = \{\alpha_{i,j}$, i = 1, 2, …, n; j = 1, 2, …,
m$\}$ 为边的权重向量集合，而 $\alpha_{i,j} = (\alpha_{i,j}^1, \alpha_{i,j}^2, …, \alpha_{i,j}^k)$ 为边的权重向量。

在进入社会网络研究评述之前，我们也要区分社会网络与社会资本之间
的关系的辨析。我们说社会网络会对嵌入其中的个体带来机会与约束，而社

会资本就是社会网络机会的一方面，即社会资本是社会网络带来的结果。加比和伦德斯（Gabby and Leenders, 2001）认为，所有网络结构对于旨在获得任何一种回报的行动的成功都具有直接的、间接的作用。而这种作用既有积极的一面也有消极的一面，积极的一面我们将其定义为社会资本（social capital），而将消极的一面定义为社会负债（social liability）。本书从社会网络的视角出发，就是考虑到我们不能忽略社会网络中对个体创新没有作用，甚至具有负面影响的某些结构或关系，同时考察什么样的社会网络对什么功能更有利，这将加深我们对社会网络如何影响个体创新的认识。

2.2.2　社会网络研究范式和理论演变历程及简要评价

社会网络理论之所以得到学术界的普遍关注，在于其独特的研究视角。它抛弃了以往仅仅关注个体的原子论研究观，将个体放置于广阔的社会关系背景下，强调人的行为的社会嵌入性。历经了长达 70 年的理论发展，社会网络研究从最开始的社群论与图论研究起步，到 20 世纪 70 年代逐步走向成熟，"社会网络""密度""中心度"等概念逐渐步入学术殿堂，一直到最后采用形式化方法表征社会网络研究中的各种概念，网络分析范式正式形成。社会网络模型与分析范式的历史演变如图 2 - 3 所示。

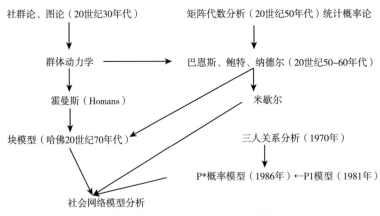

图 2 - 3　社会网络模型的发展历程

伴随社会网络模型的逐步确立，一大批社会学、管理学先驱们提出了一系列著名的社会网络理论。德国著名社会学家齐美尔是社会网络理论的鼻祖。他对社会形式与社会内容之间的关系论断深刻地体现了其极强的结构主义思维逻辑，对社会学中的结构主义理论影响极大（齐美尔，2002）。在 20 世纪 70 年代社会网络学派一度十分活跃，在组织间关系和社会关系网络方面提出了一系列有趣的结构主义的课题和研究方向。但这个时期的研究对研究手段及技术细节过于关注，由于在理论上没有大的突破，因此最终变成了小圈子内部的学术活动，遭到很多批评。直到格兰诺维特（Granovetter，1985）于 1985 年提出"内嵌性"理论，重新将社会网络理论引入社会学的主流，促成了社会网络学派的兴起。随后社会网络理论进入了它的繁荣期，科尔曼（Coleman，1988）提出了社会资本的概念，推动了人们对社会网络研究的关注；1992 年，博特（Burt，1992）的《结构洞》一书的面世，对组织研究领域特别是商学界产生巨大的影响，使得社会网络的研究思路正式扩展到组织研究领域，一时间社会网络理论的研究成为整个组织领域研究的热点。不同于以往集中在针对个人特质的个体创造力的研究，社会网络视角的研究认为，人的创新行为不是孤立发生的，而是嵌入在一定的社会关系之中的。在社会网络理论发展的进程中涌现出很多杰出的研究学者，他们的研究工作为社会网络理论的发展起到了巨大的推动作用。限于篇幅，我们将按照时间顺序，简要介绍那些具有开创性贡献的学者的研究工作，他们对社会网络理论的发展具有里程碑式的贡献。本书将先从学术史的解读，对社会网络理论的研究范式和理论演变历程做一个简单的回顾，从中梳理出社会网络理论所具有的独特的研究思路，并详细介绍社会网络研究的二分范式特征：结构主义视野与联结主义视野。

（1）活跃于 20 世纪早期的德国社会学家齐美尔是社会网络理论的鼻祖，他从对社会形式与社会内容、个体与群体、自由与约束的讨论中，倡导社会学家应从群体的视角来研究个体行为。齐美尔的思想对后世影响很大，具有极强的结构主义色彩（齐美尔、林荣远，2003）。

（2）怀特，20 世纪 70 年代美国社会学家中的代表人物，当代社会网络理论的创始人之一。怀特的研究继承了齐美尔的研究思路，把社会网络结构视为一个客观存在，从结构、网络视角去解释行为和关系，研究结构对行为的影响。这个研究思路的前提在于对网络结构的描述，因此逐渐演变成对网络描述技术的开发。随着图论等数学工具的引入，社会网络研究从描述性研究转向了分析性研究。但是当研究变得"技术化"以后，能够理解和应用这种方法的人却越来越少了，于是社会网络的研究逐渐脱离了社会学研究的主流，成为相关学术研究者们小圈子的游戏（马汀等，2007；周学光，2003）。

（3）怀特的学生格兰诺维特于 1973 年提出弱关系的强度，由于其对具体问题的关注使得社会网络研究重新回到社会学研究的主流（Granovetter，1973）。格兰诺维特的研究从对"低度社会化"与"高度社会化"两种错误的研究视角的批评开始，于 1985 年提出了"内嵌性"的概念（Granovetter，1985），对人们的经济行为提出了一个新的社会学视角的解释，即从社会关系、社会网络的角度来看待人的经济行为，强调社会网络结构对于人的制约作用。其提出的弱关系的强度，更是一度让社会网络研究成为学术界瞩目的焦点。

（4）科尔曼从功利主义的视角于 1988 年提出社会资本的概念（Coleman，1988）。他从理性选择的角度出发，认为人们可以利用社会网络来获得社会资源以及社会地位。他认为，强关系、闭合的网络保证了相互信任、规范和惩罚的建立与维持，这些能保证成员可以调动网络资源。科尔曼的开创性工作，引发了后续对社会资本概念与实证研究的蓬勃开展。

（5）博特于 1992 年提出结构洞理论（Burt，1992）。他秉承了科尔曼的功利主义视角，但另辟蹊径，提出弱关系的优势不在于关系强度之弱，而在于其结构桥的地位，即没有重复的信息源才是最重要的社会资本。所谓结构洞就是没有重复的信息源，一个人所占有的不重复的网络越多，其潜在的收益就越大。社会资本与结构洞的提出，使得社会网络在商学界产生了强烈反响，从 20 世纪 90 年代开始，社会网络理论成为组织领域研究的主流（Ghoshal and Nahapiet，1998；Tsai W and Ghoshal，1998；Adler and Kwon，2002）。

通过对以上五位大师研究工作的总结可以看出，社会网络理论中业已存在着两种研究争论——对个体与结构分析视角的定位问题与社会资本作用机理的讨论。首先从以上的研究总结中，我们可以归纳出社会网络研究的两种基本思路：一种是传承于齐美尔的结构决定行为的结构主义思路；另一种是基于个体理性选择的功利主义思路。其中，前三位大师的研究都是基于结构决定论的思路。科尔曼是功利主义的研究思路，开始将个体纳入分析的视角中来。而博特的思想，既包含结构主义又包含功利主义，他一方面强调网络的功利性，认为一个人如果能很好地运用网络，他的境遇就会得到很好的改善；另一方面，他又强调了一个人所处的网络特点，即富于结构洞的网络将带来最大的收益。同时还可以看出由此而来的对社会资本的不同研究视角，即社会资本的作用机制之间的矛盾：是闭合的网络还是富于结构洞的网络能带来更大的社会资本？社会资本的哪种作用机制起主导作用？这两个问题自

20世纪90年代以来就一直是学术界争论的焦点主题。

博尔加蒂和福特（Borgatti and Forte，2003）的综述文章将社会网络研究者分为两个派别：一派是以科尔曼与博特（Coleman，1998；Burt，1992）为代表的结构主义学派（structuralist），强调个体网络的结构特征而不是网络内容；另一派是以林（Lin，2002）为代表的联结主义学派（connectionist），主要关注各种联系中的资源流（flow of resource）。与之相类似的，加比和伦德斯（Gabbay and Leenders，2001）的理论文章对社会网络研究进行了更为详细的划分，如图2-4所示。本书将按照这样的分类视角来对社会网络对个体创新的研究文献进行评述。

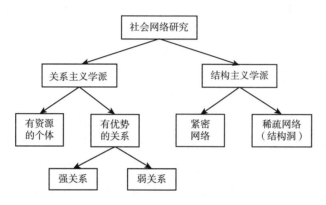

图2-4 加比（2001）对社会网络研究的分类

2.2.3 结构主义视角下的个体创新研究

社会网络的结构主义视角是从网络的拓扑特征、结构资本等角度对变量的研究。社会网络理论研究具有很强烈的结构主义色彩。社会网络对个体知识创新的结构主义研究思路，主要是从网络结构特征与个体在网络中所占据的位置这两个角度展开的。

基于这样的思路，科尔曼的研究从网络密度出发，认为密度大的网络能够促进群体的一致性，增进信任与合作，这些都促使了知识，尤其是复杂性知识的转移（Coleman，1988；Reagans and McEvily，2003）。交流技术的提高将带来群体工作效率及生产率的提高（Reagans and Zuckerman，2001）。同时交流的顺畅将扩大群体成员间的知识重叠（knowledge overlap），而知识重叠度的提高就会促进专业化（specialization）（Demsetz，1991），而专业化恰恰是知识创新中必不可少的一环。同时密度大的网络有利于群体间的共同监督，由于声誉机制的作用，一旦出现不利于合作的行为将迅速传遍整个网络，因此密度大的网络将有助于促使合作，抑制"搭便车"行为。

博特等对结构洞与个人绩效之间关系的研究，认为富有结构洞的网络为中介人获得非重叠的信息提供了可能，人们在其富有结构洞的网络中将获得更多的职位提升机会，拥有良好的职业流动性以及能较为成功地适应环境变化等（Burt，1992；Podolny and Baron，1997）。按照博特的结构洞思路，个人所占据的结构洞越多，得到的网络信息就越丰富。而个体占据的结构洞越多就意味着个体所处的网络是一个密度较小的稀疏网络。尽管没有紧密网络中提供的合作与交流的顺畅，但稀疏网络将给个体带来知识创新所需要的多样性知识。而多样性的知识是知识创新中重要的输入变量（input），以往的研究已经证明，很多重大的发明都是对多样性知识的重构与组合，可以说异质知识是知识创新的必不可少的因素之一。因此，稀疏网络将有助于个体进行创新。

与网络密度相类似的还有诸如对个人在网络结构中的位置对个人知识获取及知识创新的研究。除了结构洞以外，中心性位置得到了研究者的普遍关注。布拉斯（Brass，1984）发现，非正式交流网络的中心性与个人职位晋升之间具有正相关关系；对高科技公司的研究也表明，在工作流网络中处于中心性地位与获取较高的职位等级存在正相关关系（Mehra et al.，2001）。里根斯和麦克维里（Reagans and McEvily，2004）还提出，如果成员扩展其所在的交流网络，那么他们就有机会将其观点传播给多样化的听众，同理，他们获得多样化的潜在的知识的概率也将大大提高；基于这样的分析，里根斯和麦克维里（2004）又提出了"中介中心性"的概念，指出一个人如果处在两个不直接相连的两个体之间的最短路径上，他就更有机会获得一些有效解决问题的知识。因此综合了以上两种观点，从信息获取的方式和内容两个角度，认为可以构建网络，在两个方面同时达到最优。为此里根斯（Reagans，2003）提出了两个新的指标来衡量网络对知识转移的影响——网络凝聚力和网络范围。网络凝聚力类似于网络密度的作用，强调紧密的网络可以促进一致性，减少冲突，使知识转移变得更为容易；网络范围类似于结构洞和中介中心性的作用，强调网络范围的扩展将带来多样化的知识，获得各种潜在有用的多样化的知识。这些研究体现了社会网络理论的基本思路：个体嵌入的网络结构特征（密度或大或小，结构洞的多寡）将影响个体所得到的信息与知识，从而为个体提供不同的机会与约束，影响了个体的知识创新。

2.2.4　联结主义视角下的个体创新研究

由于个体储存知识与使用知识的能力是有限的，因此发展外部关系、扩大交际范围，就成为个体学习编码或非编码的知识，从而进行知识创新的关键（Demsetz，1991）。联结主义视角下的社会网络研究关注的是个体间的关系的强度。

格兰诺维特（Granovetter，1973）在其重要的论文——《弱关系的强度》一文中，将关系按照强度分为强关系与弱关系两类。其对关系强弱的判定基于四个维度：交往时间、交往频率、互惠程度和情感投入。伍德曼（Woodman，1993）按照格兰诺维特的观点，在社会属性与个体特征相类似的人群中容易发展出强关系。也正是由于群体内部的相似性，将使得群体内交流频繁与密切发生，这将导致群体内部知识的同质化较高。而弱关系则更倾向于连接与行动者相异的人群，更容易成为沟通不同群体间的关系桥，因此可以为个体提供异质的知识。而异质的知识是创新的重要来源，所以弱关系促进了个体创新（Perry-Smith and Shalley，2003；Perry-Smith，2006）。

虽然弱关系可以为个体创新提供异质知识，但是强关系却可以为个体创新提供必要的信任和合作，更重要的是，强关系非常有利于个体间知识的流动。科恩和利文索尔（Cohen and Levinthal，1990）认为，个体必须首先积累到一定的重叠知识（overlapping knowledge），在此基础上才能进行认知、获取、理解以及将多样化的知识重组成新知识，完成创新。而与外部关系的交流与沟通是完成双方积累重叠知识的重要途径（Bouty，2000；Lin，2001）。显然强关系在知识传递方面具有弱关系无法比拟的优势。已有研究表明，强关系对于个体间的相互扶持和帮助，促进信任与合作具有重要作用（Seibert et al.，2001；Cross and Sproull，2004；Krackhardt，1992）。而且在建立起信任以后，个体可以获得对自己的发展至关重要，但又无法通过价格机制在市场上获取的信息和知识，从而有利于复杂的、隐性的、专属性的这种优质信息的获取。优质信息（fine-grained information）是指更具有专属性而且更隐性的知识，当个体间形成强关系、达成信任以后，就为双方交互优质信息搭建了一个平台。优质信息的交互促成了个体间的知识创新，有利于个体创新出新的解决方案（Szulanski，1996；Uzzi，1996；Allen and Henn，2007）。

　　强关系和弱关系都体现了格兰诺维特的嵌入性的观点，但关系太弱或者太强都不利于知识创新。关系太弱则无法有效传递有价值的异质信息，而关系太强则存在一个"过度嵌入"的问题。如尤兹（Uzzi，1996，1997）在对纽约服装工厂的实证研究中，将行动者之间的交易关系分为市场交易关系（arm's length ties）和嵌入性交易关系（embedded ties）。前者将所有交易者都认为是理性的经济人，在追求自身利益最大化的前提下与其他交易者建立交易关系；而后者指的是，除了作为理性人在交易前进行理性的计算之外，交易者还与其交易伙伴存在某些社会性联系，如信任等。这些联系有助于交易的顺利实现。尤兹（Uzzi，1996，1997）研究证明，在嵌入性关系为交易提供便利的同时，也发现了由于过度嵌入而导致交易受损的情况。在知识创新过程中，过度嵌入将导致个体间认知趋同的现象。关系太强就将导致双方的共同认知，这种共同认知的出现一方面使得网络成员对外界的信息有选择地接受，比较排斥外界的新鲜信息；另一方面使得成员对信息的认知趋同，即出现了所谓的认知嵌入的现象，而一旦形成认知嵌入则不利于知识创新。因此，根据尤兹主张的适度嵌入的观点，对强弱关系的平衡将更有利于知识的创新。

　　研究表明，对强弱关系的不同维度上的划分，将对知识创新产生不同的影响。海特（Hite，2003）研究表明，格兰诺维特对嵌入性关系强度的分类方法存在两个问题：第一，区分强弱关系的四种指标之间存在不一致的问题。如交往时间越长、频率越高却不一定就意味着互惠程度的加深与情感投入的密切，反之亦然。这在工作关系与情感关系中体现得较为明显，交互频繁的工作关系不一定就掺杂着情感关系。第二，即使是强关系也存在不同的类型。这种简单的二分法，使得个体在知识转移与知识创新过程中无法进一步对强关系和弱关系进行区分，也无法确切地掌握嵌入的度。已有研究表明，不同类型的强关系将给个体创新带来不同的影响。如以交往时间长、频率高为基础测量的强关系和以互惠程度与情感投入为特征的强关系给个体创新的影响是不一样的（Sosa，2010）。

　　从以上联结主义视角和结构主义视角对强关系与弱关系以及紧密网络和稀疏网络对个体创新的文献评述，我们可以看出，这两类结构、关系体现了林（Lin，2001）提出的工具性行动（instrumental action）与表达性行动（expressive action）。前者指的是获得不为行动者所拥有的资源；后者指的是维持行动者所拥有的资源。个体的知识创新既需要异质的知识又需要基于相互间的信任为基础的复杂知识转移与合作。因此，从获取异质知识的角度来看，弱关系与稀疏网络体现了个体工具性行动的一面，而对于体现信任与合作的表达性功能来说，强关系和紧密网络则成为实现这一功能的更大源泉。因此，社会网络对个体创新的影响，需要我们从不同的侧面去理解不同的作用机理，同时也有研究从权变的角度来看待这些作用关系。

2.2.5　权变视角下的个体创新研究

社会网络研究的结构主义学派与关系主义学派只是研究视角不同，不应该相互割裂。已有很多研究者倡导从权变的角度去看待社会网络研究，主张结合情境变量具体问题具体分析。虽将其研究划分到结构主义学派，但博特（Burt，2000）曾说过世上没有无任何约束边界的最优网络结构。结构洞也分为黑白两种（white hole and black hole），白结构洞对产出有积极影响而黑结构洞则存在负面影响。在对结构洞的一系列研究中，他又提出影响社会资本产出的五大情境变量，分别是：个性与文化（personality and culture）、网络内容（network content）、连接者个数与任务不确定性（number of peers and task uncertainty）、群体内外的网络结构（network structure within and beyond groups）和借来的社会资本（borrowed social capital）。权变视角下的社会网络研究伴随着社会网络经典理论的发展，一直以来都在学术界占据着重要地位，且近年来涌现出较多的研究文献。我们从以下四个方面总结权变视角下的个体创新及对个体绩效的作用研究。

（1）网络内容。波多尼和巴伦（Podolny and Baron，1997）研究表明，结构洞是否产生社会资本将依赖于网络内容。他们认为，不同的关系类型影响着结构洞的作用。他们根据职位、个体维度和资源、身份维度将网络关系分成四个象限，考察在这四个流动着不同网络内容的网络结构中结构洞所起的作用。他们的研究结论是，如果网络内容包含着资源和信息，那么结构洞对个体晋升是有利的，但如果流动的网络内容是身份和期望，那么结构洞对晋升具有负面影响。伯利和尼科拉乌（Birley and Nicolaou，2003）在对高校知识溢出的研究中，将学者在校外的网络分为商业讨论网和社会支持网络（business discussion and social support networks），很明显这两种网络内流动的网络内容是不同的。伯利等研究表明，稀疏网络以及结构洞在商业讨论网络中起着积极作用而在社会支持网络中起着负面作用。米兹腊希等（Mizruchi et al.，2010）在对一家商业银行中职员的网络与绩效的关系研究中，按照网络中信息流动的不同，将个体参与的网络分为咨询网络与社会支持网络。前者网络节点包括领导与同事，而后者则完全由领导构成。米兹腊希等研究表明，在咨询网络中，强关系与稀疏网络的结合对个体绩效影响最大；而在社会支持网络中关系强度对个体绩效的影响随着网络密度的增大而增大。

（2）文化因素。肖等（Zhixing Xiao and Anne S. Tsui，2007）研究认为，结构洞理论框架在很大程度上限于西方文化背景，即开放市场、自由竞争和个人主义导向。在其他拥有不同文化规范和市场机制的文化背景中，结构洞是否依然起到相同的作用还有待商榷。肖等的研究将结构洞理论引入与西方文化背景有很大差异的东方文化背景中，研究了中国四个高新技术企业中结构洞在个体收益中所起到的作用。结果表明，在文化层面上，中国的集体主义文化将削减结构洞的作用。在组织层面上，在强调人际互利文化的组织中，结构洞的控制性收益与组织所倡导的在人们心中占据主导地位的合作精神是相悖的，结构洞的信息收益因而不能实现。肖等的研究深化了结构洞理论，证明了该理论不具有普遍有效性，通过数据调查和研究，总结出该理论在中国高新技术企业中并不适用。在中国文化背景以及倡导奉献精神的企业文化下，不是中介者而是将人们联合在一起的整合者才能享受到更多的职业收益。

（3）个体属性。对个体属性的关注涉及个体与网络结构的交互影响研究，以及对个体与网络关系的研究。其主要的理论逻辑是人与人之间存在着能力和认知上的差别，不同的人即使占据同样的网络位置，由于其利用网络资源的能力的差异也会导致绩效上的差别。如博特（Burt，2004）研究表明，高级经理和普通职员在利用结构洞获取收益上存在差别，高级经理更能发现结构洞带来的收益和机会；以及周（Zhou，2009）、安德森（Anderson，2008）等对个体个性特征以及网络结构对个体创造力、信息获取上的影响研究都属于这一类的研究，后面将有详细的介绍。对个体属性的关注也涉及对网络与个体关系的关注，如加奎罗（Gargiulo，2009）研究表明，紧密网络对不同个体的影响是不一样的。他按照知识流动的方向将个体分为知识输出者和知识输入者两类，指出由于紧密网络存在的合作与分享的规则（norm），对两类人产生的压力是不一样的。对于知识输入者来说，紧密网络是获取知识的绝佳场所；而对于知识输出者来说，紧密网络是一个负担。

（4）任务特征。也有一些学者认为，社会网络研究观点的争论，其本质根源于对社会资本概念的不同分析视角，或者说根源于个体任务导向的不同（Adler，2002）。闭合网络试图解决的是合作型的任务问题，在这里共有社会资本在发挥作用；稀疏网络体现的结构洞观点，试图解决的是效率型任务问题，在此发现新机会的联结社会资本在发挥作用（Adler，2002）。罗利等（Rowley et al.，2000）对企业联盟的研究认为，企业的创新战略影响了社会网络对企业的作用，紧密网络有利于企业的改进型创新，稀疏型网络有利于企业进行探索型创新。

2.3　动态网络研究评述

不同于静态的网络结构分析，网络动态性的研究源自统计物理学与复杂性研究对复杂网络的关注。一般来说，网络是节点与线的集合。如果节点之间按照确定的规则连接在一起，形成的网络就称为规则网络（regular network）。如果节点之间不是按照确定的规则连接，而是按照随机方式连接在一起的，形成的网络称为随机网络（random network）。如果节点既不是按照确定的规则也不是采用简单的随机方式，而是按照某种自组织原则连接，将导致不同的演化方式，由此形成的网络称为复杂网络（complex network）。人们对复杂网络的研究开始于对其拓扑结构的模拟，其中对规则网络和随机网络的生成模型都是预先设定网络的节点数等其他变量，因此是静态的、均衡的网络，也称为设计网络（designed network）。与之相反，如果网络节点数不是固定的，而是不断增加（或减少），节点按照一定的自组织规则连接，形成的动态的、非均衡的网络，就称为演化网络（evolving network）。演化网络的研究必然从动态的视角，涉及对网络演化问题的关注，网络本身是不断动态地发展变化的。本书认为，对演化网络的研究应从演化网络的机制生成模型、动力学传播性质以及动态经济网络研究三个方面做出评述，并指出其对本书研究的借鉴之处。

2.3.1　演化网络的机制模型研究

对网络生成算法的研究则是通过对实际网络演化的统计规律的分析，构建具有某一类拓扑特性的网络的形成机制的探索，即演化网络的机制模型的构建。瓦特（Watt，1998）提出的小世界网络模型以及巴洛巴斯（Barabasi，1999）提出的具有幂率特性的无标度（scale free）网络模型具有划时代的意义。小世界网络是对人类社会聚集形态的模拟。社会心理学家米尔格拉姆（Milgram，1967）著名的"六度分割"（six degree of separation）实验证明，尽管人际关系网络极其庞大复杂，但是其平均路径长度（average path length）却是相对较短的。在理论上，地球上任意两个人建立的连接之间不会超过6个人。而社会学研究中的"三倍传递比"（fraction of transitive triples）理论证明，一个人的朋友们相互之间也很可能是朋友。表明人际网络除了具有较短的平均路径长度之外还表现出了很高的聚集系数（clustering coefficient）。人际网络中，个别个体会拥有几个远方的朋友，这种远方的朋友就充当了跨越本地的聚集的作用，成为改变整体网络结构的关键。基于此，瓦茨和斯特罗加兹（Watts and Strogatz，1998）在《科学》（*Science*）上发表了著名的小世界网络论文，通过先构建规则网络而后改写已有连接的方式，生成了同时具备较大的聚集系数和较小的平均路径长度的小世界网络。

巴洛巴斯（Barabasi，1999）等提出的无标度网络是从互联网形成过程抽象出来的。世界上每天都会有新的网页诞生，而这些新网页也都愿意链接到那些著名的较大的网站上，以此来提高自己的点击率。巴洛巴斯（Barabasi，1999）等提出两条重要的网络演化机理：增长（growth）和择优（preferential attachment）。这两条机理缺一不可，改变增长，则网络最终演化成完全图，即所有的节点都会连接在一起；改变择优为随机，则网络最终会演化成一个不断增长的随机网络。

2.3.2　演化网络的动力学传播性质

真实网络几乎都具有小世界效应，同时大量的真实网络的节点度分布也服从无标度网络特征。因此，小世界网络和无标度网络机制模型的提出使描述客观世界真实网络成为可能。从此演化网络中的传播动力学研究一时成为学术界研究的焦点。与具体的工程学研究不同，理论研究中将计算机病毒、谣言、信息都抽象为"传染病"，通过构建经典的传染病模型——SIR模型和SIS模型来研究其在复杂网络上的传播（Allen，2000）。大量的仿真研究表明，复杂网络上的传播行为与以往研究中采用的规则网络上的研究相比，存在根本上的不同。近年来，组织研究尤其是对知识网络的研究也较多地借鉴了复杂网络的研究成果，如建立在网络上其他模型（比如渗流模型、传染病模型等）对网络动力学性质的研究。如考恩（Cowan，2004）通过仿真研究比较了不同网络结构上知识的传播过程，他发现小世界网络上知识的转移速度比随机网络更快，但在短期内将造成知识分布的不公平。拉泽（Lazer，2008）比较了不同网络密度下，群体的双 E 创新协调机制，发现网络密度与群体绩效的曲线关系：密度大的网络有利于群体的改进型创新，造成群体短期绩效高而长期绩效低；而密度小的网络有利于群体的探索型创新，造成群体长期绩效高而短期绩效低。对小世界网络的研究也表明，较小的平均路径长度对知识收敛时间的调节同样影响了两类创新的传播，从而对群体长期和短期绩效产生影响。

2.3.3　动态的经济网络研究

对动态经济网络的建模与仿真研究体现了复杂性研究的涌现思想。复杂科学的研究进展表明，人类社会的绝大部分系统都可视为异构的、复杂的、非线性的自适应系统。在有人参与的系统中，由于人的异质性、人与人之间交互的非线性以及环境的不确定性，系统最终演化的结果具有不可预知的特点，所以对复杂系统的研究都特别注重对"涌现"现象的关注。这一点在齐美尔关于社会形式的涌现特性和哈耶克（1997）关于演化的秩序等论述中都得到了很好的体现。复杂系统研究涌现问题的一般思路为，对组成系统的个体的属性和个体间交互模式进行建模，考察模型运行结果，强调在微观层次上寻求对宏观现象的解释。和此类研究思路相似，科尔曼（Coleman，1990）特别强调解释社会现象的微观基础。他在对韦伯的经典之作《新教伦理与资本主义精神》的批评中，指出不能用宏观现象去解释宏观现象，因为这样就忽略了微观层次上人的行为。科尔曼力主从人的行为的微观层次出发来解释宏观现象，为此他提出了包括三个解释环节的著名的船模型。

经济学家与统计物理学家借鉴了复杂网络研究，认为经济系统中也存在着类似复杂网络的拓扑结构，而且是一个由局部互动机制而形成的整体网络结构。这种结构在其形成过程中将对经济系统的运行和演化产生绝对的影响。因此，经济学家试图构建一个经济系统中微观个体之间的相互联系与相互作用的关系结构，并以此提出经济网络的涌现模型和基于内生形成（endogenous formation）的一般均衡模型。

杰克逊和沃伦斯基（Jackson and Wolinski，1996，2002，2005）的系列研究利用博弈论的方法，提出了一个基于成员目标行为（strategic behavior）的网络生成模型，从此引发了随后对不同经济领域中的经济网络形成的研究。这些模型试图从微观经济学原理的角度，来解释经济系统中经济网络生成的原因。杰克逊和沃伦斯基的研究将经济网络的形成看作经济活动参与者理性选择的结果。将博弈论中的纳什均衡作为网络形成建模的出发点，赋予每个经济参与个体（agent）行为的报酬函数，并通过每个个体的报酬函数推导出整个网络的总效用函数。当每个个体认为改变现状带来的收益小于维持现状带来的收益时，网络就达到了均衡状态，此时整个网络的总效用达到了最优。在达到稳定之前，每个个体都将基于报酬函数进行加边或减边，直到整个网络均衡为止。整个网络形成过程也说明了，为什么有的连接需要维持而有的连接则需要舍弃。

与经济网络的研究类似，怀特等（White et al.，2004）从复杂性研究与场理论的视角，研究了生物科技公司的网络演化行为。并提出了企业结盟的四种连接方式，结合实证数据对联盟网络的演化进行了研究。曾格林克（Zeggelink，1994，1995）的系列研究也是采用面向对象的方法，建立个体的行为函数，并考察了宏观涌现出来的友谊网络的特性。与之相类似，范德博特（Van De Bunt，2001）等的研究也是从社会心理学角度来构建个体间的连接偏好函数，个体按照期望函数最大化进行与人连接，同时考虑到了个体禀赋和现有的网络结构对个体行为的限制，最后考察涌现出来的友谊网络特性，并用实证数据验证了其网络生成模型。

2.4　仿真研究对发展管理理论的意义 *

随着复杂科学的兴起，人们对复杂系统的研究放弃了还原分解的方法，提倡采用一种自下而上的综合集成方法（钱学森，1990），计算机仿真就成了研究复杂系统的最有力工具之一。计算机仿真是通过建立仿真模型，在计算机上再现真实系统，并模拟真实系统的运行过程而得到系统解的研究方法

---

* 本节部分内容发表在：张华，席酉民，马骏．仿真方法在管理理论研究中的应用［J］．科学学与科学技术管理，2009，30（4）：46–52.

（宜慧玉，2002）。它的基本思路为，选择系统中的个体，对个体属性及其与其他个体的交互规则进行建模，在计算机上模拟它们的互动，考察涌现出来的复杂的宏观行为。

仿真研究在社会科学领域已经取得了长足的发展，其在管理领域的应用也得到了学术界的瞩目。卡内基·梅隆大学的卡利（Carley，1995，1999）教授开创的计算数理组织理论（computational and mathematical organization theory）倡导运用计算机仿真、逻辑规则和人工智能来从事组织研究，现已成为组织理论研究的前沿之一。卡利（Carley，1995，1999）及其团队在组织设计、组织学习、组织与信息技术和组织演化等方面取得了众多成果。近年来随着研究的深入，仿真方法在管理理论研究中的地位也得到了学术界的广泛认可。一系列应用仿真技术的论文对管理理论的发展发挥了重大的推动作用（如马奇在 1991 年发表的组织学习的论文）。在最近的顶级学术杂志上出现了一系列以复杂系统的视角进行管理研究，并对仿真方法进行系统评述的文章，探讨了仿真方法在理论发展中的地位和重要作用。

本书认为，由于其独特的研究思路，仿真研究在对管理过程的建模及对管理机制的把握等方面具有天然的优势，它为我们考察"看不见的手"，打开组织过程"黑箱"提供了强有力的支持；并且在验证研究假设，推动理论研究发展等方面具有其他研究方法不可比拟的优点。这些特点使得仿真已成为管理理论研究中不可或缺的研究方法及技术工具。

那么仿真方法究竟如何适用于管理研究？都有哪些常见的仿真技术？怎样应用仿真方法开展研究？本书研究在回顾仿真研究的发展简史之后，对结构化的仿真模型进行介绍，然后通过一个具体的研究实例，试图回答这些问题，并深入探讨仿真技术在管理研究中的应用。

2.4.1　仿真方法介绍

2.4.1.1　仿真建模思想的转变

对社会经济系统采用计算机仿真的研究方法可追溯到 20 世纪 60 年代，这种方法真正得到普及和广泛应用也只是 20 世纪 90 年代以来的事情。迈克尔·摩西和罗伯特·维勒（Michael W. Macy and Robert Willer）在其综述论文《从因素到个体：计算社会学和基于代理建模》（*From Factors to Actors：Computational Sociology and Agent-Based Modeling*）中将仿真研究的发展归纳为三个时期。本书按照他们的划分，简要介绍仿真方法的种类和特点，旨在探究仿真建模思想的转变，并说明如何利用仿真建模思路开展管理研究。

20 世纪 60 年代，用计算机技术来仿真社会经济系统开始兴起。这个时期主要是对系统的整体建模，称为"宏观仿真"（macro-simulation）。提出关于系统整体的属性和变量，利用控制和反馈原理，通过微分方程组对系统状态进行建模。宏观仿真方法主要应用于城市交通问题、世界范围内的移民及传染病的传播等问题的研究。

仿真研究的第二个阶段发生在 20 世纪 70 年代，相比之前以系统整体为对象的物理建模方法，此时研究者以组成系统的单个个体为研究对象进行建模，采用由底向上的建模策略（bottom-up），称为"微观分析模拟"（micro-analytical simulation），并在政策分析中得到了广泛的应用。这种仿真技术建立在一个较大的随机样本的基础上，用数据组（比如年龄、收入、财富水平等）代表个体（可以是居民、家庭、公司等），以微分方程和算法为行为规则，模拟每个行为个体随着外部环境（如政策）的变化如何做出决策，随着仿真时钟的推进，这些决策不断地刷新个体的数据组，使系统的整个样本不断地变化演进。最后通过对模型运行后的样本数据进行统计分析，预测总体的演化趋势。这种仿真技术广泛地应用在诸如税收、福利等公共政策的设计对系统的影响等方面，至今在社会经济领域仍被广泛接受（如 CGE 模型等）。

20 世纪 80 年代兴起并得到了广泛认同的多 agent 仿真在管理研究中发挥了重要的作用，是本书介绍的重点。最初多 agent 系统作为计算机科学中比较新的一个分支，其作为一种合适的软件范例得到研究者的普遍关注。尽管多 agent 系统在探索大规模分布式开放系统（如 Internet）中提供了可能性，但是多 agent 系统的价值远不止于此，多 agent 的思想也并不局限在某一个领域。相比于前两种仿真方法，多 agent 仿真更能抓住组织的本质特点，其在管理研究中将得到广泛的应用。多 agent 建模技术既不是对系统整体进行建模，也不是对组成系统的单个个体建模，而是对个体间的关系和个体的行为模式进行建模，而这种建模思路恰恰抓住了组织的特性，使得多 agent 建模适合于管理理论研究。由于管理研究的对象——组织和人具有复杂性、适应性和非线性等特点，对组织整体的建模就成为一个无法完成的任务，我们无法用有限的微分方程组来很好地描述组织，从而无法对其进行宏观整体建模；而微观分析模拟方法和多 agent 技术最大的区别在于微观模拟不考虑个体间的交互作用，这就近似简单地把整体现象看作各个组成个体的加和，这当然违背了复杂系统的"涌现"特性，也就无法刻画组织的整体行为。可以说，正是这种基于多 agent 的复杂系统建模思想，使仿真方法刻画组织特性应用于管理理论研究成为可能。

2.4.1.2　仿真方法在管理研究中的地位

戴维斯（Davis J P，2007）提出，在简单理论和成熟理论之间存在一个甜蜜地带（sweet spot），正是仿真方法的用武之地。相比于概念界定清楚、逻辑关系清晰的成熟理论，简单理论（simple theory）是指，人们在实地研究、文献研究、演绎推理中得到的一些初步结论或者是一些未经证实的想法，因此是研究者正处于探索阶段的理论。由于此时概念界定还不是很确定，且其背后的逻辑关系也不是十分清楚，使得研究假设还无法用统计方法来验证。尤其是当涉及纵贯研究、系统成员非线性交互、过程研究的时候，在实证研究无法获得数据的情况下，这些简单理论的发展将主要依赖于仿真方法。具体过程为，将假设中涉及的变量用程序代码表示出来，编写计算机程序，通过仿真实验，将实验结果与研究假设对照。在组织理论的研究中，在设计出 agent 的属性与互动规则之后，也就是建立了一个人工组织，以此来考察组织过程的内在演化机制。仿真方法在理论研究中的地位如图 2 – 5 所示。

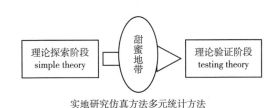

实地研究仿真方法多元统计方法

图 2 – 5　仿真方法在理论研究中的地位

戴维斯（Davis J P，2007）的观点与哈里森等（Harrison J R et al.，2007）的主张非常相似。哈里森等（Harrison J R et al.，2007）在对仿真方法的评述文章中提出，仿真方法将是归纳与演绎之后的第三种研究方法，并且是二者的有益补充。演绎方法曾在理论研究中发挥了巨大的作用，最著名的例子当属以数学方程式推导为代表的演绎法在物理学上的巨大成功。在主流的经济学研究中，数学方程式推导占据着重要的地位，但由于管理研究面对的组织是有人参与的复杂系统，变量之间的非线性关系、动态性以及反馈都造成了用数学方程式刻画组织行为的困难。无论是对组织行为的刻画还是对组织过程的动态性描述方面，通过数学方程式的推导进行演绎研究面临着巨大的困难。而仿真方法的建模方式比较成功地解决了这些问题。哈里森等（Harrison J R et al.，2007）主张基于正式模型（formal model）的仿真实验将有助于发展演绎研究。仿真将比数学方程式更适于建立更贴近组织现实的假设，仿真实验的结果一方面推动了假设的发展，另一方面得到的大量虚拟数据将为归纳研究提供不易得到的数据支持。

从仿真方法在管理研究中的地位与应用特点来看，当今的仿真方法在应用上与以往有着巨大的差别。以往的仿真研究，其根本目的在于"仿真"，要求模型完美地表现建模对象的特性，严格基于现实数据，以便对系统发展进行较为精准的预测或对系统各个时间段的行为进行评估。可以说，预测是仿真的主要目的。而在管理研究中，仿真研究的目的除了"预测"之外，其优势还体现在能让研究者对系统的演化机制有更深入的理解，这对理论研究至关重要。理论研究需要通过改变个体的属性和对个体间的互动来考察涌现出来的宏观现象的变化，进而了解系统的演化机制和适应过程。也就是说，管理研究中的仿真方法已不是"数据驱动"，而是"理论驱动"。仿真实验的结论一方面可以作为进一步研究和验证的假设，通过现实数据的采集来进行实证分析并测试其命题的合理性；另一方面也可以作为进一步预测和解释简单理论推演出的假设。仿真方法作为理论演绎的重要工具，并为实证研究提供数据支持，从而起到推动理论发展的重要作用。

2.4.1.3　仿真方法的分类与 NK 模型介绍

按照戴维斯（Davis J P，2007）的分类，仿真方法可分为结构化仿真方法和随机过程仿真方法。前者具有固定的研究思路，适合于某一特定的研究领域，方法上具有相对固定的研究范式或基本模型。譬如系统动力学仿真、元胞自动机、NK 模型、遗传算法等都属于这样的仿真技术。而随机过程仿真方法（主要是基于 agent 的仿真方法），则没有固定的研究范式，适用于研究者具体的研究问题，其建模方法非常灵活，给研究者留出了很大的设计空间。这两类研究方法各有利弊，作为较为成熟和通用的仿真技术，结构化方法从假设的提出到模型的构建都有相对固定的可遵循的一整套"操作流程"，研究者在实验设计等方面的工作量相对较小，而且学术界对其在技术和研究结果的信度上较为认可。但由于这类仿真技术仅适合于或受限于一类特定的研究主题，所以后续的研究都是围绕同一类主题的相关研究，可深入挖掘的理论问题就相对较少，而且容易产生拿着模型到处套问题的错误倾向。随机过程仿真方法则适用于结构化方法无法解决的研究问题，可以适用于绝大多数复杂系统的研究。其优点在于建模技术的灵活性和研究问题的广泛性，但也正是由于这种建模方式的灵活性，有学者曾基于此批评仿真技术是"玩具游戏（toy game）"，认为作者的主观倾向容易影响到研究结果，模型的信度与效度检验就成为其最大的难点。总之，仿真技术的选择完全取决于研究问题，研究问题与仿真技术的合理结合才能使研究进行得顺利与深入。当前仿真研究领域最著名的结构化模型当属 NK 组织适应度模型，下面就 NK 模型的一些基本设置进行介绍。

　　NK 模型起始于莱特（Wright）1932 年提出的适应度景观概念，并将其作为研究生物有机体进化的基本框架。适应度景观是通过将基因型（genotype）的适应值分配给基因型空间中对应的点而得到的，由于各基因型的适应值是有差异的，因而就形成了类似"山峰状"的崎岖景观（见图 2 - 6）。适应度景观的峰（peak）对应着基因型的高适应度，而适应度景观的谷（valley）则对应着基因型的低适应度。

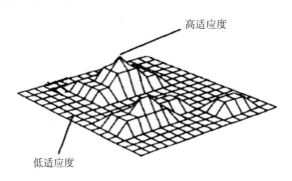

高适应度

低适应度

图 2 - 6　适应度景观

　　考夫曼（Kauffman，1971）研究认为，在人口遗传学中，适应度景观是由一个有机体的各种属性（基因）适应性的相互依赖程度决定的。假设某个物种有 N 个基因，那么每一个基因的贡献度有赖于 K 个其他基因。于是，考夫曼发现了一个能简练地生成适应度景观的 NK 模型。在这个模型中，N 指的是一个物种所包含的基因总数，K 表示这些基因间的互动程度，一个基因的贡献度取决于其他 K 个基因的属性。随后 NK 被引入组织研究领域，集中在战略、认知、组织设计、创新管理等方面。利文索尔等（Levinthal et al.，1997，2000，2003，2006）将其应用到组织中，认为一个特定的组织中包含

N 项决策，每项决策有两个值（0 与 1），这样，适应度空间中则包含了 2N 种可能的组织决策配置形式。在一个特定的组织形式中，每一项决策都不是独立的，因此，单一决策对组织整体的贡献度不仅取决于决策本身，同时也取决于 K 项与其相关的其他决策，K 的取值范围为：$0 \leqslant K \leqslant (N-1)$。因此，一个决策的绩效贡献就取决于 K+1 个决策（自身与 K 个其他的决策）的结果。综上所述，NK 模型通过决策项及其之间的互动关系构成了任务（绩效）空间，关注组织通过各种手段（长跳与短跳，管理者认知图景等）对组织适应性的影响。

2.4.2　仿真研究的流程与问题

与所有对复杂系统的建模方式和对人工社会的研究方法类似，仿真方法在组织研究应用的一般步骤如下。

（1）观察现实组织的主要特点，并抽象出一系列的变量刻画系统。设置系统的外部变量。

（2）建立 agent 个体模型，以及 agent 之间的行为规则来刻画交互行为。设计虚拟实验。

（3）通过计算机进行虚拟实验，得到宏观涌现结果。

（4）根据涌现结果得出结论从而对现实组织现象进行解释或对理论假设进行检验。

（5）修改相关参数或加入新的变量，通过对不同情景下的涌现结果，理解演化机理。

（6）在条件允许的情况下，收集实证数据，与仿真实验结果进行交互验证。对模型进行拓展。

前两步是后续工作的基础，它决定了模型的成败和应用范围。针对计算数理组织理论研究中的有效性问题提到研究问题、模型和虚拟实验必须要平衡的观点（Burton，1998）。仿真研究如何与实证研究结合，模型的效度检验是今后研究中不可回避的问题。构建模型、计算机模拟分析和实证研究，三者应有机结合：仿真研究结果可作为实证研究的假设；在实证中得到论证，也可以在仿真实验中推广，并作为本书研究实例的延伸（Lin，2007），今后可以考虑采集实证数据，譬如长期跟踪某几类科研团队网络（Singh，2005），通过实证数据统计网络演化特性，验证仿真实验结果；或者利用专利索引

（如 DII 数据库），利用数据挖掘，获得某一领域的企业（多为医药、化学或 IT 公司）的合作网络数据，考察网络的演化特征与仿真结果对照。理论的研究将是这样一个交互上升的过程，而仿真研究是其中极其重要的一环。

2.4.3　结论与讨论

仿真研究中仿真工具是关键。目前编程语言和基于 agent 的仿真工具可谓五花八门，从早期的 C＋＋到现在的 VC、Matlab、Swarm、Netlogo 等多种编程语言、开发平台都已被应用于建模与仿真研究中。近年来，随着各式各样满足多种需求的仿真软件及开发平台的普及，编程门槛已大大降低，这将使仿真方法得到极大发展。

仿真研究已得到社会科学研究的关注，这不但表现在仿真研究在管理领域中的应用越来越多，而且近年来对研究范式的讨论也涌现了出来，这表明仿真研究已经逐渐走向完善并得到了学术界的认可，而国内在组织研究领域还没有给予其足够的重视，随着研究的深入，相信会有越来越多的学者采用计算机研究方法，这对广大的管理理论研究者来说，既是机遇又是挑战。

2.5　本书的研究构思与假设分类

社会网络理论最重要的一个特点在于其放弃了传统的以个体为研究对象的原子论分析思路，它关注于个体间的关系，从群体的视角去解释个体行为。心理学关心的是个人的心理机制和经验如何归纳和处理信息。与之类似的经济学，也是在提出理性人的假设之后，讨论人们在理性选择的框架里是如何行动的。而社会网络主张从网络的结构特征与个体在网络中所处的结构位置来分析个体的行为。社会网络的兴起也正是由于这一独特的分析视角，弥补了制度学派、心理学研究的空白。

心理学家关注的是个体特质，因为每个人的资质不同，信息归纳与处理的方式不同，所以导致个体行为的不同；社会学家关注的是网络结构，因为网络结构不同而且网络地位因人而异，这就导致了个体在信息获取方面的差异，从而导致人们表现出不同的行为。这本是两个不同的解释角度，可现如今的问题是，两者缺乏足够的对话。社会网络研究存在着一个基本导向，只关注静态的网络结构，忽视具有能动性的个体行动者（马汀等，2007）。网络研究强调对成员行动的外在结构限制（或机会）而缺乏对个体行为的内在驱动力的解释。更有一些"坚定"的结构主义理论家主张结构是各种社会安排所体现出来的模式，其享有优于个体行动的本体论地位（曾鹏，2008）。如在对个体创造力的研究中，心理学视角的研究者过高地关注个体特质对创造行为的影响，而忽视了情境变量，这样导致的结果就是研究者只关注那些具有创新特性的人，探讨富有创意的人的人格特征，试图发现具有较高创造力的人的特殊心理特征（Barron，1981）；而社会学视角的研究者只关注个体所处的网络结构，认为特定的网络结构决定了个体创新。

从心理学的个体特质思路我们推导出，创新仅与个体特质有关，也就是说只有天才才可以完成创新；而从社会学的网络结构思路推理，我们得出的结论是，网络结构对创造力起决定作用，也就是说，任何人放在一个特定的网络结构中都会发生创新。显然这两种结论都是错误的，这两种思路都有问题。而问题就在于，那些侧重于网络结构但忽视了个体特征的社会学家，和那些研究个体特质而忽视个体所潜入的社会网络的心理学家缺乏足够的沟通，就如同两者之间存在一个结构洞一样。我们认为，双方应实现握手，以"社会心理学家"或者"心理社会学家"的视角，同时考虑到个体属性、行为与个体所嵌入的网络结构才能让我们的研究进展顺利。因此，本书将同时考虑个体所处的网络结构、个体属性、学习行为对个体创新的影响。

基于以上对社会网络理论的研究范式和创造力研究文献的梳理，本书形成研究构思如下。

首先，不同于以往集中在针对个人特质的个体创造力的研究，社会网络视角的研究认为，人的创新行为不是孤立发生的，而是嵌入在一定的社会关系之中的。为什么人际互动能发展人的创造力呢？那是因为社会网络为个体提供了创新的基础——多样化的知识。根据个体创造力的经典定义，创造力来自两种或更多种存于人头脑中的全异（disparate）想法与概念的"合并"。创新的本质就是知识的重组，创新者需要获得各种知识来进行创新。而社会网络正是人们获取知识的重要来源，社会网络研究的一个基本假设就是人与人之间的连接是资源流通的管道。即使在科技发展的今天，面对组织已提供的如此繁多而又便捷的知识管理工具，社会网络仍旧是个体获取知识的重要渠道。对个体创新类型影响的社会网络视角正是基于知识重组的观点。所以首先我们要考察社会网络对个体双 E 创新的影响。

　　其次，我们认为，作为拥有异质性与主动性的个体——"人"，其个体属性是不容抹杀的。一个明显需要解释的事实是：现实中为什么不同的人会占据不同的社会网络位置？而且即使拥有同样网络位置或者个体网络特征完全相同的两个个体，为什么其在获取网络资源上也有质与量的差异？这些都是单纯的结构主义学者所无法回答的。因此，我们认为，个体绩效的差异，除了与所处网络结构有关以外，还与个体行为息息相关。也即，网络位置将影响人的绩效，这是位置与位置的差异；但是即使是在同一个位置上，个体绩效也会产生差异，这是个体间能力的差异、行为方式的差异。基于此，我们考察了个体知识宽度与个体行为对个体双 E 创新的交互影响。

　　再次，我们将考察个体创新与网络演化的关系。由人组成的复杂系统与别的个体行为导致的集体涌现现象（如蚁群等动物群体或沙堆）是有区别的。人具有理性及对涌现结果的分析能力，也就是说系统涌现的信息将反馈给个体，并影响到个体的后续行为。这种"二次涌现现象"揭示了个体行为与网络结构的协同演化（co-evolution）（方美琪，2005）。我们要考察在协同演化过程中个体创新是如何推动网络演化，反过来动态变化的网络对个体创新又将产生什么影响。

　　最后，基于上述研究构想，单纯的实证研究已经不可能完成任务。而且由于个体属性中属于认知能力范畴的 know-who 类知识很难在实证研究中得到检验，且个体的学习行为和信息搜索策略与网络结构的交互以及网络演化中变量的衡量，都需要用到计算机仿真技术。因此，本书将在实证研究的基础上，开发出一个多 agent 的互动模型，来研究网络结构与个体认知能力的交互作用对个体创新的影响。

　　基于上述分析，本书研究将假设的分类与假设基于的逻辑归纳如表 2 – 3 所示。

表 2 – 3　　　　　　　　　　　　　　本书研究假设分类

研究视角	研究内容	假设提出的逻辑	分属的章节
静态的视角	网络研究	网络位置与关系特征的差异将导致创新类型的差异	第 3 章
	个体研究	网络位置相同的情况下，个体差异导致创新差异	第 4 章
动态的视角	演化研究	不同类型的个体创新将推动网络沿不同路径发生演化，演化后的网络反过来又将影响个体后续的创新	第 5 章

第3章 网络结构与关系特征对个体创新的影响研究

尽管以往的研究都表明，社会交往将有利于个体的创新产出（Sutton and Hargadon，1996；Paulus and Nijstad，2003），但是社会网络对个体创新的影响研究却显示出多种视角、多种理论并存的局面。尤其是对于基于何种网络结构对创新产出效果最好，学术界还有很多争论。我们将按照社会网络研究的维度将相关文献进行分类，即按照直接关系、间接关系与网络位置、结构与关系的交互作用三个方面来归纳以往社会网络研究中对个体创新的影响的相关文献。

除了个体创新产出的文献之外，创造力的文献将对本章研究起到很好的借鉴作用，因为早期对创造力的研究大多关注的是创意的产生阶段，也即我们关注的个体创新产出。后文在没有指明的情况下，本书所引用的对创造力的研究文献涉及的都是个体创意产生。对创意利用和传播方面本书将特意指出。另外，一部分企业层次上的网络研究也在我们的文献综述的范围内，因为这些研究所体现的思想颇为深刻，其研究思路对我们进行网络研究将起到很好的借鉴作用。

本章在前人研究的基础上，提出网络结构与关系特征对个体知识创新的影响模型，然后利用美国专利数据构建合作网络，对研究假设进行验证。

3.1 直接关系对个体创新产出的影响

直接关系（direct tie）作为连接两个个体的直接通道，首当其冲地成为社会网络研究的重要变量。对直接关系的关注主要集中在两个方面：连接的有资源的个体以及有资源的关系。而关系的强度通常作为信息的代理（agency）成为创新研究中最受关注的变量。以下的文献评述将涉及与本章研究最相近的强、弱关系对个体创新的影响研究，从中我们可以清晰地看到理论发展的脉络。

格兰诺维特（Granovetter，1973）提出的弱关系的强度理论指出，强关系连接的两个个体大多同属于一个社交圈，而弱关系相较于强关系更可能连接到相互独立的社交圈，因此从信息异质性的角度来看，弱关系就成为能连接到异质信息的非重叠、非冗余的连接。而拥有弱关系的个体就有了去接触不同社交圈的机会，从而增强了其接触各种异质信息、不同的看问题的角度和分析思路的机会，而这些对与己相异的知识的接触可以提高个体的认知过程，从而提高个体产生创新产出的机会（Granovetter，1985）。

佩里 – 史密斯和沙利（Perry-Smith and Shalley，2003）秉承了格兰诺维特（1973）对弱关系的强度理论的思想，通过理论演绎的方法提出，由于弱关系带来的非冗余信息有利于增加个体的专业相关知识，差异化带来了个体知识面的增加；而与不同社交圈子的人交流则提供了与不同背景、不同专业领域的知识接触的机会，从而可以帮助个体对不同方案的比较分析，有利于理解方案间的细微差别，进而有利于激发个体的创造力。基于以上考虑，佩里 – 史密斯和沙利（2003）提出弱关系将有利于个体创造力的提高，有利于个体创新产出的产生。同时，佩里 – 史密斯和沙利（2003）也注意到关系的成本问题，因为关系的维护和发展是需要成本的，而创新产出同样需要个体全身心的投入，因此在维护关系和进行创造性工作之间就存在着一个取舍和权衡的问题，任何一方的过度投入都将影响到另一方的发展，因为人的精力是有限的。基于此，佩里 – 史密斯和沙利（2003）提出，弱关系的数量与个体创新产出之间不是简单的线性关系，而是一个二次函数，即在某一点上达到个体创新产出的最大值以后，过多的弱关系数量将损害个体创新产出。

佩里 – 史密斯和沙利（2003）的文章虽是理论分析，但其一经提出就引起了学术界的共鸣。佩里 – 史密斯（Perry-Smith，2006）通过对美国东南部一所大学下属的研究所进行了合作网络收集，同时对以上关系与网络结构位置等研究假设进行了验证。除了找到实证数据的支持以外，还对以往假设做出了更为严谨的修改。佩里 – 史密斯（2006）提出，个体拥有的弱关系的数量与个体的创造力具有正相关关系，同时这种正相关将受到弱关系中实际是非冗余关系的数量的调节作用，同时也受到来自不同背景的连接对象的调节作用。实际上佩里 – 史密斯（2006）对这一研究假设的修正源于博特（Burt，

1992）对格兰诺维特的弱关系强度理论的批评和发展。即弱关系带来异质信息的根源不在于关系强度之弱，而在于其连接两个相互独立的社交圈子的可能性之大。关系仅仅是信息的代理，早期的社会网络学者的研究大多简单地用关系直接来衡量信息，而没有关注到异质信息的真正来源在哪里。因此，佩里－史密斯（2006）着重考察了弱关系中属于非冗余的信息的数量以及连接到的个体的背景情况。除此之外，佩里－史密斯（2006）还对弱关系与强关系对创造力的影响作出了比较，作者认为，前者的数量对创造力的影响作用大于后者。

麦克法迪恩（McFadyen，2004，2009）的系列研究也关注了弱关系对个体创新产出的影响。不同的是，麦克法迪恩（2004，2009）利用的是公开发表的学术文章数据，通过合作者之间的合作发表关系出发，构建出美国某大学一生物研究所的研究人员的合作网络。由于学术文章属于典型的知识创造成果，因此麦克法迪恩（2004，2009）的研究直接面对的是个体的关系数量与强度对个体知识创新的影响。麦克法迪恩（2004，2009）提出，个体在发展对外关系以及个体潜心研究之间存在一个取舍，即由于研究人员的精力是有限的，发展关系将占用个体搞科研的时间；同时自己闷头搞研究而不去与人合作同样不利于个体的创新产出。又基于以上关于弱关系对创新产出的作用的讨论，麦克法迪恩（2004，2009）指出，个体所拥有的关系数量将与个体知识创新之间存在一个倒"U"型的关系。同时麦克法迪恩认为，知识创新是一个需要双方都投入精力与时间的交互过程，因此如果关系太弱也不利于彼此间的合作，从而不利于知识创新；但如果双方的关系太强，又会带来知识的同质化，知识的同质化将造成个体缺乏足够的、有价值的信息反馈，因此也将损害个体的知识创新。因此基于这样的讨论，麦克法迪恩（2004，2009）认为，关系强度同样与个体的知识产出之间存在一个倒"U"型的关系，他的科学家合作网络的实证研究很好地证明了这两个假设。

尽管弱关系的强度理论一经提出就得到了学术界的瞩目，弱关系对个体创造力、创新产出的影响也一度成为学术界研究的主流。但也有一些学者基于对弱关系的弱点的认知，以及弱关系与强关系的特点的比较，重新开始审视强关系的优势以及强关系在个体创新中的地位（Ibarra，1992；Krackhardt，1992）。汉森（Hansen，1999）引入了知识的复杂度这一权变变量，重点考察了强弱关系在不同复杂度的知识中的传播作用。通过对 120 个新产品开发项目的调研，汉森发现，弱关系对传播那些不太复杂的知识具有较大的作用，而对复杂知识的传播则需要的是强关系，弱关系对此无能为力；因此，如果项目成功的关键是尽快获得那些不复杂的知识，那么弱关系将起到关键作用，反之，强关系最重要。同时强关系也与双方之间的信任高度相关（Krack-hardt，1992），而对个体创造力的研究也表明，彼此间的信任也是提高个体创造力的一个重要因素（Zhou and George，2001）。卡利等（Kale et al.，2000）在企业联盟的研究中指出，源于亲密度、相互尊重、相互信任、友谊与互惠性的强关系与组织间的学习行为正相关，如果关系太弱则无法传递隐性的、更加机密的知识和信息。

索萨（Sosa，2010）的研究堪称双方关系对创新产出影响研究的集大成者。索萨（2010）从知识与社会两个视角考察了强关系的不同方面对个体创新的影响：从知识获取的角度来看，互动频率带来的强关系将有助于传递较大规模的知识；而源自内心的吸引与激励带来的强关系将有助于彼此之间的社会支持，从而同样有利于双方创新想法的产生。索萨（2010）的突出贡献在于其对强关系不同维度的深入剖析。格兰诺维特（Granovetter，1973）提出，关系强度将通过互动情况、角色关系、情感投入和彼此交换情况来测量，而索萨认为，互动情况和情感投入之间并不是完全相关的。设想两个关系不太好的人，仅仅由于工作的原因而不得不进行较多的来往，而由于情感上的阻隔，两者的交互也许将仅仅限于工作业务上的互动；而相反也会有另外一种情况产生，虽然两者交往不多，但彼此对对方都有良好的印象，甚至"一见倾心"。因此有必要将强关系的来源分析清楚，要分清是来源于互动频率带来的强关系还是由于情感的吸引带来的强关系。基于此索萨（Sosa，2010）提出，由工作亲密度带来的强关系，同时连接到的是专业知识宽度大的个体，这种情况下最有利于个体创意的产生。

3.2　间接关系与网络位置对个体创新产出的影响

不同于直接关系中对关系强弱以及关系连接对象的关注，间接关系更注重对两者背后的连接情况的考察。对间接关系的研究最著名的来自两种截然不同的视角，即科尔曼（Coleman，1988）的闭合网络观点以及博特（Burt，1992）的结构洞理论，两种观点引发了紧密网络（cohesive network）与稀疏网络（sparse network）对个体创新产出的影响的讨论。

　　紧密网络的好处在于成员间的频繁互动促进了成员彼此的信任，团队成员由于彼此信任而乐于分享知识，从而比稀疏网络带来更高效的信息流通，在闭合网络中成员间大多为强关系，彼此间强关系有利于隐性的、专属的、复杂知识的转移（Hansen，1999；Reagans，2003），这就为成员间对同一问题进行深入探讨提供了可能。闭合网络中成员的新观点新想法，由于彼此间信任与强关系的缘故，将较快地在整个网络中扩散，有利于整个群体达到最新的创新水平。最后闭合网络也有助于组织规范的形成，频繁的互动促进了团队的集体行为，这对个体的不道德行为与群体所不期望的行为的产生具有较强的抑制作用。弗莱明（Fleming，2007）研究表明，产生于密度较大的网络中的发明专利，将更有可能得到较多次的引用，这就是因为紧密网络在知识传播中的顺畅与快捷，同时由于彼此之间的信任、对不道德行为的抑制以及对知识专属权的分散等特点。因此，同属于一个紧密网络的个体之间更易于产生创新行为，个体的创新参与活动将比稀疏网络更高（Uzzi and Spiro，2005；Obstfeld，2005）。紧密网络的缺点也同样得到了研究者的关注，其最大的劣势在于由于其内部个体间的频繁互动将导致知识的同质化，在同一个圈子中流动的信息具有较大的重叠与冗余，在这种环境中的个体得不到有价值的、有帮助的反馈信息。尤兹（Uzzi，1996，1997）在纽约23家服装工厂的实地研究中就发现了网络过度嵌入的危害。索萨（Sosa，2010）对高管团队的实证研究也表明，网络的紧密度（cohesion）与个体创新之间呈现倒"U"型关系，开始网络紧密度的增加将有助于个体创新，但在达到一个最优的顶点之后，网络密度的增加将损害个体创新。

　　博特（Burt，1992，2004）的结构洞理论引发了稀疏网络对个体创新产出影响研究的关注。从对知识的流动类型来看，富于结构洞的稀疏网络无疑更有利于个体创新产出。结构洞为个体带来非冗余信息，而异质的、多样化知识对创新具有积极的影响。再者稀疏网络中创新者所具有的大多为弱关系，意味着个体能连接到各种具有不同观点、持有不同观察视角的人，这就为创新者接触到异质知识提供了机会，使得创新者能在一个更广泛的范围内对现有的创新进行思考。同时结构洞也为个体带来了结构上的控制优势，创新者可以根据自己的需要进行信息筛选，从而使提高创新效率成为可能。弗莱明（Fleming，2007）通过对1975~2002年所有美国发明专利的合作数据的实证研究表明，占据结构洞的个体更有可能完成知识的创新。罗丹和加仑克（Rodan and Galunic，2004）通过对一家北欧电子通信公司的调查研究显示，稀疏网络对所在个体的工作绩效与创新绩效都有正相关的关系。

博特的结构洞理论是对格兰诺维特的弱关系的强度理论的发展，其不仅指出了关系的强弱与资源的多寡没有必然的联系，同时也将视角从对直接关系的关注转为对间接关系的关注。这样就将个体从二元关系的视角转向了对个体所处的整个网络结构的考察。由此也引发了对个体所处的网络位置的考察。在网络位置变量中，除了结构洞以外，个体的中心—外围结构受到的关注最多。处于网络中心性的个体可以借助网络中心性地位，扩大咨询网络范围，与更多的人进行信息与知识交流。处于中心性的个体具有丰富的社会资本，而且这种结构优势可以转化成认知优势，不断接近那些具有信息和资源优势的人，除了对自身创新有利之外，更有利于自己的思想和创新产品可以更多地传播出去。

凯特尼（Cattani，2009）在好莱坞电影行业的研究中，绘制出了本行业中所有从业人员的合作网络，然后考察了合作网络对个体创新绩效的影响。以往的研究表明，网络中心性对知识的引用作用极大，凯特尼（2008）研究表明，越是靠近行业网络核心的个体，其创意越容易得到推广。这是因为网络的核心群体代表了该行业的权力和声誉，与他们接近有助于合法性的顺利获取。而处于网络外围位置的个体，由于其受到的约束最少，因此有利于创新想法的产生。可见，中心与外围结构影响了个体创新的不同方面：中心位置主要影响个体创意的传播方面；而外围位置影响了个体创意的产生，因此作者指出处于中间位置的个体其创新产出最好。凯特尼（2008）的研究还表明，由网络中心与网络外围构成的电影拍摄团队，其团队成员的创新绩效较高。其原因也在于对两类社会资本的成功整合，外围成员约束少，容易接触到各种新鲜的想法，而网络核心成员具有各种资源，有利于将想法付诸实践。里根斯（Reagans，2001，2004）的系列研究也表明，团队的异质性并不在于人口统计学变量上的多样性，而在于其成员是否占据在"中介中心性"的位置上，占据中介中心性的位置有助于将想法传播给较多的人从而获得更多的反馈。哈格顿（Hargadon，2005）的研究更是注意到了网络核心群体在对创意合法性获取上的重要作用。我们除了考虑到个体在整个行业网络中的结构位置以外，还关注到了小群体。因为一个行业中占据整个社会中心网络（socio-centric network）中心性位置的毕竟是少数，代表了整个行业中最有权力的专家。而通常意义下，网络是由不同的小群体（簇）组成的一张行业网络，因此，在小群体内部居于中心位置的个体的创新产品更容易得到承认。

佩里 – 史密斯（Perry-Smith，2003，2006）的系列研究中也关注到了网络中心性对个体创造力的影响。其研究表明，在保持外部连接数目一定的情况下，中心性与个体的创造力呈倒"U"型关系，在超过一个最优程度之后，中心性将使个体成为过度嵌入，不利于创新产出。而具有较多外部连接的个体，其所处外围位置将比中心位置更有利于个体创新产出。

3.3　已有研究评述以及对本章研究的启示

创新的本质就是知识的重组，创新者需要获得各种知识来进行创新。而社会网络正是人们获取知识的重要来源，社会网络研究的一个基本假设就是人与人之间的连接是资源流通的管道。即使在科技发展的今天，面对组织已提供的如此繁多而又便捷的知识管理工具，社会网络仍旧是个体获取知识的重要渠道（Caldwell，1985；Borgatti，2003）。个体创新的社会网络视角正是基于知识重组与合作的观点。

尽管社会互动对个体创造力的影响已经得到了很多学者的认可（Brown，1991；Ford，1996），但对于何种类型的网络结构产生社会资本，社会网络研究产生了截然不同的两种争论。以科尔曼为代表的一方认为强关系和闭合网络有利于个体创新。闭合网络中成员间的频繁互动促进了成员间彼此的信任，网络成员由于彼此信任而乐于分享知识，从而信息可以自由流通。闭合网络也有助于组织规范（norm）的形成，频繁的互动促进了团队的集体行为（collective behavior），这对个体的不道德行为与群体所不期望的行为的产生具有较强的抑制作用，人们可以放心地转移资源和信息，促进资源的组合和交换（Coleman，1988；Tsai，1998）。而以博特和格兰诺维特为代表的一方主张，信息的价值在于其类型而不在于流动的快慢与多寡，网络中那些非冗余的异质信息才是最宝贵的，因此结构洞是个体创新的源泉。稀疏网络中成员间大多为弱关系，意味着个体能连接到各种具有不同观点、持有不同观察视角的人，这就使得个体能够在一个更广泛的范围内寻找机会。同时结构洞也带来了结构上的控制优势，个体可以根据自己的需要进行信息筛选，从而具有优于他人的社会资本。

之所以产生这样的争论，我们认为原因如下：第一，这些研究要么基于静态的结构主义分析逻辑，要么只考虑二元层次上的强弱关系对个体创新的影响，将网络结构或者强弱关系作为唯一的自变量去解释对创造力的影响。如果仅仅从网络结构这一个维度去分析对创造力的影响，不但会遗漏很多影响创造力的关键变量，而且将导致自相矛盾的观点出现。第二，无论关系强弱与结构如何，社会网络仅仅是个体获取资源的渠道，是异质知识与成员间约束的代理（proxy）。正如同不是所有的弱关系都是关系桥一样，我们应该具体分析关系与结构中流动的知识类型，同时要考虑到个体利用社会网络的能力，这就要从个体和结构两个角度来考察对创新的影响。第三，造成研究争论的原因也在于研究者把创造力理解为一种通用的现象，事实上这种全能观并不适用于创造力研究。因为不同类型的问题和工作需求可能依赖于不同的理论背景、技能、认知和行为策略去解决，这表现为个体将发展出不同的创新行为。因此，本书在引入网络内容来解决第一类研究缺陷之外，将重新思索个体的创新行为，将个体创造力按照表现出来的不同方面，以及对异质知识的不同需求加以区分。

3.4 合作网络与关系特征对创新的作用模型

3.4.1 关系特征对个体创新类型的影响

社会网络的结构主义分析视野关注的是个体在整体网络中的位置，既包含直接关系（direct tie）也包含间接关系（indirect tie）。在以往的研究中，间接关系在知识传播中的作用已得到研究者的关注（Hansen，1999；Tsai，2001），但对于知识创新而言，直接关系的影响更加重要。因为知识创新需要个体与其合作者不断地进行沟通和讨论，此时直接关系特征就将影响双方合作的开展。再者，知识的创新主要基于隐性知识的交流。在知识创新过程中，个体要求信息的立即反馈，而且在讨论过程中，也许一开始个体并不知道自己所需要的真正知识是什么（McFadyen and Cannella Jr，2004）。麦克法迪恩（2004，2009）认为，在知识的传播过程中，人们是确定地知道自己所需要的知识的特征，是带有目的性的搜索行为。而在知识创新过程中，人们甚至不知道自己需要哪些知识，知识的传播与创新是在合作者交互的过程中"涌现"出来的。由此可见，直接关系是个体在进行知识创新过程中获取知识的重要来源。知识创新的特点决定了直接关系的重要性，个体间的互动是产生创新的土壤。

关系中最重要的变量就是关系强度。根源于"弱关系强度"理论，无论是对弱关系对个体创造力的影响研究，还是博特主张的相互间不联系的直接关系（结构洞）有助于产生新创意，都强调了弱关系在获取多样性知识方面的重要性。对于单一的关系，我们可以判断其强度的大小，但每个人所具有的关系绝不止一个，这就涉及如何去考量个体所拥有的弱关系。其实弱关系的强度理论包含了两层意思：关系数量与关系强度。在以往的研究中大多都将二者混为一谈，而两者对个体创新的影响是不一样的。最近的研究已有重新在概念上和实证上将其分开的趋势，本书也是将分开来分析关系数量与关系强度对个体创新类型的不同影响。

关系数量决定了个体所能获取的知识量。每一个关系都代表着个体所拥有的一个知识获取渠道，关系越多将意味着个体可供选择的知识源就越多，同时个体可以找到的与之讨论的人就越多，从而得到的反馈和交流就越多，因此个体可能得到的异质知识就越多。当然，我们对个体直接关系的关注仅限于在同一种网络内容的前提下进行讨论，不同类型的直接关系不在我们的讨论范围之内（如与一名工程师的直接关系所带来的知识特点显然与一名厨师的直接关系所带来的知识有本质的不同，本书是在限定同一种网络流动的资源的前提下进行讨论，在所有个体连接的都是工程师的前提下，讨论关系数量的多少）。

关系强度代表了双方合作的意愿。关系强度和交往次数代表了创新双方投入的时间和精力的多寡（Krackhardt，1992）。交往次数的增加将带来两种后果：第一，知识转移效率的提高，同时伴随着信任的产生，将使得双方对对方的知识与思维方式（know-how 类知识）更加了解；第二，知识转移效率的提高也将导致双方知识出现同质化现象。虽然无论何种类型的创新都需要合作双方或多方的频繁互动，但关系强度大同时带来知识的同质性，这对于探索型创新的损害是致命的，而改进型创新则需要对同一主题的深入挖掘，因此关系强度越大对探索型创新的损害越大，而有助于个体的改进型创新（Deffuant，2005）。另外，关系强度和关系数量之间存在一定程度上的相关性。由于弱关系的维持所需的成本较低，因此一个人所拥有的关系强度越弱就意味着其关系数量可能就越多；关系强度越大则意味着关系数量越少。改进型创新需要知识的专一化与重叠化，需要对一定领域的知识进行集中搜索。因此从这一点上来看关系强度也有利于个体进行改进型创新。综上讨论，我们提出如下假设。

H3 - 1：个体所拥有的直接关系数量越多将越有利于探索型创新。

H3 - 2：个体所拥有的直接关系强度越大将越有利于改进型创新。

3.4.2　网络结构对个体创新类型的影响

从知识的流动类型来看，富于结构洞的稀疏网络无疑更有利于个体进行探索型创新。结构洞为创新者带来非冗余信息，而异质的、多样化的知识对探索型创新具有积极的影响。再者稀疏网络中创新者所具有的大多为弱关系，意味着个体能连接到各种具有不同观点、持有不同观察视角的人，这就为创新者接触到异质知识提供了机会，使得创新者能在一个更广泛的范围内对现有创新进行思考。同时结构洞也为创新者带来了结构上的控制优势，创新者可以根据自己的需要进行信息筛选，从而使提高创新效率成为可能。与稀疏网络相比，闭合网络的好处在于成员间的频繁互动促进了成员彼此间的信任，团队成员由于彼此信任而乐于分享知识，从而比稀疏网络带来更高效的信息流通，在闭合网络中成员间大多为强关系，彼此间的强关系有利于隐性的、专属的、复杂知识的转移，这就为成员间对同一问题进行深入探讨提供了可能（Reagans，2003）。闭合网络中成员的新观点新想法，由于彼此间信任与强关系的缘故，将较快地在整个网络中扩散，有利于整个群体达到最新的创新水平。最后闭合网络也有助于组织规范的形成，频繁的互动促进了团队的集体行为，这对个体的不道德行为与群体所不期望的行为的产生具有较强的抑制作用，然而知识的频繁交流必然带来知识的同质化，这都使得成员对群体不一致的话题探讨交流较少，因此闭合网络在促进了个体的改进型创新的同时对于探索型创新具有一定的抑制作用。

因此我们认为，科尔曼与博特的看似相互对立的观点其实并不矛盾。两种观点基于的是不同的分析视角。我们可以看到不同的作用机理造成了闭合网络与稀疏网络，强关系与弱关系都具有各自的优势与劣势。闭合网络优于稀疏网络的地方在于行动上的优势。身处闭合网络的个体，由于与其他成员间的强关系，有利于隐性的、专属的、复杂知识的转移，一项新的想法可以迅速地扩散到整个网络并得到深入的讨论。但信息的充分传播也带来了成员间知识的同质化，闭合网络缺乏异质的信息（the ideal problem）（Obstfeld，2005）；而由各种具有不同观点、持有不同观察视角的人组成的稀疏网络，则具有丰富的异质信息，是各种思想、观点的交汇地。但也正是由于彼此之间的弱关系，信任还没有建立起来，而且彼此背景的差异也造成了深入交流与合作的困难，因此稀疏网络在信息整合方面没有优势（the action problem）（Obstfeld，2005）。分析视角的差异、个体任务导向的不同导致产生了两种类型的社会资本。闭合网络试图解决的是协作型的任务问题，在这里共有社会资本（communal social capital）在发挥作用；稀疏网络体现的结构洞观点，试图解决的是效率型任务问题，在此连结型社会资本（linking social capital）发挥作用（郭毅，2007）。在将个体创新分为改进型创新与探索型创新之后，我们发现这两种结构争论其实反映了社会网络影响着个体创新的不同方面。其本质来源于对社会资本概念的不同分析视角，或者说是由于个体任务导向的不同。基于此，本书提出网络结构对个体创新类型影响的假设如下。

H3-3a：个体所处的网络密度大则有利于其进行改进型创新。

H3-3b：个体所处的网络密度小则有利于其进行探索型创新。

3.4.3 结构与关系对个体创新的交互作用

以上我们回顾了社会网络研究中的关系主义视野——从关系强度的角度与结构主义视野——从个体的间接关系情况与个体所处网络位置情况两个角度，对个体创新产出的影响。也有一些社会网络的研究表明，这两种视角不应该是彼此割裂的，可以同时考察这两者对个体产出尤其是个体的创新产出的交互作用。

关系与结构的交互作用的思想源于对格兰诺维特（Granovetter，1973）弱关系强度理论的假设的批判。格兰诺维特（1973）的假设认为，强关系大多源自同一个社交圈子，从信息流动的角度来看，强关系流动的都是同质化的、拥有较大重复度和剩余度的信息，对个体的帮助不大；而弱关系才是最有可能连接两个相互独立的社交圈子，从而起到连接不同社会群体之间的"桥"的作用，因此弱关系将为个体提供更丰富、更有价值的异质信息。针对这一假设，博特（Burt，1992）的研究提出了质疑，在其1992年的著作《结构洞》（*Structural Holes*）一书中，博特指出，弱关系的价值不在于其强度之弱，而在于其结构上是桥。对弱关系与关系桥的讨论就此展开。

赛贝尔特等（Seibert et al.，2001）研究表明，弱关系与信息的获取之间没有关系，也没有给个体的职业提升带来什么好处。他指出，这是因为我们仅仅考察了关系的强度，而没有深究这种弱关系到底是不是关系桥，是不是充当了连接不同社交圈子的桥梁的角色。麦克维利和查希尔（McEvily and Zaheer，1999）研究表明，关系桥并不意味着一定就是弱关系。兰加（Rangan，2000）在其理论文章中指出，强关系在于其商议方面的优势，而没有冗余关系的网络则给个体带来信息搜索的优势，因此两者的结合才是对个体产出最有帮助的。从此探讨结构与关系对个体产出的交互作用成为社会网络研究中的一个很热门的研究方向。

罗利等（Rowley et al.，2000）从公司间关系治理与行为约束的角度，探讨了对公司行为约束的来源。罗利认为，网络结构与关系都可以充当公司治理的代理，一种来源于彼此间的强关系，另一种则来源于紧密网络。因为如果两个公司同属于一个紧密网络，共属于一个圈子，那么紧密网络有利于组织规范的形成，频繁的互动促进了个体间的集体行为，个体不道德行为将迅速地传遍网络，从而让个体损失信誉。因此，与强关系一样，紧密网络同样对个体的不道德行为与群体所不期望的行为的产生具有较强的抑制作用。基于此，罗利认为，在紧密网络中发展强关系的伙伴属于公司关系治理方面的冗余，也即在稀疏网络中的强关系比在紧密网络中发展的强关系对企业的关系治理更有效。

里根斯（Reagans，2001，2003）在对研发团队构成的研究中，将个体的网络关系视为与年龄、教育背景等与人口统计学特征类似的变量，认为这样的一个团队有利于达到最佳绩效水平：团队成员内部发展成闭合网络特征的强关系，在协作性社会资本的作用下，有利于知识的流通以及整个团队沿着某一主题深入研究；而从团队外部的视角看，团队成员应具有广泛的弱关系，这些弱关系为团队带来源源不断的异质知识。这样就既保持了团队知识的多样性，又有利于团队保持足够的专注，从而整合了两种类型的社会资本。

克罗斯（Cross，2004）在对一家石油化工公司的 101 个工程师与一家战略咨询公司的 125 位咨询顾问的实证研究中发现，在知识密集型行业中，网络结构与关系都与个人绩效相关。并且组织边界、物理界限以及个人在公司的等级结构中的位置与网络一样为个体提供必要的知识，从而对个体工作绩效具有相关作用。

迪瓦纳（Tiwana，2007）在对企业联盟的研究中发现，强关系有助于企业将创意实施下去，在执行力方面具有优势，而成为关系桥的弱关系在信息搜集方面、创意的产生方面具有优势，因此在项目（project）层次上，具有强关系的企业与具有弱关系的企业合作，将有利于克服两者行动的困难与信息的困难，有利于实现知识整合，从而提高企业的战略柔性。

米兹腊希等（Mizruchi et al.，2010）在对一家商业银行中职员的网络与绩效的关系研究中，辨析了个体绩效与所获得的奖励之间的关系，并按照网络中信息流动的不同，将个体参与的网络分为同时包括领导与同事的信息咨询网络，以及完全由领导构成的社会支持网络。米兹腊希指出，尽管稀疏网络比紧密网络会带来更多更丰富的异质信息，但是从信息获取的方便与可信程度来看，强关系带来的信息对个体最有利，而来自稀疏网络中强关系的信息，对个体的帮助最大。因此强关系与稀疏网络的结合对个体绩效影响最大。

不仅仅限于二元关系与网络结构之间的交互作用，还有很多学者探讨了网络结构之间、网络位置与二元关系之间对个体产出的交互作用。内卡尔（Nerkar，2005）在其对企业间网络的研究中指出，个体中心性与结构洞这两种网络位置都将有利于个体的发明专利得到外界的引用。同时个体的中心性与专利应用的相关作用又受到个体结构洞位置的调节作用。帕初瑞（Paruchuri，2010）同时考察了发明者在组织内部所占据的网络结构和所在企业在企业间网络中的位置，其研究表明，个体在企业内容网络中所处的中心性位置与其对企业的创新影响呈倒"U"型关系，同时这种关系又受到企业在企业间网络中所处的中心性与结构洞位置的调节作用。佩克－胡尔（Pek-Hool Soh，2010）在对企业联盟网络对企业竞逐行业标准的所用研究中指出，在紧密网络中处于中心性的企业将比在稀疏网络中处于中心性的企业更容易获得来自商业伙伴的支持与信息共享；同时与诸多商业伙伴具有较多互动关系的中心性企业，其在行业标准的竞赛中的表现要比那些没有互动关系的企业要好。同时企业中心性对创新绩效的影响会受到互动关系数量的调节作用。

以往的研究都注意到格兰诺维特的弱关系等价于关系桥的假设并不是绝对保证的，针对创新所需的合作与信息，强关系与稀疏网络的组合得到了理论上的关注，特别地，麦克法迪恩等（McFadyen et al.，2009）在对学术文章作者之间的合作网络的研究中，把关系按照强度划分为强关系与弱关系，同时将个体网密度划分为紧密网络与稀疏网络。从而可以将结构与关系分成四种不同的组合：强关系、稀疏网络；弱关系、稀疏网络；强关系、紧密网络；弱关系、紧密网络。本书具体分析这四种组合对个体创新类型的影响。如图3-1所示，横轴代表网络密度，从左至右逐渐增大；纵轴代表关系强度，从下到上逐渐增大。这四种组合的特点分析如下。

③强关系+稀疏网络	④强关系+紧密网络
①弱关系+稀疏网络	②弱关系+紧密网络

图 3 - 1　关系与结构的四种组合

①弱关系与稀疏网络。在这种组合下，嵌入其中的个体获得异质知识，但是由于周边都是弱关系，在交流和反馈上均存在极大的困难，这给双方的合作带来巨大困难，从而不利于创意的执行，因此不利于创新。

②弱关系与紧密网络。身处紧密网络的个体，周边发展的却都是弱关系，这将带来两个后果：第一，无法获得异质知识。因为与其直接联系的伙伴都同属于一个圈子，没有有价值的信息反馈。第二，无法与他人展开合作。因为与其连接的伙伴都有属于自己的强关系，在与他人合作中处于不利的谈判地位，这种情况下的个体虽身在此圈子却有被排除在外的意味。因此我们认为这种组合也无法产生创新。

③强关系与稀疏网络。这将是理论上的最理想组合。既占据结构洞的位置，能够得到异质知识，同时由于强关系的存在，一方面使得传递的异质知识在质与量上都能得到保证，另一方面也有利于合作的展开，从而使得新颖的创意得以实施。这种组合同时兼顾信息的搜索和后续的合作，因此有利于个体创新。

④强关系与紧密网络。这种组合将是尤兹所描绘的个体"过度嵌入"的典型。一方面，知识的同质化使得很难得到异质信息；另一方面，过度的嵌入使得个体离开的成本增大，议价能力较弱。在这种情况下，很难进行创新，无论是何种类型的创新。

基于以上的理论分析可以看出，在关系与结构的四种组合中，只有强关系和稀疏网络的组合才有利于个体创新。因为强关系意味着合作，稀疏网络意味着异质知识，两者同时保证了知识创新的实现。但我们还要从创新类型的差异的角度来对这个组合进行进一步的挖掘和分析。

我们认为，在稀疏网络中发展强关系更有利于个体进行探索性创新。基于如下理由：首先，异质知识是探索型创新最重要的基础，而稀疏网络意味着网络中的结构洞非常多，结构洞的存在就意味着网络中的个体分属于相互迥异的圈子，各自代表了不同的知识类别。因此在稀疏网络中个体将获得非常多的异质知识，这就为后续的探索型创新提供了基础。其次，由于探索型创新是相异知识的组合，因此需要代表不同知识背景的个体间多次的交流和沟通，才能形成一定的知识重叠（knowledge overlap），在拥有共同的知识之后才能进行下一步的深入合作。而强关系就很好地满足了探索型创新对于双方合作的需求。无论是基于情感的强关系还是基于交互频率的强关系，都可以充当完成知识重叠的角色。最后，在稀疏网络中发展强关系将有利于挖掘更深入的机会，从而更有利于将来的探索型创新。因为一次成功的合作将带来以后更多的合作，富有成效的合作关系将在未来得到个体的进一步挖掘（Bouty，2000）。而个体的信息搜索以及推介效用（reference effect）都将使得朋友的朋友成为朋友的概率增大。因此，网络密度与关系强度有集中的趋势。这种集中就意味着网络中的个体找到了更为广泛的合作基础（见图3-2）。因此，基于未来机会的视角，我们认为，即使双方由于强关系而导致异质知识的降低，但是由于强关系的情感支持也会为个体带来未来的发展机会，由于双方处于稀疏网络，所以推介的个体都将是新的异质知识的来源，这都为将来进行新方向的探索型创新提供了可能。

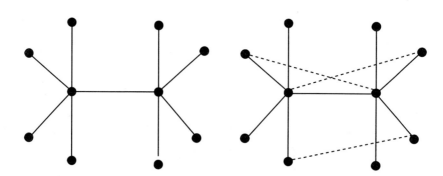

图3-2　稀疏网络与强关系的组合带来的合作机会

综上所述，我们提出以下假设。

H3-4：在强关系与稀疏网络的组合下，网络密度与关系强度的乘积越大越有利于个体进行探索型创新。

本章的假设可以用如图3-3所示的概念模型表示。

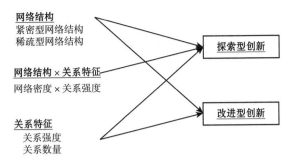

图 3 – 3 网络结构与关系特征对个体创新的影响模型

3.5 实证研究设计

3.5.1 本章研究对专利数据的选择

尽管不是所有的科技创新都选择申请专利，但是专利被广泛地应用于测量知识与技术的创新。作为公共的数据资源，美国专利数据广泛地应用在技术创新、组织行为的研究中，研究者可以非常方便地从相关网站上获取美国专利数据。这里所说的"美国专利"，是指向美国国家专利局提出的申请并最终得到法律保护的专利，该专利可以是其他国家或地区发明出来的。本章研究选择美国专利信息，主要是基于以下三个好处：第一，数据获得的便利性，具有获得美国专利的正规渠道，如 NBER 等；第二，专利广泛的应用性，美国是当今世界科技发达并且技术领先的国家，而且作为全球技术领先的大国，美国是很多高科技产品的消费市场；第三，数据良好的利用性，这体现在美国专利数据具有专业且专门的数据维护，非常便于使用。

原始的专利数据属于定性数据，没有经过加工无法应用到研究中。由于专利数据具有非常高的研究价值，因此已经有专门的研究机构和数据公司承担了专利数据的整理与开发业务，提供已经矩阵结构化的定量形式的专利数据，这就完成了由定性数据向定量数据的转变。获得美国专利的渠道有 NBER 和 CHI Research Company 等。专利的主要结构包括：专利名称、专利号码、发明者姓名、发明者所属单位、时间（包括申请时间和授权时间）、发明者所在地点、所属技术领域和引用的文献等。专利号码类似于身份证，是专利的唯一标识。时间、地点和技术领域都是样本选取和统计分析的重要维度，如对发明者地址信息的使用通常只限于用第一发明人的地址来确认创新活动的地址。在建立专利与合作者的二模网络中，合作者所在的公司和地址是重要的筛选标准，通过对地址的确认可以将同名同姓的作者加以区分。由于科学技术日新月异的进步，对知识的分类与管理也日趋严格与精细，对发明专利的分类也愈加深入和细化，因此为我们考察个体创新产出的类型提供了条件。

我们选择生物科技（biotechnology industry）作为我们的研究对象。美国专利与商标管理机构（United States Patent and Trademark Office，USPTO）对生物科技专利的认定是基于专利所属的领域（class），根据所属技术领域，我们将属于生物科技的专利数据汇总在一起。众所周知，生物科技行业是典型的知识密集型行业，是全球最具有创新性的行业之一。在生物科技行业内，组织中与组织间的发明者合作得非常频繁和广泛，知识的流动与创新的产出是这个行业最重要的标志之一。在生物科技行业，企业生存与发展的主要推动力来自知识的创新。在这个行业中，每个从业者都有足够的激励去进行知识创造，而专利最能体现个体的知识创新成果。因此，我们认为生物科技行业非常适合于社会网络和个体创新的研究。而且我们选择单一行业也是基于避免行业效应的考虑——不同行业的知识特点与知识创新的情况是不一样的，对不同行业从业人员的创新产出的衡量标准也不同，因此我们只选择生物科技行业作为我们的研究对象。

美国国家经济研究署（NBER）霍尔等（Hall et al.，2001）的系列报告提供了 1963～2002 年所有在美国专利局登记并得到授权的专利数据。我们选择 1976～1980 年生物科技行业的所有专利数据作为我们的实证数据。这是因为生物科技行业诞生的标志始于 1973 年 DNA 的发现。从此生物科技作为一个新兴的高科技行业开始登上历史舞台，20 世纪 70 年代正是生物科技行业兴旺发达的开始，日新月异的技术创新推动了这个行业不断地繁荣兴盛，并成为美国的支柱产业之一。为了便于数据的分析和计算，我们以三年为界，将所有数据按照三年的跨度分为 1976～1978 年、1977～1979 年两个数据窗口（data window）。以往也有研究以五年跨度分成一个数据窗口，统计调查表明三年正是一个发明者最黄金最多产的一个时间段。已有研究表明，数据窗口的大小在理论上并不影响最终的结果。根据广为研究者使用的，由特拉伊滕贝格特等（Trajtenberget et al.，2006）开发的专门针对 NBER 专利数据的发明人鉴别与编码程序，我们从 1976～1980 年五年间，在生物科技行业确认了 3413 个发明人与 7886 项专利。

3.5.2　发明者合作网络的转化

按照节点的类型不同，社会网络可以分成一模网络（只有一类节点）、二模网络（含有两类节点），甚至更多模的网络。二模网络中最重要的一种网络模式为隶属网（affiliation network），隶属网中包含两类节点：一类是某种活动、事件、组织、项目的参与者；另一类就是他们所参与的活动、事件、组织、项目。专利与发明人的组合就构成了一个典型的隶属网络，这种网络可以用一个二分图（bipartite graph）来很好地描述。

图 3 - 4 上面的部分就是一个专利与合作者的二分图。图中 A、B、C 代表三种专利，①②等代表专利发明者。我们注意到，发明人③既发明了 A 专利同时也发明了 B 专利；⑧和⑨既是 B 专利的发明人同时也是 C 专利的发明人。我们将二分图向一类节点进行"投影"就得到了代表发明人合作关系的一模网络（见图 3 - 4）。此时，每个专利的发明人节点之间都有连接，表示其在此专利上都有合作关系，每个专利就表示为一个完全图（complete graph），而通过共同合作的专利为纽带，我们就可以勾勒出发明人之间的一模合作网络。

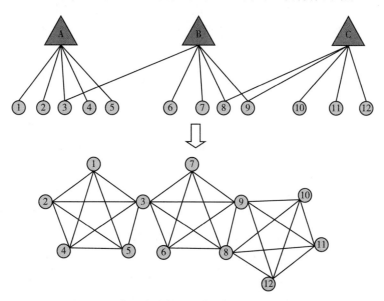

图 3 - 4　专利合作数据向发明家合作网络的转化

3.5.3　变量的测量与专利数据的处理流程

为了避免同源数据产生的自相关（self-correlation）现象，与以往的研究一样（Fleming，2007；Cattani，2008；Lee，2009），我们引入了数据窗口的概念。这种处理方法的解释逻辑为：今天的成功源自过去的努力。即今天的创新成果源自过去积累的人脉，也就是说我们考察的是过去三年发明者的合作网络情况对今年创新产出的影响。我们考察了1976～1980年的合作网络情况，我们将这五年分成两个数据窗口，即1976～1979年以及1977～1980年。也就是说，我们将考察1976年、1977年、1978年三年中发明者所处的合作网络中的网络特征指标，对1979年发明者创新产出的影响；以及发明者在1977年、1978年、1979三年中合作网络对其1980年创新产出的影响。变量的测量方法如下。

3.5.3.1　自变量

（1）关系数量。我们采用麦克法迪恩（2004，2009）的数据处理方法来测量关系数量与关系强度。在数据窗口时间范围内（三年中），发明者与合作者共同完成了一个专利，就意味着两者成功完成了一次合作，因此对于发明者来说，其合作者的数量就代表了他所具有的关系数量。因此，我们假定，在同一个数据窗口中，发明人与其所有合作过的人的数量就是发明人所具有的关系数量。

（2）关系强度。同理，指的是在同一个数据窗口中，发明人与其所有合作过的人合作的次数。

（3）个体网的密度。根据个体网密度的定义，并结合以往的研究，我们采用弗莱明（Fleming，2007）与奥布斯特菲尔德（Obstfeld，2005）的数据处理方法来测量个体网的密度。即，在同一个数据窗口中，发明人所有的合作者们，实际存在的关系总数除以理论上可能存在的最多的关系总数。

（4）个体的知识宽度。对个体知识宽度的测量，我们借鉴了弗莱明（Fleming，2007）与奥蒂亚（Audia，2007）的数据处理方法。即，我们用专利所属的subclass来代表个体所具有的知识。相异的subclass的数量代表了个体所涉猎的发明专利的领域，代表了个体的知识宽度。因此知识宽度的测量为：发明者在T年时刻所具有的知识宽度用在T年之前，发明人发明的全部专利所属的 subclass 的数量表示。这里将剔除重复的 subclass，用 subclass 的多样性来衡量个体的知识宽度。

3.5.3.2　因变量

根据我们的定义，探索型创新是创原来所没有之结果，而改进型创新是对以往创新的深入改进。我们采用奥蒂亚（Audia，2007）对两种创新的测量方法，用发明人新专利所属的 subclass 与发明人原有的 subclass 进行对比，如果出现一个新的 subclass 则被认为是探索型创新，如果创新所属的 subclass 是发明人以往所有过的，则归为改进型创新之列。因此，从专利所属的 subclass 的角度来看，发明者在 T 年的创新就必然分为两类，要么是以往没有发明过的——探索型创新；要么是发明过的——改进型创新。具体测量如下。

（1）改进型创新 =1。此创新成果所属的 subclass，在发明者以往的创新成果所属的 subclass 中有出现过。

（2）探索型创新 =0。此创新成果所属的 subclass，在发明者以往的创新成果所属的 subclass 中没有出现过。

3.5.3.3　控制变量

除了对自变量和因变量进行测量以外，我们还要对一些变量进行控制，以防它们影响到最终结果的可信性。综合前人的研究，并结合本章研究的特点，设置如下控制变量。

（1）知识多样性：发明者的合作者们所具有的不重复的 subclass 的数量。用于控制网络中的异质知识。

（2）组织边界：发明者与其合作者是否同属于一个公司（组织）。与多样性一样，用于控制网络中的异质知识。

（3）国家边界：发明者与其合作者是否同属于一个国家。用于控制网络中的异质知识。

（4）专利声明（claims）：专利声明其引用的以往技术的个数。个数越多则体现个体可利用的已有知识的数量越多。所基于的知识的多寡与创新类型有一定的关系，一般来说探索型创新基于的知识要高于改进型创新。

（5）申请年份：专利向专利局提交申请的时间。为了消除具体年代的影响。

（6）审核时间：专利得到法律授权的那一年与提交申请的那一年的差。体现了知识的复杂程度。越复杂的专利其审核的时间越长。

美国国家经济研究署提供的专利数据是专利信息，在经过特拉伊滕贝格特（Trajtenberget，2006）的处理程序之后，将得到发明者信息的列表，但这还不能满足我们的研究需要，只有通过上述测量方法才能得到我们研究所需的变量。这就涉及要把发明者信息表格拆分成多个字表，再按照我们编写的程序进行处理，我们现在以 1976～1978 年数据窗口以及 1979 年的数据为例，来说明专利数据的处理流程。其流程如图 3-5 所示，将按照标号的方向对表格进行处理。

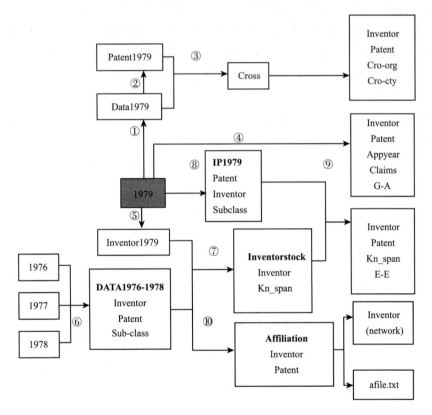

图 3-5 专利数据的处理流程

①将 1979 年专利数据中的 invid，patent，orgno，country 四列的数据拷贝到一个新的 Excel 文档，形成 data 数据集，并按照 patent 排序。

②将 data 数据集中的 patent 列拷贝到一个新的 Excel 文档，删除重复项，保存生成 patent 数据集。

③将 data 与 patent 这两个 Excel 文档导入 Matlab，通过运行 cross 程序，得到生成 cross-o，cross-c 两列的新数据（Whethercross），拷贝到"表一.

xls"。（注意！表一是按照 patent 排序的）

④在 Excel 中编辑 1979 数据集，得到所需的四个变量，另存为"表二. xls"。（注意！表二是按照 patent 排序的）

⑤将 data 数据集中的 inventor 列拷贝到一个新的 Excel 文档，删除重复项，保存生成 inventor 数据集。

⑥将 1976、1977、1978 三个数据集合并为一个，只保留图中三项变量，得到 DATA1976 – 1978。

⑦使用 inventor1979 和之前三年的专利数据（DATA1976 – 1978），调用 Matlab 中的 knowledgestock 程序，生成表 inventorstock。

⑧将 1979 数据集中的 inventor、patent 列拷贝到一个新的 Excel 文档 "IP1979. xls"。

⑨将"IP1979. xls"导入 MATLAB，与第七步生成的 inventorstock 表格，运行程序 biao3，生成表三（table）。

⑩使用 inventor1979 和之前三年的专利数据（DATA1976 – 1978），调用 Matlab 中的 caculate_network 程序，生成 affiliation 表格，为下一步的计算网络变量打下基础。

3.5.4　本章研究所采用的实证研究方法

根据我们对个体创新类型的定义，从专利所属的 subclass 的角度来看，个体在 T 年的创新成果将归为两类，要么是改进型创新，要么是探索型创新。因此，本章研究的因变量是二分变量，这个变量只能取值 0 或 1，而我们研究的关注点在于事件发生的条件概率。因此我们将采用 binary logistic 回归的方法对数据进行处理。

Logistic 回归模型估计的一些假设条件与常规的 OLS（最小二乘法）回归十分类似。譬如数据必须都来源于随机样本，对多元共线性敏感等。但也有一些不同的地方，除了因变量只能为 0 或 1 以外，OLS 适用的对相同分布性或方差不变的假设在 Logistic 回归中却并不需要。而且 Logistic 回归对自变量的性质没有统一的规定，各个自变量可以是连续变量，也可以是离散变量，还可以是虚拟变量。

Logistic 回归的最大似然估计与 OLS 估计的统计性质非常类似。Logistic 回归的最大似然估计也具有一致性、渐进有效性和渐进正态性。样本量的大小也同样是影响 Logistic 回归的最大似然估计的因素之一。在样本量较小（＜100）的时候使用 Logistic 回归的最大似然估计就不太合适，而在样本量较大（＞500）的时候就比较贴切了（王济川，2001）。而本章研究所使用的两个数据窗口可以提供总共 3413 个观测样本。综合上述讨论，本章研究使用 Logistic 回归十分合适。

3.6 合作网络对个体创新直接影响的假设检验

我们首先考察合作网络对个体创新类型的直接作用，包括假设 H3 - 1、假设 H3 - 2 与假设 H3 - 3。我们将个体所拥有的关系数量即网络范围（size）、关系强度（strength）与网络密度（density）作为自变量，以改进型创新（exploi）作为因变量，以知识多样性（diversity）、组织边界（cross-o）、国家边界（cross-c）、专利声明（claim）、专利申请年份（year）和专利获得审核的时间（G - A）作为控制变量。将这些变量进行 Binary Logistic 回归分析，主要结论如表 3 - 1、表 3 - 2 和表 3 - 3 所示。下面对这三个表做出相应的解读。

表 3 - 1 　　　　　　　　　　　　模型汇总

步骤	-2 对数似然值	Cox & Snell R 方	Nagelkerke R 方
1	5176.602[a]	0.253	0.341
2	5177.201[a]	0.253	0.341

注：a. 因为参数估计的更改范围小于 0.001，所以估计在迭代次数 7 处终止。

表 3 - 2 　　　　　　　　　　　　分类表

步骤	已观测		已预测		
			exploi		
			0	1	百分比校正
步骤 1[a]	exploi	0	2409	466	83.8
		1	909	1090	54.5
	总计百分比				71.8
步骤 2[a]	exploi	0	2416	459	84.0
		1	915	1084	54.2
	总计百分比				71.8

注：a. 切割值为 0.500。

表 3 – 3　　　　　　　　　　　方程中的变量

步骤	变量	B	S. E.	Wals	df	Sig.	Exp（B）
步骤 1ᵃ	size	0.198	0.026	56.363	1	0.000	1.218
	strength	0.009	0.004	5.300	1	0.021	1.010
	density	0.585	0.081	52.455	1	0.000	1.795
	crosso	− 0.820	0.084	94.604	1	0.000	0.441
	year	− 0.659	0.069	90.036	1	0.000	0.517
	GA	0.026	0.034	0.602	1	0.438	1.027
	diversity	0.162	0.012	193.59	1	0.000	1.175
	常量	1303.821	137.543	89.858	1	0.000	0
步骤 2	size	0.197	0.026	56.024	1	0.000	1.217
	strength	0.009	0.004	5.219	1	0.022	1.009
	density	0.584	0.081	52.339	1	0.000	1.793
	crosso	− 0.801	0.081	98.489	1	0.000	0.449
	year	− 0.658	0.069	89.706	1	0.000	0.518
	diversity	0.161	0.012	192.874	1	0.000	1.175
	常量	1300.831	137.477	89.533	1	0.000	0

注：a. 在步骤 1 中输入的变量：size，strength，density，crosso，year，GA，diversity。

　　表 3 – 1 显示了模型的 R^2 系数，可以看出模型拟合较好。从表 3 – 2 中可以看出模型的预测准确率达到了 71.8%，解释效力较强。

　　表 3 – 3 对数据进行了两次 Wald 值回归，根据表 3 – 3 的回归结果显示，除了批准时间（GA）以外的所有变量，它们的 Wald 统计量的 Sig 值全部小于 0.05，说明参数估计值都显著不为 0，说明最终回归方程中它们对方程的贡献都是显著的。而网络强度则对改进型创新的影响并不显著。B 列是方程的系数，通常用它来检验系数的显著性。在 Logistic 回归里，Exp（B）列的系数更易于对系数的显著性进行解释，它反映了自变量变动一个单位而引起的发生比 Odds 的变化率，由此可以看出网络密度对 Odds 的影响最大，也就是说对改进型创新的影响最大。从回归系数上判断，网络密度都与改进型创新正相关，同时也就是同探索型创新负相关。因此，假设 H3 – 2 和 H3 – 3 都得到了实证数据的支持。而假设 H3 – 1 的回归系数为负，说明网络范围与改进型创新正相关，与探索型创新负相关，这与假设 H3 – 1 矛盾，说明实证数据没有支持假设 H3 – 1。

3.7　对关系与结构的交互影响的假设检验

假设 H3-4 涉及网络结构与关系特征对个体创新的交互作用。为验证假设 H3-4，我们将个体的关系强度（strength）与网络密度（density），以及网络密度与关系强度的乘积项（denstr）作为自变量，以改进型创新（exploi）作为因变量，以知识多样性（diversity）、组织边界（cross-o）、国家边界（cross-c）、专利声明（claim）、专利申请年份（year）和专利获得审核的时间（G-A）作为控制变量。将这些变量进行 Binary Logistic 回归分析，主要结论如表 3-4、表 3-5 和表 3-6 所示。下面对这三个表做出相应的解读。

表 3-4　　　　　　　　　　　　　　模型汇总

步骤	-2 对数似然值	Cox & Snell R 方
1	5170.019[a]	0.254

注：a. 因为参数估计的更改范围小于 0.001，所以估计在迭代次数 8 处终止。

表 3-5　　　　　　　　　　　　　　分类表

步骤	已观测		已预测		
			exploi		
			0	1	百分比校正
步骤 1	exploi	0	2385	490	83.0
		1	907	1092	54.5
	总计百分比				71.3

注：a. 切割值为 0.500。

表 3-6　　　　　　　　　　　　　　方程中的变量

步骤	变量	B	S. E.	Wals	df	Sig.	Exp(B)
步骤 1[a]	strength	0.097	0.012	68.406	1	0.000	1.102
	density	0.989	0.084	138.654	1	0.000	2.687
	denstr	-0.119	0.015	61.637	1	0.000	0.888
	crosso	-0.802	0.084	91.375	1	0.000	0.449
	year	-0.705	0.070	101.770	1	0.000	0.494
	GA	0.022	0.034	0.410	1	0.522	1.022
	diversity	0.177	0.012	235.003	1	0.000	1.193
	常量	1394.652	138.374	101.583	1	0.000	0

注：a. 在步骤 1 中输入的变量：strength，density，denstr，crosso，year，GA，diversity。

表 3 - 4 是模型汇总，从 R 方的值来看，模型拟合较好。而表 3 - 5 显示，模型的预测准确率达到了 71.3%，解释效力较强。

表 3 - 6 显示了统计模型的相关参数，同时包含了网络密度与关系强度的主效应，以及二者对个体创新的交互效应。从表中参数可以看出，网络密度和关系强度与个体的改进型创新正相关（b = 0.097，p < 0.01；b = 0.989，p < 0.01），这和前文实证结果一致，嵌入大密度网络的个体，以及发展强关系的个体都有利于进行改进型创新。表 3 - 6 同样支持了网络密度与关系强度的交互效应，可以看出交互项的系数为负且显著（b = - 0.119，p < 0.01）。我们可以看出虽然相关系数比较小，但是系数值为负，这就说明网络密度与关系强度的乘积项与改进型创新负相关，而与探索型创新正相关。为此假设 H3 - 4 关于网络密度与关系强度的交互效用得到了验证。

3.8　结　论

本章研究围绕个体与网络的交互作用这一核心问题，从个体的直接关系、间接关系、个体知识与关系和结构的交互、个体行为与网络的交互等方面，提出了一系列创新性的研究假设，研究了上述变量对个体创新类型的影响，并进一步从动态性的角度，研究了个体与网络的协同演化，考察了不同的创新类型将如何推动网络沿着不同的方向演化，以及演化网络对个体提供的机会与限制。本章的大部分研究假设都已得到实证研究或仿真研究的支持。具体来说，通过对 1976 ~ 1980 年五年中美国生物科技行业所有专利数据的 Binary Logistic 回归分析，以及仿真模型的虚拟实验分析，本章研究得出了以下两个方面的主要结论。

（1）关于合作网络对创新类型的作用。在将创新类型这一任务特征类的权变变量引入社会网络研究中以后，以往社会网络研究中对于网络结构与关系特征的争论将得到解决。本书发现并证实，个体所拥有的直接关系数量有助于探索型创新；稀疏网络有助于个体进行探索型创新，而紧密网络有助于个体的改进型创新。

（2）关系和网络密度对个体创新的交互作用。我们将个体关系强度分为强、弱两类，同时将个体网络密度分为紧密网络和稀疏网络，这样关系和网络密度就有了四种组合。以往的研究表明强关系与稀疏网络的组合有助于个体创新，我们将这一研究结论进行了深化研究。我们认为，关系和网络密度的乘积项与改进型创新正相关，而与探索型创新负相关，并得到了数据支持。

本章的研究创新点体现在以下两个方面。

（1）将组织学习领域中的双 E 创新理论引入个体研究层次，揭示了合作网络对个体不同创新类型的作用机理。对于何种结构的网络更有利于促进个体的创造力，以往的研究还存在着争论。本章研究认为，不能从网络结构这一个维度去分析对个体创新的影响，而且不能把个体创新理解为一种通用的现象。本章从权变的视角出发，通过引入对任务特征这一权变变量的考察，并结合组织学习理论的研究成果，将个体的创新分为探索型创新和改进型创新两种。然后从网络结构或关系给个体提供的知识重合度与异质性的角度，考察个体所在网络的直接关系、间接关系对这两类创新的作用机理。研究表明，个体所嵌入的网络密度与改进型创新正相关，个体所具有的关系强度与改进型创新正相关，网络范围与探索型创新正相关。该研究结论有助于人们进一步理清社会资本的不同作用机理，认识到合作网络对个体创新的影响机理和作用效果。

（2）揭示了关系特征与网络特征对个体双 E 创新的交互影响。本章在麦克法迪恩（McFadyen，2009）、索萨（Sosa，2010）等对关系与网络对个体知识创新的作用机理研究的基础上，深入探讨了个体所嵌入的网络密度与其关系特征构成的个体所具有的直接关系与间接关系的四种组合。先将个体的关系特征分为强关系与弱关系两类，将个体所嵌入的网络分为稀疏网络与紧密网络两类，然后分别考察这四种组合对个体双 E 创新的影响。本书从异质知识的来源、合作的意愿以及未来合作机会的角度提出，具有强关系且嵌入稀疏网络中的个体有利于进行探索型创新。

第4章 权变视角下的合作网络对 知识创新的影响研究

权变视角下的合作网络研究源自网络结构变量与网络内容变量之间互动的讨论。以往的社会网络研究通常遵循了结构主义的分析逻辑，认为网络结构是影响知识创新绩效的最主要因素。后来很多学者发现，很多网络内容变量，譬如个体属性变量——以往绩效、人格特质、个体组网策略（促进合作还是分而治之），以及网络中的知识相关变量等都会对最后的知识创新产生影响。本章就是基于权变的思想，探讨以上网络内容变量和网络结构变量对知识创新的交互影响。各小节的内容简介如下。

4.1 以往对个体知识创新的研究大体可以分为两种思路：对个体属性特征的"你是谁"变量的关注与对个体身处的情境变量，尤其是所嵌入的社会网络——"你认识谁"的关注。越来越多的研究者倡导这两种思路之间应展开足够的对话，社会网络研究应该对"个体属性与行动"予以更多的关注。基于此背景下，第4.1节在系统梳理国外相关文献的基础上，将个体属性分为个体经历、人格特征与行为方式三个变量，然后对其与网络结构交互的最新研究进行综述，最后对其解释逻辑进行了讨论与总结。

4.2 基于前人文献中对社会网络影响个体知识创新的研究争论，本节研究通过理论分析认为，以往研究通常把网络作为机会的代理和信息的代理。为了深入了解网络影响知识创新的机理，同时考虑到个体在利用网络机会上的差异，本节研究将个体以往绩效与网络异质性构建理论模型。并基于此理论模型，对美国生物高科技行业11年间的专利合作数据进行实证研究。研究结果表明，网络中心性与知识创新正相关，但这种正相关关系同时受到个体以往绩效的正向调节作用；而这种调节作用同时又受到网络异质性的负向调节。研究结论有助于我们更好地理解个体特征与网络对知识创新的交互机理，并为推动社会网络理论的发展做出贡献。

4.3 基于权变的网络研究视角，本节研究考察了人格特征变量对咨询网络与知识创新的调节关系。对六家知识密集型企业内的员工咨询网络进行的实证研究结果表明，尽责性正向调节网络中心性与知识创新，尽责性越高，中心性对个体知识创新的正向影响越大；外倾性正向调节结构洞与知识创新，外倾性越高，结构洞对个体知识创新的正向影响越大；结构洞与中心性对知识创新的交互作用没有得到实证数据的支持。最后本节研究深入探讨了理论模型与实证研究结论的理论意义，并针对现有的研究局限与未来可能的拓展进行了讨论。

4.4 基于社会网络研究中倡导的结构与内容相结合的权变视角，针对当前对网络内容变量研究中的不足，本节研究提出了一个新的研究思路，即用研究者及其合作者所拥有的知识元素在知识网络中的结构位置来反映合作网络中的网络内容，并在对个体创新类型进行分类的基础上，考察组织内的合作网络与知识网络对研究者知识创新的交互影响。本节研究利用生物科技行业的美国默克制药公司 19 年间的专利合作数据对研究假设进行检验。实证结果表明，合作网络度中心性与改进型创新呈倒 "U" 型关系，与探索型创新负相关；研究者拥有结构洞知识元素正向调节改进型创新；研究者与其合作者拥有的 Bonacich power 中心性知识元素正向调节探索型创新。最后本节研究深入探讨了理论模型与实证研究结论的理论意义，并针对现有的研究局限与未来可能的拓展进行了讨论。

4.5 针对当前社会网络研究中对个体特征变量关注的不足，本节研究将马奇的双 E 创新理论引入个体层次，将个体知识创新划分为改进型创新与探索型创新两种类型，提出了一个同时考察人格特征对合作网络构建与合作网络利用来发展知识创新的理论模型。从理论上探讨了自我监控水平对构建不同结构类型的合作网络的影响，以及其在利用合作网络进行知识搜集与创新选择上的差异。本节研究认为，高自我监控者易于构建富于结构洞的稀疏网络，并善于利用结构洞带来的信息优势发展出探索型创新；而低自我监控者易于嵌入闭合网络中，导致其更有利于发展改进型创新。最后，本书讨论了该研究模型的理论和管理实践意义。

4.1　个体属性与网络结构对知识创新的交互研究*

4.1.1　研究背景

传统的社会网络研究大多遵循了结构主义分析范式，把网络结构视为外生变量看待，强调结构对成员行动的外在结构限制（或机会）而缺乏对个体行为的内在驱动力的解释。由于社会网络分析技术的发展，一些对网络结构算法的提出，以及当今高运算速率的计算技术的发展也使得结构主义范式能够在社会网络研究中占据重要地位。

个体行为和信息的获取将受到所在网络的约束，作为社会网络研究的一个基本思想本没有任何问题。而当今的研究大多过于强调网络结构和关系特征对一个人行为的约束，而对于个体能动性则极少考虑。很多研究抹杀了个体的能动性，认为其行为完全被所处的社会环境、社会期待和所扮演的社会角色决定。如果从这一思路出发，我们也不需要关注个体特征，只要知道他所扮演的社会角色就可以知道他的行为了。社会网络研究的三个要素是个体（actor）、结构（structure）和关系（tie）。在社会网络分析图中，个体被抽象为节点，结构主义学派就将个体看作连接线段的螺丝钉了。而作为拥有异质性与主动性的个体——"人"，其个体属性是不容抹杀的。一个明显需要解释的事实是：现实中为什么不同的人会占据不同的网络位置？而且即使拥有同样网络位置或者个体网络特征非常相似的两个个体，为什么其在获取网络资源上也有质与量的差异？这些都是单纯的结构主义学者所无法回答的。因此，我们认为，个体绩效的差异，除了与所处网络结构有关以外，还与个体属性息息相关。也即，网络位置将影响人的绩效，这是位置与位置的差异；但是即使是在同一个位置上，个体绩效也会产生差异，这是个体知识背景的差异、能力的差异、行为方式的差异。

以往对个体知识创新、个体创造力的研究大体可以分为两种思路：对个体属性特征的"你是谁"变量的关注与对个体身处的情境变量，尤其是所嵌

---

* 本节部分内容发表在：张华，张向前. "你是谁"与"你认识谁"：个体属性与网络对知识创新的交互研究评述［J］. 科技进步与对策，2013，30（11）：154 –160.

入的社会网络——"你认识谁"的关注。本书认为，对影响知识创新的"你是谁"与"你认识谁"变量的研究缺乏足够的对话。社会网络为个体提供了潜在的机会，而这些机会能否转化为绩效还取决于个体属性变量。这些个体属性变量影响了个体对网络机会的挖掘与利用，影响了对来自社会网络的异质知识的吸收与整合，对个体最终的知识创新结果的影响意义巨大。因此，本书将对个体属性变量进行梳理和分类，然后对其与网络结构的交互研究进行综述，并对其解释逻辑进行讨论与总结。

4.1.2 个体知识创新研究思路

4.1.2.1 "你是谁"维度——对个体特征的关注

以往对个体知识创新、个体创造力的研究思路之一是探讨富有创意的人的人格特征，试图发现具有较强的创新能力的人的特殊心理特征。传统的创造力研究认为，创造力体现在个体思维上的"灵光一闪"，且个体特征对创造力的影响巨大。因此，早期的创造力研究大多数集中在探讨富有创意的人的人格特征，试图发现具有较高的创造力的人的特殊特质上面。

高尔顿（Galton，1869）在《遗传的天才》（*Hereditary Genius*）一书中，归纳整理了历史上的伟大创新者的传记背景，试图说明特殊的禀赋是造就个体较高创造力的原因。沿着这样的研究范式与思路，西蒙顿（Simonton，1986）分析了数百位杰出创新者的传记特征，并将其归纳为50种之多。其研究结论表明，在不同的成功领域，创新者在某一方面的传记变量将对其创造力有着不同的影响。阿马比尔（Amabile，1983、1988）的系列研究认为，具有非凡创造力的个体具有独特的思维模式。阿马比尔的研究表明高创造力者具有特殊的个性品质，指出坚持、好奇心、精力旺盛等个性特点是影响研发人员创造力的重要因素。高夫（Gough，1979）等的早期研究也是从个体认知过程出发，研究展现出非凡创造力的人在发现问题、思维构建、对方案的甄别与筛选等方面都具备非常突出的优点，高夫认为这些认知能力是构成个体创造力的重要因素。奥尔德汉姆（Oldham，1996）归纳了对个体创造力有显著影响的个体特征变量，主要包括广泛的兴趣、对复杂程度与不确定性的容忍、对艺术保持较强的敏感以及在不同情境下涌现出的直觉等。

总之，人格特征、个性品质、个体的认知能力与认知方式等个体特征变量构成了传统创造力研究的焦点，我们将其归纳为创造力研究的"你是谁"维度。

4.1.2.2 "你认识谁"维度——对个体社会网络的关注

个体的知识创新，除了个人内在条件之外，更与所身处的情境因素有关。个体创造力的研究文献表明，至少如下情境变量都可以对个体创造力的发挥产生重大影响，如复杂的、具有挑战性的工作特征，倡导鼓励与支持的组织氛围，组织评价体系，以及直属领导的类型等。随着对实践社区与知识管理理论的研究深入以及社会网络理论的发展，人们逐渐认识到，知识创新根源于人与人之间的交流、互动过程，也就是说，"你认识谁"是与"你是谁"一样重要的影响知识创新的变量之一。

社会网络理论最重要的一个特点在于其放弃了传统的以个体为研究对象的原子论分析思路，它关注于个体间的关系，从群体的视角去解释个体行为。博尔加蒂和福特（Borgatti and Forte，2003）的综述文章将社会网络研究者分为两个派别，一派是以科尔曼与博特（Coleman and Burt，1988、1992）为代表的结构主义学派（structuralist），强调个体网络的结构特征而不是网络内容；另一派是以林（Lin，2002）为代表的联结主义学派（connectionist），主要关注各种联系中的资源流（flow of resource）。与之相类似的，加比和伦德斯（Gabbay and Leenders，2001）的理论文章对社会网络研究进行了更为详细的划分，如图 4-1 所示。

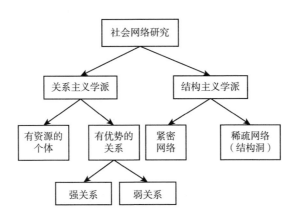

图 4-1　加比（2001）对社会网络研究的分类

关系主义学派关注的是网络内容变量，关注具体的成员间关系、个体属性与连接对象的特征。关系主义学派主张由于每个人的资质不同、信息归纳与处理的方式不同所以导致个体绩效的差异；结构主义学派关注的是网络结构，因为网络结构不同而且网络地位因人而异，由此带来了绩效的差异。这本是两个不同的解释角度，可当今的问题是，两者缺乏足够的对话。社会网络研究存在着一个基本导向，只关注静态的网络结构，忽视具有能动性的个体行动者。网络研究强调对成员行动的外在结构限制（或机会）而缺乏对个体行为的内在驱动力的解释。更有一些"坚定"的结构主义理论家主张结构是各种社会安排所体现出来的模式，其享有优于个体行动的本体论地位。

4.1.3　个体属性与网络结构的交互研究思路

以往的研究表明，对影响知识创新的"你是谁"与"你认识谁"变量的研究缺乏足够的对话。如果我们从"你是谁"的个体特质思路出发，可以推导出：只有天赋异禀之人才有可能完成知识创新；反之，如果从"你认识谁"的社会网络结构主义思路推理，我们可以得出结论：网络结构对创造力起决定性作用，也就是说，任何人放在一个特定的网络结构中都会具有知识创新能力。显然这两种思路都有失偏颇。问题的关键在于，那些侧重于网络结构但忽视了个体的社会学家和那些研究个体特质而忽视个体所嵌入的社会网络的心理学家之间存在着一个"结构洞"。我们认为，双方应实现握手，如图 4-2 所示，以"社会心理学家"或者"心理社会学家"的视角，同时考虑到个体属性、行为与个体所嵌入的网络结构，考察个体属性与网络结构的交互作用才能更确切地揭示个体知识创新的因果链。

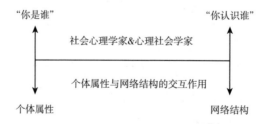

图 4-2　个体属性与网络结构的研究定位

回归到社会网络研究中的个体与结构之争，我们认为结构主义学派与关系主义学派只是研究视角的不同，不应该相互割裂，我们更应该从权变的角度去看待社会网络研究，既考虑到社会网络对个体的约束又要看个体的主观能动努力。正如博特（Burt，2000）所说世上没有无任何约束边界的最优网络结构。结构洞也分为黑白两种，"白结构洞"对产出有积极影响而"黑结构洞"则存在负面影响。在对结构洞的系列研究中，他提出影响社会资本产出的五大情境变量，分别是：个性与文化（personality and culture）、网络内容（network content）、连接者个数与任务不确定性（number of peers and task uncertainty）、群体内外的网络结构（network structure within and beyond groups）和借来的社会资本（borrowed social capital）。权变视角下的社会网络研究伴随着社会网络的经典理论的发展，一直以来都在学术界占据重要地位，且近年来涌现出较多的研究文献，其中个体属性与网络结构对个体知识创新的交互作用的研究引发了较多的研究关注。

个体与网络结构的交互视角，体现了社会网络研究的行动逻辑。社会的本质在于人与人之间的不断的行动过程，而不是具体的某一个网络位置。如果没有行动，人们之间的任何网络结构都是没有意义的。社会网络为嵌入其中的个体提供了潜在的机会，这些潜在的机会能否被识别、利用，并最终形成绩效则依赖于个体的属性变量。如同以往的研究中所认为的，个体绩效是动机和能力共同作用的结果，那么在社会网络中绩效也应该是网络结构和个人素质共同作用的结果。因此，我们可以认为，个体知识创新的差异不仅仅体现在网络位置上的差异，即不同的结构位置对人的创新影响不同；我们同样也关注即使是在同一个网络位置上，个体创新也会在类型与绩效水平上产生差异，这就体现了个体的认知能力、把握利用机会的能力以及个体行为策略的差异，即个体属性的差异。个体与网络的交互作用正是体现了这一研究思路，强调人对网络机会的开发与利用，如图 4 - 3 所示。

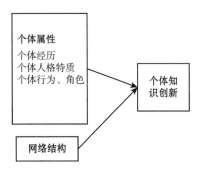

图 4 - 3　个体属性与网络结构的交互作用

4.1.4 个体属性与网络结构的交互研究

4.1.4.1 个体经历

罗丹（Rodan，2004）研究认为，如果创新的本质是知识的重组，而重组的前提在于异质知识的获取，那么无论稀疏网络还是闭合网络不过是异质知识的代理（proxy）。也就是说，社会网络仅仅为个体提供了一个获取信息的机会，但如何使得这种机会转化为个体的创新绩效还有待深入考察个体属性与情境的特点。传统的社会网络理论太偏重于结构能够给个体带来什么，却忽视了身处其中的个体自身所拥有的知识储量，以及个体运用自身知识进行网络开发与利用、知识整合的能力。作为个体属性的一个突出表现，个体经历所涵盖的范围非常广。从相关研究文献的梳理来看，个体积累的知识储量、职业经历、以往的绩效水平都将影响到个体对网络的利用并影响到最终的知识创新结果。

以往的社会网络研究由于资料收集的困难，很少关注到网络中流动的知识的特点，常用的做法是将网络的结构特征或者关系特征看作信息的代理（Seibert et al.，2001）。而这种做法得到了很多学者的批评（Cross and Cummings，2004；Seibert et al.，2001）。罗丹（Rodan，2004）从个体所接触到的异质知识出发，从异质知识的角度考察对个体创新绩效的影响。无论个体处于何种网络结构中，个体的工作绩效与创新的高低非常依赖于个体接触到的异质性知识的多寡。克罗斯（Cross，2004）认为，网络中知识的多样性是社会网络影响个体创造力的一个重要的权变变量。他认为以往的研究将弱关系看作多样性信息的代理，这是不准确的，而他的实证研究将多样性的知识作为调节变量引入回归方程，发现只有多样性的知识才保证了个体创造力的提高。佩里－史密斯（Perry-Smith，2003）也关注到网络中知识的差异性的特点，提出非冗余信息和网络成员的背景异质性将调节弱关系数量与创造力的关系。

阿胡亚（Ahuja，2003）在对卡耐基梅隆大学的义工项目群体（Soar）进行的实证研究发现，作为个体属性的个人功能角色（functional role）、由职位等级与任期决定的个人地位以及沟通角色（communication role）对个体的任务绩效具有正向的相关作用，同时这种相关作用又受到个体在组织内网络所处的中心性的中介作用的影响，而且这种影响要比单一的个体属性对个体任务绩效的影响更大。这就说明个体属性特征既影响了任务绩效又影响了个体在组织中所处的地位。

李（Lee，2010）在对美国生物科技行业的专利合作数据的研究中也表明，以往绩效高的个体在随后更容易占据到结构洞的位置，而个体所处的结构洞对个体绩效的提升具有正向相关作用，同时这种正相关又受到个体绩效的调节作用。也就是说，个体以往的绩效既有利于个体占据结构洞的位置，同时也有利于其更好地利用结构洞的位置促进个人绩效的提升。虽然没有同阿胡亚（Ahuja，2003）那样比较哪种作用效果更大，但这也采用了个体与结构的交互作用的研究方法，体现了个体属性在利用网络机会方面的差异。

4.1.4.2　个体人格特质

作为具有持续稳定特点的人格以及以此体现的能力对社会网络的利用影响较大。近年来，在社会网络研究中如何把网络结构与形成这样结构的个体属性特征结合起来，逐步成为研究者关注的主题之一。其研究的逻辑出发点就在于，每个人的能力和人格特质是不同的，这就造成了不同个体在面对多样的知识的时候信息筛选能力和主观意愿上的差别，也即造成了对社会网络所提供的潜在机会、潜在资源的把握和利用上的差别，从而造成了个体在绩效上面的差别。

安德森（Anderson，2008）实地研究考察了网络结构与个体特征对个体信息收集行为的影响，其研究结论表明，网络结构确实影响了个体的信息收集行为，关系范围与个体获得的信息的多样性正相关；而关系强度则与个体获得的信息的多样性负相关。而网络结构对信息获取的作用还将受到个体认知能力的制约，具有较高认知水平的个体，其信息获取的数量与质量都将高于认知水平低的个体。除此以外，安德森的研究分析了社会资本获取过程中动机的重要性，认为信息获取的多样性与数量是社会网络提供的潜在机会与个体利用机会的能力共同作用的结果，因此，网络规模与关系强度以及个体认知能力共同影响了个体获取信息的多样性与数量。

周（Zhou，2009）对中国一家高科技公司的实证研究也表明，个体具有的从众心理的强弱程度与社会网络一样影响着个体创造力。周（Zhou，2009）认为，从众心理影响了个体利用网络机会的能力。在面对弱关系提供给个体的各种异质信息的时候，具有较强从众心理的个体将拒绝接受这些与现存规范与期望体系相悖的信息，从而自己的认知、思考的动力都将受到限制，因此不利于进行发散思维。这些异质信息也没有起到激发个体创造力的作用。而从众心理较弱的个体并不排斥与现有体系相悖的信息，更愿意去利用弱关系提供的多样化的知识，并勇于进行知识创新。基于此，周认为，具有较弱从众心理的个体将更好地利用弱关系，因此具有更高的创造力水平。而最后的实证数据也确实支持了他的假设。

与周（Zhou，2009）的研究类似，贝尔（Baer，2010）将大五人格中的开放性（openness）引入个体创造力研究，并考察了开放性与社会网络对个体创造力的交互作用。贝尔（Baer，2010）认为，开放性强的个体具有较强的社交能力，对异质知识具有更加包容的心态，并且表现为思路开阔，愿意思考新的、非常规的观点，寻求新异和多样性的活动，并喜欢尝试不同知识的重组与创新。因此，开放性强的个体将更善于利用网络规模与关系强度带来的异质信息，更善于把握社会网络中的潜在机会，对个体的创造力也就最有利。贝尔（Baer，2010）在对一家跨国农业公司的实证研究中也证明了其研究假设。

4.1.4.3　个体行为、角色

博特的结构洞理论除了具有鲜明的结构主义学派的特点以外，也暗示了对个体行为的期望。结构洞位置会毫无疑问地带来信息的优势，这点也许和个体属性没有关系，无论谁到达这个位置都可以获得异质的信息。但是控制的优势则依赖于个体的目的与打算了，控制优势体现在个体采用"分而治之"的策略，如果个体不采用这样的行为就会丧失这种优势。齐美尔的研究认为，占据结构洞的第三者可采取的策略很多。譬如作为第三者的调停者就可以具体分为促进者和不偏不倚者（non-partisan）；作为第三者的渔利者也可以采用两种策略来达到渔利的目的，即要么采用主动的策略控制二方关系，要么不采用主动的策略，但有冲突的两方中的一方却给第三者带来了渔利的可能；与有意制造冲突和矛盾，以便自己占据优势地位从而达到"分而治之"的目的之外，第三者也可以采用一种完全相反的催化效应（catalytic effect），即第三方还可以修正二方之间的关系。卡里什（Kalish，2008）对中介者心理动机的研究支持了齐美尔的论断，他根据整体网计算出中介角色的数量，表明存在这两个在心理学意义上的独立动机：一种跨越了同质性群体，相当于齐美尔阐述的渔利者角色；另一种则跨越了异质性群体，相当于不偏不倚者。由此可见，结构洞的研究也一定要关注到个体具体的结网动机是什么。

除了对人格特质的关注之外，个体的行为意图与策略也成为研究者的关注点。博特在阐述结构洞理论的时候指出，由于人们逐利的本性，每个人都有追求结构洞并获得收益的动机。但也有研究显示，实际上还有其他的动机，在结构洞位置上的个体也不一定就采用分而治之的渔利策略。奥布斯特菲尔德（Obstfeld，2005）在汽车设计行业的研究显示，有些个体占据结构洞的位置不是为了个体牟利而是为了增强整个组织成员的创新参与。这时个体所采用的策略是为了促进组织中各个派系的沟通和整合，奥布斯特菲尔德（Obstfeld，2005）将这种策略称为"联络者"（拉丁文为 tertius iungens），不同于博特对结构洞"渔利者"（tertius gaudens）的动机假设。研究已经证明，采用协调促进策略的个体将有利于创新参与行为，而不是用"分而治之"的策略来阻隔信息的流动。因此，从个体动机和策略的角度可以具体分析结构洞之于个体和组织的意义，不是所有的中介者都以渔利为原则。

而结构多样性在社会网络研究中也占据着重要的地位。巴昆蒂（Balkundi，2007）在对人口统计学多样性（demographic diversity）与结构多样性（structural diversity）的对比研究中发现，种族和性别的多样性对网络中结构洞的比例没有影响，而年龄多样性对结构洞的性质有影响。在对团队绩效的比较研究中发现，缺乏结构洞的网络很难产生创新的想法，但是由于较多结构洞的存在会导致分片团队（fragmented team）的出现，这就会导致团队与团队之间在沟通方面的困难。其研究结论证实，结构多样性对团队绩效的影响要大于人口统计学多样性。里根斯（Reagans，2007）研究表明，理想的团队构成应由那些结构多样性的个体组成，这样形成内部紧密而外部稀疏的网络结构，同时发挥紧密网络的信息传播和稀疏网络的信息搜索优势。古尔德和费尔南德斯（Gould and Fernandez，1989）认为，如果网络是由相互排斥的子群体构成的，那么可以按照个体所在子群体的性质，将中介者分为协调者（coordinator）、守门者（gatekeeper）、代理者（representative）、联络者（liaison）和顾问（consultant）五种类型。而这五类中介者虽然占据同样的结构位置，但因为其所属群体不同而造成了其不同的角色定位并影响了网络中信息的流动和资源的获取方式。

个体行为特征是其背后的文化反映，近年来对个体行为特征的讨论也关注了文化背景问题。肖等（Zhixing Xiao et al.，2007）研究认为，结构洞理论框架在很大程度上限于西方文化背景，即开放市场、自由竞争和个人主义导向。在其他拥有不同文化规范和市场机制的文化背景中，结构洞是否依然起到相同的作用还有待商榷。肖的研究将结构洞理论引入与西方文化背景有很大差异的东方文化背景中，研究了中国四个高新技术企业中结构洞在个体收益中所起到的作用。结果表明，在文化层面上，中国的集体主义文化将削减结构洞的作用。在组织层面上，在强调人际互利文化的组织中，结构洞的控制性收益与组织所倡导的在人们心中占据主导地位的合作精神是相悖的，结构洞的信息收益因而不能实现。肖的研究深化了结构洞理论，证明了该理论不具有普遍有效性，通过数据调查和研究，总结出该理论在中国高新技术企业中并不适用。在中国文化背景以及倡导奉献精神的企业文化下，中介者的角色和行为不如整合者能更多地享受到职业收益。

也有一些学者从个体所面临的任务特征出发，认为社会网络研究观点的争论，其本质根源于对社会资本概念的不同分析视角，或者说由于个体任务导向的不同（Adler，2002）。闭合网络试图解决的是合作型的任务问题，在这里共有社会资本在发挥作用；稀疏网络体现的是结构洞观点，试图解决的是效率型任务问题，在此发现新机会的联结社会资本在发挥作用（Adler，2002）。罗利（Rowley，2000）对企业联盟的研究认为，企业的创新战略影响了社会网络对企业的作用，紧密网络有利于企业的改进型创新，稀疏网络有利于企业进行探索型创新。

4.1.5 结论与讨论

无论是结构主义学派还是关系主义学派，社会网络研究的一个基本思想是，人们的行为受到网络的约束。尽管有大量的实证研究表明，人们的行为将受到关系网络的影响，但是很少有人能分析其中的机理。为什么不同的网络给人不同的约束？什么样的机制导致了不同网络中的人的不同行为呢？周雪光（2003）给出了两种可能的解释：一种解释是，网络关系对人们行为的约束不同，从而导致不同的行为。网络关系的强弱、重复性会影响人的行为，网络的位置、结构的不同会导致不同的内化过程，从而使人们在不同的情境下产生不同的行为。因此，关系网络的不同结构及其个人所处网络中的不同位置都会使人产生不同的行为。这里可能有一种功利性的机制，也可能有一种自觉或不自觉的社会化过程。另一种解释是，网络可能会限制一个人的信息。两个人在同一个网络中，但他们的网络位置不同，所处的关系连接就不同，从而他们的信息流就会不同，所受到的影响也就相应地不同。这样，不同的网络或者不同的网络结构就为两个人提供了不同的信息，对他们的思维判断产生了不同的限制和影响。从结构的角度来讲，网络限制了一个人的信息，而信息决定了人的思考和行为。尽管假设都是理性人，但由于网络对我的限制和对别人的限制不一样，所以我的思维和行为就会与别人不一样。但如果过多地强调网络对个体的约束作用，而对嵌入其中的个体属性及其推动网络的演化努力视而不见，那就会导致研究上的悖论以及没有解释的理论研究空白的出现。

其实，即使结构主义学派中的经典理论也无不存在个体行为的影子。格兰诺维特认为，弱关系最有可能成为连接两个或几个相互独立社交圈的关系桥，因此能够提供给个体强关系所不具备的异质信息。那么根据格兰诺维特（Granovetter，1973）的理论，一个人要想获得更多的异质信息，就应该扩大自己的社交圈，走出自己原有的小圈子，尽可能地与更多的人交往。一个朋友的聚会意味着有获得一个重要的工作机会的可能，那么个体就应该多参与聚会。这本身就蕴含了对个体行为的隐喻。同理，卡拉克哈特（Karackhardt，1992）强调强关系的重要性，其认为个体之间的关系品质非常重要，频繁的互动将有助于情感的培养和信任的产生，以及共同的价值观念与规范的形成，由此形成的强关系将有利于隐性知识的传递。当我们了解了强关系的重要性之后，发展强关系就需要个体精力和时间的投入，需要采取相应的行动以实现"频繁的互动"。因此，即使是结构主义学派，其研究理论也没有完全将个体排除在外。

此外，社会网络是变量"代理"（proxy）的思想逐步成为研究者的共识。即社会网络是个体获取资源的渠道，是异质知识与成员间约束的代理。博特的结构洞理论也正是基于对格兰诺维的弱关系是结构桥假设的修正。罗丹（Rodan，2004）研究认识到，弱关系或稀疏网络不过是异质知识的代理，是否真正包含异质知识要深入地考察网络中流动的资源。波特（Port，1995）认为，所谓社会资本，乃是个体能够动员的网络结构中存在稀有资源的能力。这里就把个体能力放了相当高的位置。林（Lin，2001）研究认为，社会资本包括结构嵌入性、机会和行动导向。这就意味着，网络仅仅是一种潜在的资源，而这种资源能否转化为资本为我所用，还取决于个体的策略与能力。林（Lin，2001）实证研究认为，非正式网络中处于中心性的个体所获得的社会资本除了要受到个体所处组织中的等级地位的调节作用以外，还受到个体行动意向的调节作用。因此，本书认为对社会网络的研究应该对"行动者的行动"予以极大的关注，因为个体绩效差异的产生根源，除了网络结构的差别以外（体现在位置与位置之间的差别），还体现在个体能力的差别上。即不同的人即使占据同样的位置，其对资源的获取也是有差异的，从而造成对绩效的差异（人与人的差别）。

对结构与个体的交互作用的讨论也涉及网络研究中对网络与个体之间关系的讨论。安德森（Anderson，2008）在其文章中将个体与结构之间的研究划分为三种类型：第一类主张个体与网络结构是互不相关的，看哪一个对因变量更有解释力。第二类考察哪些个体变量与网络结构相关，即研究的是哪些个体属性更容易达到某一类网络位置的问题。譬如博特（Burt，1992、1992）的系列研究曾关注到女性及少数族裔很少能利用到结构洞的好处，而自由度大的经理人能够充分地利用结构洞带来的好处。第三类研究主张个体的产出是个体属性、网络结构以及个体与网络的相互作用共同作用产生的结果。而且目前研究者大多采用了交互的方法来验证对个体产出的影响，其理论依据在于，个体属性决定了其对网络机会的把握。

本书分析了社会网络理论解释逻辑产生的根源以及由此带来的一系列问题，指出以往的研究争论主要体现在对网络结构的信息代理假设，而合理地引入个体属性变量则可以很好地解决这一问题。在回顾了个体经历、人格特征与行为方式三个变量与网络结构的交互作用以后，对个体与结构对绩效的解释类型进行了讨论。正如林（Lin，2001）的观点认为，社会资本包括结构嵌入性、机会和行动导向。这就意味着，网络仅仅是一种潜在的资源，或者说，仅仅为个体提供了一个机会，这种机会能否为个体所利用，资源能否转化为资本，则是另外一回事，这将取决于个体特点。也就是说，即使同处于一样的网络结构中，个体认知的差异、属性的差异也决定了不同个体对社会网络的利用是不一样的。因此本书认为，在个体知识创新研究中，同时关注"你是谁"与"你认识谁"两类变量，以及在社会网络研究中恰当地引入个体属性变量，都将带来研究结论的信度与效度的提高。

4.2 以往绩效与网络结构对个体知识创新绩效的影响研究[*]

随着知识经济的到来，个体知识创新以其不可模仿性已成为企业最重要

———————

[*] 本节部分内容发表于：张华，郎淳刚. 以往绩效与网络异质性对知识创新的影响研究——网络中心性位置是不够的 [J]. 科学学研究，2013，31（10）：1581 – 1589.

的核心竞争力之一。如何识别出个体知识创新的主要因素就成为一个重要的理论与实践课题。当前对个体知识创新的研究关注点已从个体身上转移到他们的合作网络上面，"你是谁"的重要性已经不及"你认识谁"。社会网络成为人们寻求知识的首选。

如果知识创新具有强烈的网络属性，那么很自然地，我们将关注个体占据什么样的网络位置（position）对其知识创新最有利。社会网络研究存在着著名的两大争论：一种是基于科尔曼的社会资本理论，认为密度大的网络有利于信任与协作，个体间频繁的互动与风险共担有利于知识尤其是复杂性知识的转移；另一种观点则源于博特（Burt，1992，2004）的结构洞理论，强调稀疏的、富于结构洞的网络，为员工带来了非重叠的异质信息，为创新性想法产生，以及多样化的信息重组提供了可能。我们认为研究争论的产生主要在于以往的研究把网络视为机会的代理和信息的代理，没有深入考察嵌入网络中的个体属性特征以及网络中异质知识的情况。

以往的社会网络研究大多强调网络结构和关系特征对一个人行为的约束，而对于具有能动性的个体却很少考虑。网络位置将影响个体绩效，这是位置与位置的差异；但是即使是在同一个位置上，个体绩效也会产生差异。网络提供的是潜在机会，能否把机会转化为最终的知识创新成果则有赖于个体属性特征。由于资料收集的困难，大多数社会网络研究很少关注到网络中流动的知识的特点，常见的做法是将网络的结构特征或者关系特征看作信息的代理。而这种做法也受到一些学者的质疑和批评。网络中流动的知识特征是影响个体知识创新的重要的权变变量，而当前的研究对网络异质性的关注不够。

正是基于以上讨论，我们认为，要深入考察个体所嵌入的社会网络对个体知识创新的影响，除了要考察其所处的网络结构特点或网络位置特征以外，还要考察个体属性以及网络中的异质知识特征。个体属性的引入，是为了分辨出不同个体在利用网络机会方面的差异，而网络异质性的引入可以视为基于创新的本质去探究个体的知识创新情境。因此，本书将网络异质性与个体以往绩效引入我们的考察视野，在理论上形成一个网络中心性对知识创新影响研究的完整体系框架，同时，通过对美国生物高科技行业 11 年间的专利合作数据进行实证研究，对假设进行检验，讨论本书的管理与实践意义，为个体知识创新提供理论指导。

4.2.1 文献评述与研究假设

当今世界已进入信息技术时代，人与人之间的联系前所未有地紧密起来。知识创新可以单独发生，但不会永远是这样。当今绝大多数的知识创新成果都不是一个人闷在屋子里，拍脑袋可以发明出来的，包括电影、音乐、戏剧、科研论文、科学发现等创新性成果都是多人合作的结果。因此，创新产出根植于个体间交互的思想成为创造力研究的最新热点。佩里－史密斯（Perry-Smith，2003，2006）的系列研究表明，与不同人的信息和想法的沟通与交流将影响一个人创造力的发挥；卡普森（Kaperson，1978）研究表明，那些具有多种学科认知知识的科学家在其所在领域的建树都很高；当今知识创新的研究进展表明，除了时间和物质资源之外，人也是重要的资源，能接触到什么类型的人将决定了信息和知识，以及思维方式的获得与借鉴，从而有利于创造力的发挥。因此，当今创造力的研究已经不再是心理学家的研究专利，社会学家以及社会心理学家都加入到了个体创造力的研究上来。在这样的研究背景下，基于社会网络的个体创造力研究就成为组织研究的热点问题。布拉斯（Brass，1995）更是宣称，个体知识创新体现在其所嵌入的社会网络之中。

如果知识创新具有强烈的网络属性，那么很自然地，我们将关注何种网络更适合促使个体完成知识创新，或者说在结构上，哪些网络位置（position）对个体知识创新是有利的。虽然对何种网络结构最优还存在争论，但很多社会网络研究都关注到网络中心性这一指标，并把中心性作为衡量个体重要性、杰出以及声誉的标志。中心性有助于个体的知识创新，这主要表现在以下两个方面：第一，中心性位置有助于个体获取较多的知识，以及较快的获取程度。知识创新的本质在于已有知识的新的整合。中心性位置意味着个体具有更多的知识来源，那么在知识创新过程中就有更多的选择。另外，从全局网络来看，占据中心性位置可以比其他位置更迅速地抵达网络，这就使得中心性位置在知识获取成本上比其他位置更低，更快捷地获取所需知识。第二，网络中心性体现了占据者的身份地位，中心性本身是一个品质的信号。知识创新过程是一个充满了不确定性的过程。由于有限理性，个体在进行知识创新时将基于不完整信息去选择、判断那些潜在的、有整合价值的知识。而在对已有知识的选择与判别上，由于网络中心性的品质信号作用，个体更倾向于选择那些中心性位置的人创造的知识。除此以外，中心性更意味着声誉的传递，与占据中心性位置的个体合作往往意味着自己的知识创新也具备了高品质。综上所述，占据网络中心位置的个体在知识搜寻、吸引其他合作者等方面具有巨大优势，他们将赢得更多的有潜质的合作者，这也大大有利于未来的知识创新。

综上所述，提出以下假设。

H4 - 1：网络中心性与个体知识创新之间存在显著的正相关关系。

社会网络研究存在着一个基本导向，只关注静态的网络结构，忽视具有能动性的个体行动者。但个体属性在网络结构中的重要性是不容抹杀的，一个明显需要解释的事实是：现实中即使拥有同样网络位置或者个体网络特征完全相同的两个个体，其在获取网络资源上为什么也有质与量的差异？个体绩效的差异，除了与所处网络结构有关以外，还与个体行为息息相关。也即，网络位置将影响人的绩效，这是位置与位置的差异；但是即使是在同一个位置上，个体绩效也会产生差异，这是个体间能力的差异、行为方式的差异。

波茨（Ports，1995）认为，所谓社会资本，乃是个体能够动员的网络结构中存在稀有资源的能力。这里就把个体能力放在了相当高的位置。正如林（Lin，2002）的观点认为，社会资本包括结构嵌入性、机会和行动导向。这就意味着，网络仅仅是一种潜在的资源，或者说，社会网络是机会的代理。网络位置仅仅为个体提供了一个机会，这种机会能否为个体所利用，资源能否转化为资本，则是另外一回事，这将取决于个体特点。也就是说，即使同处于一样的网络结构中，个体认知的差异、属性的差异也决定了不同个体对社会网络的利用是不一样的。

弗莱明（Fleming，2007）研究表明，具有丰富的职业经历的个体在紧密型网络中将发挥缓解紧密网络中知识同质化的作用，从而不仅有利于自己的知识创新，同时也为网络中其他成员提供了创新的异质知识。奥布斯特菲尔德（Obstfeld，2005）的研究就已经表明，同处在结构洞的位置上，采取"分而治之"策略的个体将得到结构洞带来的信息优势和控制优势；而采用"协调促进"策略的个体将促进在结构上分离的各方沟通，并最终使整个组织的创新参与度加强。李（Lee，2010）在对美国生物科技行业的专利合作数据的研究中也表明，个体以往的绩效既有利于个体占据结构洞的位置，同时也有利于其更好地利用结构洞的位置促进个人绩效的提升。莱茵霍尔德（Reinholt，2005）利用"机会—动机—能力"理论，认为网络中心性、个体动机与知识吸收和共享能力三者的交互影响个体的知识共享与吸收。

以上研究都表明，个体在识别、挖掘、利用网络机会上存在巨大的差别。因此，我们将个体的以往绩效水平纳入我们的考察视野。以往绩效高则意味着个体能力更强，他们在把网络机会转化为创新成果方面的能力更强。以往的研究大多关注于社会网络给个体提供了何种类型的知识，而对个体是如何处理这些知识的则很少关注。知识的吸收和技能的学习是个体知识创新的基础，研究表明，个体的知识共享与创新能力是已有知识的深度和广度的函数，而以往绩效水平很好地体现了个体的创新能力。同时，以往绩效代表了个体在某一领域的知识积累，而知识积累水平反映了个体的学习能力。综上所述，个体的学习能力是能否将社会网络提供的机会转化为最终知识创新的关键。试想即使一个个体身处网络中心位置，如果不具备足够的知识吸收、共享与整合的基础和能力，那么依然没有办法将潜在的知识创新机会转化为知识创新成果。

综上所述，提出以下假设。

H4 - 2：个体以往绩效水平正向调节网络中心性与个体知识创新之间的正相关关系，即个体以往绩效水平越高，网络中心性与个体知识创新之间的正相关关系越显著。

个体以往绩效的调节作用同样也会受到一些条件的制约，其中最显著的是网络中知识的异质性。以往的社会网络研究由于资料收集的困难，很少关注到网络中流动的知识的特点，常用的做法是将网络的结构特征或者关系特征看作信息的代理。而这种做法受到了很多学者的批评。罗丹（Rodan，2004）认为，如果创新的本质是知识的重组，而重组的前提在于异质知识的获取，那么无论稀疏网络还是闭合网络不过是异质知识的代理（proxy）。克罗斯（Cross，2004）认为，网络中知识的多样性是社会网络影响个体创造力的一个重要的权变变量。他认为以往的研究将弱关系看作多样性信息的代理，这是不准确的。为了更加深入地了解个体知识创新机理，我们需要投入更多的精力去探究创新者所嵌入的社会网络中知识的异质性程度。

我们认为，网络异质性越大，则以往绩效的调节作用越小。原因如下：首先，对异质知识的甄别和选择是有成本并充满风险的。嵌入在异质性大的网络环境中的个体需要投入大量的时间和精力去找到双方的共有知识（overlap）。这就需要个体对潜在知识源进行辨别、甄选及互动，而且整个过程伴随着不确定性。如果某一个环节失败，个体都要重新再来。从成本的角度来看，异质性高的网络环境虽然在理论上存在探索型创新（exploration）的可能，但成本远高于对异质性要求不那么高的改进型创新（exploitation）。以往绩效高则意味着个体在某一领域的知识积累很多，这更有可能成为探索型创新的障碍。其次，个体已有的知识库决定了个体的知识搜索方向。研究表明，信息与技能（know-how）随着时间的变迁储存在人的大脑中形成知识库（knowledge stock），正是这业已存在的知识库决定了个体知识的搜索方向，知识创新在本质上是一个路径依赖的过程。因此，个体在知识创新过程中，对潜在的、可以整合的知识的搜索是方向性的、有选择的。以往绩效水平高的个体更容易在某一特定领域形成固定的知识库，即使在高异质性的网络中其对知识的选择也是非常集中的。最后，由于受到有限理性的制约，即使面临众多的异质知识，个体也无法做到对每一种异质知识都进行挖掘与整合。

综合上述讨论，我们提出如下假设。

H4 - 3：网络异质性负向调节以往绩效的调节作用。即，网络异质性越高，以往绩效对网络中心性与个体知识创新的调节作用越小。

理论模型如图 4 - 4 所示。

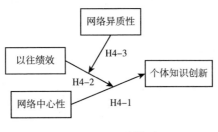

图 4 - 4　理论模型

4.2.2　研究设计

4.2.2.1　研究方法与研究数据的收集

我们选择专利数据作为验证本书理论的样本来源。我们选择生物科技（biotechnology industry）为我们的研究对象。美国专利与商标管理机构（US-PTO）对生物科技专利的认定是基于专利所属的领域（class），根据所属技术领域，我们将属于生物科技的专利数据汇总在一起。众所周知，生物科技行业是典型的知识密集型行业，是全球最具有创新性的行业之一。在生物科技行业内，组织内部与组织间发明者的合作非常频繁和广泛，知识的流动与创新的产出是这个行业最重要的标志之一。在生物科技行业，企业的生存与发展的主要推动力来自知识的创新。在这个行业中，每个从业者都有足够的激励去进行知识创造，而专利最能体现个体的知识创新成果。因此，我们认为生物科技行业非常适合于社会网络和个体知识创新的研究。

美国国家经济研究署（NBER）霍尔等（Hall et al.，2001）的系列报告提供了 1963～2002 年所有在美国专利局登记并得到授权的专利数据。我们选择 1976～1986 年 11 年间生物科技行业的所有专利数据作为我们的实证数据。这是因为生物科技行业诞生的标志始于 1973 年 DNA 的发现。从此生物科技作为一个新兴的高科技行业开始登上历史舞台，20 世纪 70 年代正是生物科技行业兴旺发达的开始，日新月异的技术创新推动了这个行业不断地繁荣兴盛，并成为美国的支柱产业之一。为了便于数据的分析和计算，我们以 5 年为界，将所有数据按照三年的跨度分为 1976～1980 年、1977～1981 年等 6 个数据窗口（data window）。已有研究表明，数据窗口的大小在理论上并不影响最终的结果。根据广为研究者使用的，由特拉伊滕贝格特等（2006）开发的专门针对 NBER 专利数据的发明人鉴别与编码程序，最后确认了 2446 个发明人与 4751 项专利。

4.2.2.2　发明者合作网络的转化

按照节点的类型不同，社会网络可以分成一模网络（只有一类节点）、二模网络（含有两类节点），甚至更多模的网络。二模网络中最重要的一种网络模式称为隶属网（affiliation network），隶属网中包含两类节点：一类是某种活动、事件、组织、项目的参与者；另一类就是他们所参与的活动、事件、组织、项目。专利与发明人的组合就构成了一个典型的隶属网络，这种网络可以用一个二分图（bipartite graph）来很好地描述。

如图 4 - 5 所示，通过共同合作的专利为纽带，我们就可以把发明者——专利这一个二模网络转化成发明人之间的一模合作网络。

4.2.2.3　变量的测量

为了避免同源数据产生的自相关（self-correlation）现象，与以往的研究一样，我们引入了数据窗口的概念。这种处理方法的解释逻辑为：今天的成功源自过去的努力。即今天的创新成果源自过去积累的人脉，也就是说我们

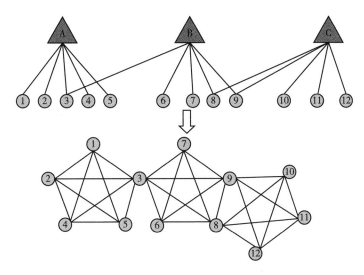

图 4 – 5 二模网络向一模网络的投射

资料来源：Lee J. Heterogeneity，Brokerage，and Innovative Performance：Endogenous Formation of Collaborative Inventor Networks ［J］. Organization Science，2010，21（4）：804 – 824.

考察的是过去五年发明者的合作网络情况对今年创新产出的影响。我们考察了 1976～1980 年五年间的合作网络情况，我们将这五年分成两个数据窗口，即 1976～1979 年以及 1977～1980 年。也就是说，我们将考察 1976 年、1977 年、1978 年三年中发明者所处的合作网络中的网络特征指标，对 1979 年发明者创新产出的影响；以及发明者在 1977 年、1978 年、1979 年三年中合作网络对其 1980 年创新产出的影响。变量的测量方法如下。

（1）自变量。

①网络中心性：网络中心性的衡量指标很多，我们采用应用较为广泛的点度中心性（degree centrality）。指的就是和发明者有直接联系的合作者的数量。

②网络异质性：网络异质性用于衡量个体所嵌入的网络中的异质知识的数量。我们借鉴了网络"看门人"的观点，用发明者在过去五年中的外部合作者，即与之不是同一个单位的合作者的数量来计算。

③个体能力：个体能力的衡量有很多种，我们采用李（Lee，2010）的做法，将以往绩效，即用以往的发明专利的数量来计算。

（2）因变量。

本节将个体在考察年发明的专利数量作为知识创新成果的衡量。特别地，按照麦克法迪恩（McFadyen，2009）的做法，我们按照专利的合作者数量进行了分摊（譬如一个发明专利有三个合作者，则每个合作者的知识创新成果为三分之一）。

（3）控制变量。

除了对自变量和因变量进行测量以外，我们还要对一些变量进行控制，以防它们影响到最终结果的可信性。综合前人的研究，并结合本节研究的特点，控制变量包括如下四个。

①网络规模：用于控制个体具有的网络。

②申请时间：专利向专利局提交申请的时间。消除具体年代的影响。

③专利声明（claims）：专利声明其引用的以往技术的个数。个数越多则体现个体可利用的已有知识的数量越多。

④审核时间：专利得到法律授权的那一年与提交申请的那一年的差。它体现了知识的复杂程度。越复杂的专利审核的时间越长。

4.2.3 假设检验结果

表 4-1 显示了所有变量的均值、标准差以及相关系数。

表 4-1 所有变量的均值、标准差和相关系数

变量	均值	标准差	1	2	3	4	5	6	7	8
1. 网络规模	0.85	1.74	1							
2. 申请时间	1983.90	1.69	-0.073**	1						
3. 专利声明	13.91	11.86	-0.047**	0.047**	1					
4. 审核时间	2.52	1.23	-0.243**	0.078**	0.139**	1				
5. 中心性	6.57	11.91	0.140**	-0.037*	-0.022	0.071**	1			
6. 异质性	8.52	11.36	0.153**	-0.010	-0.035*	0.017	0.709**	1		
7. 以往绩效	1.13	0.97	0.086**	-0.122**	-0.030*	-0.015	0.537**	0.497**	1	
8. 创新成果	-0.23	0.81	0.093**	-0.108**	-0.016	-0.073**	0.232**	0.219**	0.330**	1

注：$*P < 0.05$，$**P < 0.01$。

表 4-2 显示了对知识创新调节作用层级回归分析结果。模型 1 将所有控制变量放入回归方程。模型 2 在模型 1 的基础上把所有自变量放入回归方程，中心性系数为正且显著，结果表明网络中心性与个体知识创新正相

关，假设 H4 - 1 得到了支持。模型 3 在模型 2 的基础上，把所有的交互项放入回归方程，结果显示中心性与以往绩效的交互项系数为正且显著，表明以往绩效正向调节网络中心性与知识创新的相关关系。因而假设 H4 - 2 得到了验证。模型 4 是在模型 3 的基础上把三维交互项同时放入回归方程，结果表明，个体以往绩效、网络中心性与网络异质性的交互项系数为负且显著。此结果还无法肯定网络异质性的负向调节作用，因而假设 H4 - 3 的验证还要看调节作用示意图。

表 4 - 2　　　　　　　　　　　　对知识创新调节作用层级回归结果

变量	加权后的知识创新成果数量			
	模型 1	模型 2	模型 3	模型 4
控制变量				
网络规模	0. 074 **	0. 037 *	0. 056 **	0. 059 **
申请时间	- 0. 099 **	- 0. 066 **	- 0. 059 **	- 0. 060 **
专利声明	- 0. 002	0. 007	0. 005	0. 005
批准用时	- 0. 047 **	- 0. 061 **	- 0. 062 **	- 0. 059 **
自变量				
中心性		0. 056 **	- 0. 101 *	- 0. 185 **
以往绩效		0. 268 **	0. 309 **	0. 322 **
网络异质性		0. 042 *	0. 042	0. 058 *
交互项				
中心性 × 以往绩效			0. 221 **	0. 356 **
中心性 × 网络异质性			- 0. 122	- 0. 065
以往绩效 × 网络异质性			0. 069 *	0. 073 *
中心性 × 以往绩效 × 网络异质性				- 0. 139 *
F	25. 163 **	96. 427 **	71. 918 **	66. 025 **
R^2	0. 021	0. 126	0. 134	0. 135
调整后的 R^2	0. 020	0. 125	0. 132	0. 133
R^2 更改	0. 021	0. 105	0. 007	0. 001
增加 R^2 后的 F	25. 163 **	187. 430 **	12. 997 **	6. 278 *

注：假设检验结果[a]（N = 4750）；a 所有的变量都已标准化，系数采用的是标准化系数；** p < 0. 01，* p < 0. 05。

根据巴伦（Baron，1986）、刘军（2008）等提供的方法，我们将回归方程标准化后，按照对变量均值加减一个标准差（标准化后的变量 Mean = 0，

SD＝1）的方法画出调节效应图。图4－6描述了以往绩效、网络异质性与中心性对个体知识创新的三维交互影响。图4－6表明，以往绩效的调节作用受到网络异质性的调节。具体来看，对于低异质性的组来说，当以往绩效由低变高，则网络中心性与创新之间的关系从负相关变为正相关，因此是比较大的正向调节作用；而在高异质性的组内两条线表明以往绩效对中心性也是正向调节，但是没有上一组的明显。从两条线之间的夹角（也就是斜率的变化程度）可以看出，低异质性组的斜率变化大（一级调节作用大），高异质性组的斜率变化小（一级调节作用小），因此，网络异质性的二级调节作用是负向的。假设H4－3得到了证明。

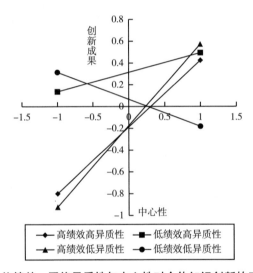

图4－6　以往绩效、网络异质性与中心性对个体知识创新的三维交互影响

4.2.4　结论与讨论

本节采用美国生物科技行业11年间的专利合作网络数据，研究了网络中心性与个体以往绩效及网络异质性对知识创新的影响机理。实证研究结果表明，网络中心性与知识创新正相关，但这种相关关系受到个体以往绩效的调节作用：个体以往绩效水平越高，网络中心性与知识创新的正相关关系越显著；以往绩效的调节作用同时还受到网络异质性的调节，而网络异质性的二级调节作用是负向的，即网络异质性越高，以往绩效对网络中心性对知识创新的调节作用越小。

　　本节的理论模型及实证研究具有以下两个理论贡献。第一，传统的社会网络研究过于强调网络结构和关系特征对一个人行为的约束，而对于个体能动性则极少考虑。本书认为，个体创新的差异除了与所处网络结构有关以外还与个体行为关系密切。也就是说，网络位置将影响人的创新，这是位置与位置的差异；但是即使是在同一个位置上，个体创新也会在绩效水平上产生差异，这主要体现在个体在面对异质知识时对知识的整合能力上的差异。对此在已有研究的基础上，本节将以往的绩效水平作为个体能力的衡量，考察了能力与网络中心性对个体知识创新的交互作用。实证结果支持了我们的理论假设，这是本节的一个理论贡献。

　　第二，在网络研究中的一个普遍采用的理论假定就是，网络是信息流通的管道。但由于资料收集困难等原因，很少有研究真正去测量网络中流动的信息、知识的特点（除了 Rodan，2004；Fleming，2007；Sytch，2012 等少数研究以外），常见的做法是将网络的结构特征或者关系特征看作信息的代理。本书研究深入考察发明家所嵌入的合作网络中，与自己不属于同一个组织中的合作者的个数，以此来考察网络中异质知识的多寡。实证研究表明，网络异质性负向调节以往绩效的调节作用。这表明个体对网络中心性位置的利用也是情境依赖的，网络异质性的不同导致了个体对中心性位置机会挖掘的差别。这是本节的又一个理论贡献。

　　本节的实证研究检验了网络中心性、个体以往绩效和网络异质性三者对知识创新的交互影响。一个有趣的研究结果是，高能力低异质性的组合对个体知识创新的影响反而要高于高能力高异质性的组合。对于这一结果，可能的解释是：知识创新是一个路径依赖的过程，在选择创新的方式与类型时，发明者更倾向于选择在已有的知识领域内进行改进型创新（exploitation）。这种现象在高绩效的个体身上表现得更为明显，即使面对的网络异质性较高，但发明者知识搜寻的范围却更加集中。因此，在高能力低异质性的组合下，网络中心性对知识创新的正相关关系更显著。再者，本书通过专利合作数据推导出发明者的合作网络，只是记录了两个发明人的合作关系，而无法记录到其他的关系类型。譬如两个发明人私下的讨论与交流，甚至一起发表了学术论文等这些重要的合作情况都没有计算在内，这也是用专利合作网络数据研究的局限之一。

　　最后，由于受到数据处理烦琐、耗时的限制，本节研究只考虑到 1976 ～ 1986 年 11 年间的专利数据，只分成了六个数据窗口，这和国际一流的研究论文还存在差距。而且由于受到发明者创作周期不确定性的限制，无法对发明者的知识创新情况进行长时间跟踪。因此，后续的工作可以考虑将其他领域的实证数据纳入考察视野，进行更加深入的实证数据收集，用于验证模型的有效性以及更进一步地推广此模型的应用范畴。

4.3 人格特质与网络结构对个体知识创新的交互影响研究[*]

4.3.1 研究背景

随着知识经济时代的到来，通过个体挖掘、整合多样性知识，完成知识创新的能力已成为企业重要的核心竞争力之一。因此，影响个体知识创新的因素就成为理论界与管理实践关注的焦点问题。从前人的研究文献上看，对个体属性特征变量——"你是谁"与对个体身处的情境变量，尤其是对个体所嵌入的社会网络——"你认识谁"的关注，构成了个体知识创新研究的两类基本思路。组织内部的咨询网络是个体获取多样性知识、开展合作创新的重要平台，越来越受到研究者的重视。

以往网络视角下的个体创新研究大多遵循了结构主义分析逻辑，主要关注个体所嵌入的网络特征对其创新绩效的影响（Burt，2004；Fleming，2007）。近年来的研究进展表明，这种"位置—收益"（position-performance）分析并不能完全解释知识创新的内在机理，一个需要解释的事实是：即使拥有同样网络位置或者网络特征非常相似的两个个体，他们在获取网络资源上也有质与量的差异。单纯的结构主义分析无法回答这类问题（Fleming，2007），基于此，权变视角下的网络研究越来越受到学术界的关注，越来越多的研究者认为网络是知识与机会的代理（Zhou J，2009；Anderson，2008），应将其他情境变量尤其是个体属性变量引入网络研究中来（Baer，2010；Reinholt，2011）。造成个体知识创新差异的原因，除了体现在不同的网络位置以外，还与个体属性相关。个体在挖掘网络机会、整合网络嵌入的知识方面的差异同样影响了知识创新绩效。

───────────

　* 本节部分内容发表于：张华，耿丽君. 咨询网络与个体知识创新：人格特征的调节效应［J］. 科研管理，2015，36（3）：21－28.

"你是谁"与"你认识谁"这两类变量之间应该有足够的对话才能更加深入地探寻个体知识创新的内在机理。咨询网络为个体提供了潜在的知识创新机会，而这些机会能否转化为最终的知识创新成果还将取决于个体是否具备相应的品质和能力。因此，本书认为，要深入考察个体所嵌入的社会网络对个体知识创新的影响，除了要考察其所处的网络结构特点或网络位置特征以外，还应将重要的一类个体属性变量——人格特征引入我们的考察视野。人格特征反映了个体"所拥有的不易改变的心理特质"，体现了个体在利用网络机会方面的差异，这将影响个体对网络机会的挖掘与利用，以及对咨询网络中嵌入的异质知识的吸收与整合，从而导致最终知识创新结果的不同。通过人格特征变量对咨询网络与知识创新的调节关系的考察，可以更深入地揭示个体利用咨询网络完成知识创新的内在机理。因此，在前人研究的基础上，本书建立了大五人格中的尽责性与外倾性对网络中心性与结构洞对个体知识创新调节作用的理论模型，并通过对六家知识密集型企业的咨询网络与绩效的数据进行实证研究，对理论假设进行检验。

4.3.2 理论基础与研究假设

4.3.2.1 理论基础

即使在面对众多知识管理工具的今天，人们在寻求知识的时候依然倾向于求助人际网络。哈加登（Hargadon，1997）和保罗斯（Paulus，2003）认为，知识创新中重要的隐性知识的传播主要依赖于组织内部的咨询网络；问题情境的改变使得个体倾向于求助最初的方案提出者；更重要的是，咨询网络不仅提供知识，更会促进不同想法、不同思维方式的交流与碰撞，从而有助于激发新的解决思路。这些特点使得咨询网络成为人们寻求知识的首选。

咨询网络的研究大多遵循了"位置—绩效"（positon-performance）的解释逻辑：网络位置决定了机会与约束，导致个体在获取知识的种类、数量与效率方面存在差异，最终影响知识创新。随着研究的深入，越来越多的学者认为，咨询网络仅仅提供了异质知识与潜在合作机会，这种潜在机会能否被识别、利用，并最终形成知识创新则依赖于个体的品质特征。近年来，网络结构与个体属性特征变量结合起来的权变研究视角越来越受到关注。安德森（Anderson，2008）研究认为，网络提供的潜在机会与个体利用机会的能力共同决定了社会资本的获取，个体认知能力影响了获取信息的多样性与数量；周（Zhou，2009）在中国高科技公司的实证研究也表明，个体的从众心理（conformity value）与社会网络一样影响着个体创造力；贝尔（Baer，2010）将大五人格中的开放性（openness）引入个体创造力研究中，证实开放性正向调节社会网络对个体创造力的作用；莱茵霍尔德（Reinholt，2011）遵循"机会—动机—能力"框架，认为知识共享同时受到网络位置、个体动机与个体能力三者的交互影响。

综上所述，网络是机会的代理（proxy）的思想已逐渐被研究者所接受（Seibert，2001），对"行动者及其行动"应予以足够的关注（Cross，2004）。知识创新的差异，除了网络结构的差别以外（position-position），还体现在个体属性特征的差别（actor-actor），即人格特质的差异将影响个体对网络机会的开发与利用。布里克（Barrick，1991）提出的大五人格，反映了个体所拥有的不易改变的心理特质，能够很好地解释个体在网络机会利用、整合异质知识等方面的差异，已经引起了网络研究者的重视（Anderson，2008；Baer，2010）。特别地，在以往研究的基础上我们选择外倾性与尽责性作为个体特征考察变量，反映了结构洞、中心性位置上的个体在信息筛选能力和主观意愿上的差别，这将影响个体对咨询网络中潜在机会的挖掘与利用，从而影响个体知识创新绩效。

4.3.2.2 研究假设

（1）尽责性、网络中心性与知识创新。

中心性（centrality）是社会网络研究中最受关注的网络位置变量之一。已有研究表明中心性有助于个体知识创新，这主要体现在以下方面：首先，中心性位置在知识获取的多样性与效率方面占有优势。占据中心性位置可以使个体拥有较多的知识源，那么在知识创新过程中就会有更多的选择。其次，相比于其他网络位置中心性可以更迅速地遍历整个网络，这将有助于个体更快捷地获取、评估整个咨询网络中潜在的、可以用于创新的知识（Anderson，2008）。最后，中心性是声誉和品质的信号，与中心性个体合作意味着将获得高品质的知识并获得良好声誉，网络成员大多会优先选择与中心位置个体合作，这将扩大中心性个体的知识备选库。

由于上述特点，中心性个体通常面临众多的备选知识，而能否把这些潜在的知识转化为创新成果还将取决于个体机会的识别与利用能力。知识创新通常需要隐性知识，而隐性知识的挖掘和转移既需要个体具有辨别获取能力，同时也要求合作双方具备良好的信任基础。大五人格中尽责性正是评估个体在目标导向行为上的组织、坚持和动机（Hogan，1997），反映了个体在成就导向、计划性、服务取向、可依赖性、个人品德、责任心六个维度上的特质。高尽责性个体具有较高成就导向，更善于有计划地识别、获取有用的隐性知识，挖掘潜在的合作机会。此外，尽责性高的中心性个体将展现出较强的服务意识，这将有助于其更好地应对来自网络其他成员的知识求助，促进网络成员的创新参与。尤其是在我国这样重视人情的社会中，乐于服务他人的中心性个体更容易获得更多的"人情"，在赢得更多合作机会（黄光国，2010）的同时也将促进咨询网络中知识的流转。最后，尽责性高的个体在可依赖、个人品德与责任心方面的优势将有助于其与网络成员建立信任，这有助于隐性知识的转移。反之尽责性低的个体成就导向不强、缺少服务意识与责任心将导致其无法与网络成员建立起信任关系，在潜在机会的识别与挖掘、隐性知识转移等方面受阻。综合上述讨论，提出如下假设。

H4 - 4：尽责性正向调节网络中心性与个体知识创新的关系。尽责性越高，中心性对个体知识创新的正相关关系越强。

（2）外倾性、结构洞与知识创新。

结构洞的优势在于其丰富的多样性知识和多方视野。正如博特（Burt，2004）的论述，"群体内的观念和行为要比群体之间更具有同质性，跨群体的人会更熟悉另类的想法和行为，因而会给他们带来更多的观念选择的机会。这种视野优势恰恰是经纪行为变成社会资本的机制"。结构洞虽然蕴含着知识创新机会，但这种机会能否转化为知识创新成果依然要受到个体属性的影响。奥布斯特菲尔德（Obstfeld，2005）研究表明，不同于博特（Burt）提出的"渔利者"（tertius gaudens），当结构洞个体充当"整合者"（tertius iungens）时，将有助于联结组织中的各个派系，促进信息交流与创新参与。因此，结构洞收益取决于个体动机。除此以外，结构洞通常联结的是持有不同知识、观点与视角的群体，彼此间背景的差异造成深入交流、信任以及合作的困难（the action problem）（Obstfeld，2005）。因此，知识创新的成败取决于结构洞占据者对异质知识、不同观点视角的理解能力以及联系各方的知识整合能力。

外倾性强的个体更容易挖掘结构洞潜在的创新机会，这是因为：首先，外倾性强的个体对异质知识具有更加包容的心态。高外倾性的个体往往具有积极的主观能动性、支配性，渴望获得刺激与兴奋。他们通常表现为不喜欢墨守成规，表现为热情、友好、有活力，经常体验到幸福感和善于社交等特征（Rodan and Galunic C，2002）。因此，外倾性强的个体表现为思路开阔、愿意思考新的非常规的观点，他们寻求新异和多样性的活动，并喜欢尝试不同知识的重组与创新。所以开放性强的个体将更善于利用结构洞带来的异质信息，更敏锐地察觉到咨询网络中潜在的机会，从而完成知识创新。其次，外倾性强的个体具有较强的社交能力，他们通过密集的人际互动来追求新颖、异质性的事物（Judge，2002）。同时，热情性和乐群性往往使得个体更容易与不同知识背景的人建立亲密关系（姚艳虹，2013），获得他人的信任。这将有助于复杂知识、隐性知识和专属知识的转移，从而有利于促进知识创新。所以，我们认为占据结构洞的个体如果具有较高的外倾性，那么我们有理由相信其对异质知识的包容心态以及连接各方的社交能力都将有助于其知识创新。综合上述讨论，提出如下假设。

H4-5：外倾性正向调节结构洞与个体知识创新的关系。外倾性越高，结构洞对个体知识创新的正相关关系越强。

（3）网络中心性、结构洞与知识创新。

同时占据网络中心性与结构洞的个体将有利于其知识创新。这是因为，首先，中心性意味着个体拥有较多的合作关系，个体可以把结构洞带来的异质知识与其他合作者进行交流和讨论。这有利于对异质知识的更深入的理解、吸收以及未来创新的挖掘。网络中心性越强，个体具有的合作关系越多，这种积极的反馈就越多，也越有利于那些复杂的、专属类知识的利用与重组。其次，较多的合作关系犹如放大了个体的吸收能力，意味着个体对结构洞带来的异质知识可以重组的选择增多，就有可能完成更多的知识创新。同时，由于中心性的声誉机制，可以吸引更多的结构洞位置，带来更多的备选异质知识。而且，随着备选的、潜在重组的知识数量的增多，个体就有了对比和选择的机会，保证了个体选择那些最有前途、最有创造力的专利成果。因此，网络中心性有助于个体用较低的监管成本和更高的效率来挖掘、评估、实现结构洞位置吸收的异质知识所带来的潜在收益。综合上述讨论，提出如下假设。

H4-6：同时占据中心性与结构洞位置将有利于个体的知识创新。

本节研究概念模型如图4-7所示。

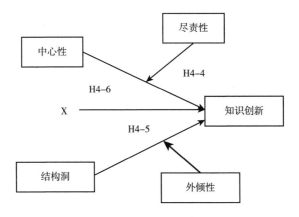

图 4 - 7 本节研究概念模型

4.3.3 研究方法

4.3.3.1 样本选取

本书参考国内外的相关研究进行了问卷设计，并在问卷设计完成与预调研结束之后，共选取了六家创新密集型的单位或部门进行问卷调查。于 2012 年 4 ~ 10 月共发放问卷 290 份，有效回收 212 份，有效率为 73.1%。有效问卷中男、女员工分别为 126 人和 86 人；被试年龄状况偏年轻化，35 岁以下的员工占比 94.8%；员工教育背景以本科为主，研究生及以上学历占 17%；职位级别的分布比例基本符合基层管理与中层管理、普通员工与基层管理为 3.2∶1 和 2.8∶1。工作年限 3 年以下的员工为 164 人，占被调查人数的 77.4%。

4.3.3.2 变量测量

结构洞、网络中心性是结构取向的社会网络变量，需要通过社会网络量表来收集数据并经 UCINET6.0 分析软件计算分析来获得。依据罗家德（2005）等的研究，采用提名法收集组织内的咨询网络数据。然后构建咨询网络矩阵，采用 Ucinet 测量中心性与结构洞；大五人格特质的衡量采用博特温等（Botwin et al.，1997）的版本；创新绩效采用的是韩翼等（2007）研究的工作绩效量表中的创新绩效分量表来测度。两者都采用李克特五点记分法，信度效度检验如表 4 - 3 所示。其他人口统计学变量如年龄、工龄等可能影响对咨询网络的利用，故作为控制变量。本节研究中所有的指标数据均来自员工自评，分析

表 4 - 3　　　　　　　　　所有变量的均值、标准差和相关系数

变量	均值	标准差	1	2	3	4	5	6	7	8	9	10	11
1. 性别	1.41	0.492	1										
2. 年龄	1.78	0.856	-0.191**	1									
3. 婚姻	1.33	0.470	-0.41	0.664**	1								
4. 学历	1.92	0.687	-0.24**	0.260**	0.140*	1							
5. 职位	1.41	0.650	-0.87	0.418**	0.388**	0.063	1						
6. 工龄	1.89	0.890	-0.46	0.446**	0.338**	-0.007	0.276**	1					
7. 结构洞	-0.0091	0.39755	-0.020	0.193**	0.091	0.034	0.062	0.057**	1				
8. 中心性	45.2028	15.46993	-0.104	0.170*	0.196**	0.216**	0.327**	0.132**	0.066**	1			
9. 外倾性	3.3764	0.43562	-0.163	0.031	0.128	0.134	0.046	-0.021**	0.189**	0.202**	1		
10. 尽责性	3.6616	0.44714	-0.017	0.062	0.217**	0.073	0.073	-0.027	0.054	0.214**	0.330**	1	
11. 知识创新	3.34976	0.524574	-0.233**	0.217**	0.217**	0.218**	0.079	0.001	0.132	0.307**	0.504**	0.449**	1

注：** $P < 0.01$，* $P < 0.05$。

结果可能会受共同方法偏差的影响。因此，本书采用应用最为广泛的共同方法偏差检验方法之一的 Harman 单因素检验。将外倾性、尽责性和个体创新绩效指标合并，进行未经旋转的因子分析。结果显示，共析出 8 个因子，解释了总体方差的 61.788%，最小的因子方差解释了 4.29%，最大的因子方差解释的也只有 20.609%，没有超过 50%，这显示本节研究中共同方法偏差问题的影响不大。表 4 - 3 显示了所有变量的均值、标准差以及相关系数。

4.3.3.3　实证方法及结果

本节研究依据刘军（2008）等提出的调节效应的检验步骤，借助 SPSS17 中的多元回归方法对数据进行分析，采用逐步回归的方法检验假设 H4 - 4 ～ H4 - 6 所提出的变量之间的关系。

（1）尽责性对中心性与个体创新绩效的调节效应验证。

表 4 - 4 的层级回归分析结果中，模型 4 中的交互项系数为正且在 0.001 的水平上显著，说明尽责性正向调节中心性与个体创新绩效之间的关系，假设 H4 - 4 成立。

表 4 - 4　　　　尽责性对中心性与创新绩效的调节效应分析结果

创新绩效	模型 1	模型 2	模型 3	模型 4
性别	- 0.186 **	- 0.182 **	- 0.194 **	- 0.175 **
年龄	0.084	0.104	0.143	0.192 *
婚姻状况	0.177 *	0.145	0.086	0.062
学历	0.127	0.083	0.080	0.068
职位	- 0.022	- 0.091	- 0.130	- 0.148 *
工龄	- 0.098	- 0.108	- 0.093	- 0.101
中心性		0.255 ***	0.237 ***	0.210 ***
尽责性			0.258 ***	0.242 ***
中心性 × 尽责性				0.231 ***
F	4.912 ***	6.475 ***	8.171 ***	9.332 ***
调整 R^2	0.100	0.154	0.214	0.262
ΔR^2	0.126	0.056	0.062	0.050
ΔF 显著性	0.000	0.000	0.000	0.000

注：* $P < 0.05$，** $P < 0.01$，*** $P < 0.001$。

图4-8形象地反映了中心性与尽责性的交互作用模式。菱形线和方形线相交，说明中心性与尽责性之间存在交互效应。具体可解释为：方形线的斜率值大于菱形线的斜率，说明对于高尽责性的员工，中心性对其个体创新绩效影响更大。而对于低尽责性的员工，中心性对其个体创新绩效影响较小，尽责性的正向调节作用显著。有趣的是低尽责性的个体，中心性与创新绩效呈微弱的负相关，其管理意义我们后续会详细讨论。

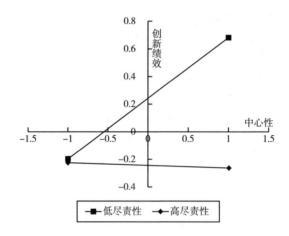

图4-8 尽责性与中心性的交互效应

（2）外倾性对结构洞与个体创新绩效的调节效应验证。

由表4-5的层级回归分析结果可知，模型4中结构洞与外倾性的交互项系数为正且在0.057的水平上显著。鉴于调查样本的特殊性和理论假设的合理性，本书认为外倾性的调节作用是存在的，通过调节作用示意图进一步分析外倾性的调节作用。

表4-5 外倾性的调节效应分析结果

创新绩效	模型1	模型2	模型3	模型4
性别	-0.186 **	-0.200 **	-0.194 **	-0.194 **
年龄	0.084	0.071	0.079	0.047
婚姻状况	0.177 *	0.203 *	0.203 *	0.209 *
学历	0.127	0.146 *	0.142	0.143 *
职位	-0.022	-0.004	-0.005	-0.007
工龄	-0.098	-0.101	-0.112	-0.104
结构洞		0.234 ***	0.233 ***	0.228 ***

续表

创新绩效	模型 1	模型 2	模型 3	模型 4
外倾性			0.119	0.131 *
结构洞 × 外倾性				0.124 （0.057）
F	4.912 ***	6.347 ***	6.067 ***	5.873 ***
调整 R^2	0.100	0.151	0.161	0.172
ΔR^2	0.126	0.053	0.014	0.014
ΔF 显著性	0.000	0.000	0.000	0.057

注：＊$P < 0.05$；＊＊$P < 0.01$；＊＊＊$P < 0.001$。

图 4 - 9 显示了外倾性对结构洞与个体创新绩效之间关系的正向调节作用。代表低外倾性的菱形线与代表高外倾性的方形线相交，说明结构洞与外倾性之间存在交互效应。具体可解释如下：菱形线和方形线的斜率均为正，说明结构洞与个体创新绩效正相关。又因为方形线斜率的值大于菱形线的斜率，说明结构洞对高外倾性员工的个体创新绩效影响较大。而对于低外倾性的员工，结构洞对其个体创新绩效影响较小。总之，外倾性在结构洞与个体创新绩效之间起比较显著的正向调节作用。

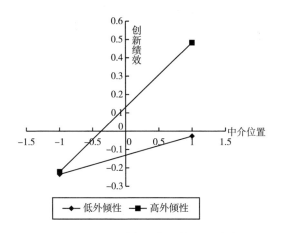

图 4 - 9　外倾性与结构洞的交互效应

（3）结构洞与中心性的交互效应验证。

如表 4 - 6 的层级回归结果显示，模型 3 表示个体创新绩效对控制变量、中心性、结构洞以及中心性与结构洞乘积项的回归。其 F 值为 5.039，F 值的显著性概率为 0.001，通过了 F 检验。调整 R^2 为 0.147，意味着所有预测变量解释了 14.7% 的方差，但交互项的回归系数不显著，表明中心性与结构洞的交互效应对个体创新绩效的影响不显著，假设 H4 - 6 未得到验证。

表 4 - 6　　　　　　　　　　中心性与结构洞的交互效应分析结果

创新绩效	模型 1		模型 2		模型 3	
性别	- 0. 186 **	0. 007	- 0. 181 **	0. 007	- 0. 177 **	0. 009
年龄	0. 084	0. 393	0. 097	0. 322	0. 101	0. 302
婚姻状况	0. 177 *	0. 048	0. 146	0. 095	0. 148	0. 093
学历	0. 127	0. 070	0. 076	0. 290	0. 070	0. 333
职位	- 0. 022	0. 763	- 0. 085	0. 264	- 0. 088 ***	0. 248
工龄	- 0. 098	0. 187	- 0. 106	0. 143	- 0. 110	0. 133
中心性			0. 267 ***	0. 000	0. 256 ***	0. 001
结构洞			- 0. 031	0. 686	- 0. 044	0. 588
中心性 × 结构洞					0. 038	0. 641
F	4. 912 ***		5. 663 ***		5. 039 ***	
调整 R^2	0. 100		0. 150		0. 147	
ΔR^2	0. 126		0. 057		0. 001	
ΔF 显著性	0. 000		0. 001		0. 641	

注：* $P < 0.05$；** $P < 0.01$；*** $P < 0.001$。

4.3.4　结论与讨论

基于权变的视角，本节考察了人格特质对网络变量与知识创新的调节关系。六家知识密集型企业内的实证研究结果表明，尽责性正向调节网络中心性与知识创新，尽责性越高，中心性对个体知识创新的影响越大；外倾性正向调节结构洞与知识创新，外倾性越高，结构洞对个体知识创新的影响越大；结构洞与中心性对知识创新的交互作用没有得到数据支持。

本节的主要理论贡献体现在：以往社会网络研究强调网络结构和关系特征对一个人行为的约束，而对于个体异质性则很少考虑。本书认为，个体知识创新的差异除了与所处网络结构有关以外还与个体行为关系密切，网络位置将影响个体创新，这是位置与位置的差异；但是即使是在同一个位置上，由于个体对潜在机会的开发与利用上的差异，也将导致不同的知识创新绩效。本节研究结果证明了个体属性在将社会资本转化为创新产出时的巨大作用——

能否把网络中嵌入的潜在机会开发利用，并转化为最终的创新成果还有赖于个体的人格特质。本节研究结论丰富了现有的网络研究理论。

除了上述理论贡献，本节的实证研究还揭示了一个有趣的现象，即在低尽责性情况下网络中心性对个体知识创新呈微弱的负相关。这表明低尽责性个体占据中心位置反而不利于知识创新。可能的解释为，中心性个体在拥有较多合作机会的同时，也将面临组织中最多的知识求助。如果个体只是被动地应付（低尽责性），那不但浪费了时间和精力，更重要的是损失了挖掘潜在创新的机会。而高尽责性个体虽然付出了时间和精力回应知识求助，但收获了更多的反馈并促进了创新参与和隐性知识转移，同时收获了未来更多的合作机会。这表明，中心性位置对个体而言是一把"双刃剑"，利弊取决于个体人格特质。本书揭示出的"双刃剑"现象，与加奎罗（Gargiulo，2009）对闭合网络的两面性的研究呼应，更加证实了权变研究视角的重要性——网络位置并不一定带来高绩效，知识创新依赖于个体对机会的把握和知识的整合。以往的研究表明，中国情境下组织内部网络中的结构洞位置不一定带来正向收益。除了肖（Xiao Z，2007）提及的文化因素外，本节研究提供了个体视角的解释，即外倾性高的个体更能克服结构洞自身的行动困境，发挥结构洞的优势：高外倾性个体对异质知识有更强的包容性，乐于接受新鲜事物并尝试不同知识的重组；同时其出色的社交能力和开放性的性格特点也易于建立信任从而与他人合作进行知识创新。这都有助于将潜在的机会转化为最终的知识创新成果。本节研究结论呼应了社会网络研究的行动学派的观点——网络资源能否转化为资本为我所用，还取决于个体的行动。因此今后的网络研究应该对"行动者的行动"给予更多的关注。

假设 H4-6 没有得到实证数据的支持，可能的解释为：在本节的样本中，中心性高的个体其占据的结构洞位置可能是来自同一性质的部门，或者由于组织内部项目组之间任务性质的相似性，使得结构洞两侧所掌握的工作信息和知识趋同。这将导致占据结构洞的个体缺少对多元化信息的获取和控制，而多样性知识正是结构洞的优势所在。未来可以考虑从网络异质性的角度去测量，比较结构洞与网络异质性的相关性（Rodan，2004）。另外，从成本角度来看，对于个体创新绩效来说并不是所有结构特征的集合都是最优的（Mcfadyen，2004）。网络位置的确立和维护需要个体付出大量的时间和精力，个体同时追求网络中心性和结构洞位置，势必会投入更多精力，而这必然会降低用于个体创新的投入。

本节还存在一些局限，有待于未来进一步完善。本节的实证数据只是选取了组织内部的咨询网络，而没有考虑到员工的外部网络。外部网络包括与本行业中其他企业的知识工作者进行的合作，以及更为广泛的社会网络。前者有可能导致我们漏掉了很多异质知识源，后者为知识员工提供了重要的情感激励（部分访谈对象也证实了这一点）。因此，后续的工作可以考虑将其他领域的实证数据纳入考察视野，进行更加深入的实证数据收集与变量的选取（如情感变量），拓展权变理论模型。

4.4　组织内合作网络与知识网络对个体创新的交互影响研究

4.4.1　研究背景

在知识经济时代，个体创新已成为组织不易模仿的核心竞争力之一。组织内的合作网络是知识创新发生的前沿，随着网络理论的兴起，得到组织学者的广泛关注。近十年的网络研究文献表明，合作网络与个体知识创新的研究主要集中在"Structure-Content"两种视角下的理论阐释。从最初的结构视角——基于科尔曼（Coleman，1988）提出的社会资本与博特（Burt，1992）定义的结构洞理论对闭合网络与结构洞两种结构形态的优势的讨论（Burt，2001；Obstfeld，2005；Fleming，2007），到逐渐认识到网络结构是资源和机会的代理，当前更多的网络理论研究者开始关注网络内容变量，倡导更多地关注合作网络中流动的资源，采用权变的研究视角考察网络结构与内容对个体创新的交互影响（Borgatti，2011；Reinholt，2011）。

创新的本质是知识元素的组合或重组（combine or recombine）（Weitzman，1998），知识创新相应地就嵌入在组织的两类网络之中，即由研究者构成的合作网络，以及由知识元素（knowledge element）构成的知识网络。前者体现了组织成员间的合作，网络中流动着知识、信息和情感，同时也是信誉、合法性的象征；后者体现了组织中各种知识元素连接的状况，是一个组织内部知识元素结合的历史记录。因此，从网络结构这一个维度去解释个体知识创新是不够的，还应该关注网络内容变量。当前也有一些研究者将个体和合作者以往绩效、经验、职业经历等作为合作网络内容变量，视为网络中流动的资源代理（Fleming，2007）。这种研究思路是将研究者自身视为知识的载体，潜在的假设是把组织中的知识网络等同于合作网络。还有很多研究将知识工作者、知识、组织惯例乃至数据库等知识管理工具组成的复杂系统统称为"知识网络"。这些研究虽然具有一定的合理性，但缺乏对合作网络中流动的知识特征的深入考察以及明晰的概念界定，不利于我们揭示知识创新的内在机理。而且最新的研究表明，知识网络与合作网络并不是简单的对等，两者通常是离散的（decoupling）（Wang，2014），研究者在合作网络中的位置与其拥有的知识元素在知识网络中的位置，几乎是完全不一样的。

我们认为，合作网络中最重要的内容变量是知识元素，知识创新的过程就是研究者依赖合作网络选择、获取、组合知识元素的过程。知识元素的组合一方面受到自然法则的制约；另一方面也是组织资源、注意力及研究者经验的体现（Wang，2014；Fleming，2004）。知识网络中知识元素的结构位置较为完美地反映了上述创新过程中知识组合的这种自然属性及社会属性。因此，我们提出一个新颖的研究思路：用结构来反映内容，即用研究者及其合作者拥有的知识元素在组织内知识网络中的结构特征来体现合作网络中流动的资源类型。特别地，考虑到针对不同情境下研究者将发展出不同类型的创新这种现实，本书将马奇的组织双 E 创新理论应用到个体层次，以便从创新类型与所需知识之间的匹配视角，建立一个更有解释力的理论模型。

我们选择生物科技（biotechnology industry）领域中的美国默克制药公司作为我们的实证研究对象。在知识密集型的生物科技领域，组织内与组织间研究者的合作频繁而又广泛，知识的流动与创新是这个行业的突出标志。作为行业领头羊，具有数十年完整的专利记录的默克公司为我们追踪组织内合作网络、知识网络与知识创新提供了便利的研究条件。本节通过对该公司 19 年间的专利合作数据进行实证研究，对理论假设进行检验，并讨论本节研究结论的管理与实践意义，为个体知识创新提供理论指导。

4.4.2　文献评述与研究假设

4.4.2.1　双 E 视角下的个体知识创新

马奇（March，1991）在探讨组织与外部环境的关系研究中提出组织的两种创新行为——探索型创新与改进型创新。前者是对全新机会的尝试，沿着与组织已往路径全然不同的发展，开创与组织现有知识不同的创新；而后者则沿着组织已有的发展路径，利用组织现有知识进行深化改进。双 E 创新理论一直是组织研究领域讨论的热点话题，随着研究的深入，个体层次上的双 E 创新也得到了更多的关注。杰森（Jansen J J，2006）提出，组织中的非正式网络密度对个体的创新行为产生影响，从而协调整个组织的双 E 创新；奥蒂亚（Audia P G，2007）在将双 E 创新应用于个体层次时，将创新分为发散式创新与累积式创新两种；蒙（Mom T J，2007）开发了管理者双 E 创新测度的量表，考察了组织中的知识流动方式对领导者的双 E 创新行为的影响。洛雷洛（Laureiro M D，2014）研究了认知过程对决策者在双 E 创新之间的转换。随着专利研究的兴起，知识领域分类也成为个体知识创新类型的一个有效区分标准，这就从理论和实证上为个体的双 E 创新研究创造了条件（Fleming，2007；Nerkar，2005；Audia P G，2007）。

综上所述，对个体创造力与知识创新的研究都体现出这样的一个现实：针对不同的组织情境下研究者将发展出不同类型的创新。基于此，与以往研究类似（张华，2008），本书也将个体层次上两种创新的区别定位在与其以往知识差异性的比较上面。改进型创新更多的是基于对现有知识的深化挖掘，沿着已有的发展路线提出比以往更深入、更具体的解决方法；而探索型创新则强调要打破路径依赖，尝试从不同的视角创"前所未有"之结果。

4.4.2.2　合作网络与知识网络

知识创新嵌入在两类网络之中，即以研究者构成的合作网络，以及由知识元素构成的知识网络。合作网络是由人构成的社会网络，流动着信息、知识和情感，为个体创新提供了必需的"know-how""know-who"类知识，体现了人与人之间的协作与知识获取途径。国内外很多学者常常将合作网络等同于知识网络。但在很多情况下两者并不是完全重合或者高度相关的（见图 4 - 10）。因为一个人可以掌握多种知识，一种知识也可以被多个人掌握，两种网络是离散的（decoupling）、相互独立的。

知识网络由知识元素构成，行业内公认的知识分类名录可视为该领域内的知识元素（Audia P G，2007）（如 SIC（Standard Industrial Classification）标准行业分类体系等），以往成功的专利就意味着其构成的知识元素是相互

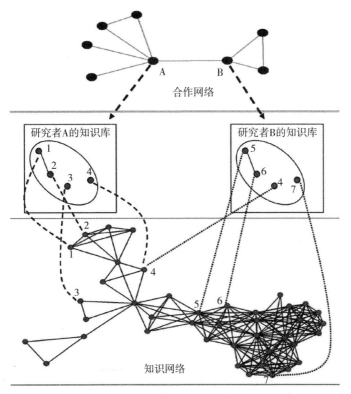

图 4 - 10　合作网络与知识网络示意图

资料来源：Borgatti S P，Cross R. A Relational View of Information Seeking and Learning in Social Net-
works ［J］. Management Science，2003，49（4）：432 - 445. 有删改。

联系的。因此，借助组织中的专利，我们可以得出知识元素连接的历史记录，
即为知识网络。创新（专利）本质上是知识元素的结合，组织中的知识元素
能否被挑选出来进行组合创新取决于其两种属性：第一是自然属性，遵循着
自然法则（natural law），即知识元素的组合存在自身的合理性。不是所有的
知识都可以任意组合，这里面有一个可行性的问题。第二是社会属性。我们
发现在组织的历史上，有的知识元素组合得多，有的知识元素组合得少，这
体现了知识元素的社会属性，即组织资源的分配、研究者的注意力以及以往
的经验决定了哪些知识可以优先组合（Wang，2014；Carnabuci，2009）。知
识元素在知识网络中的结构位置反映了上述两种属性。

（1）度中心性对个体创新的影响。

度中心性是最常见的网络指标，是衡量个体重要性及声誉的标志。度中
心性有助于个体知识创新，主要基于的是信息获取及声誉优势。首先，度中

心性高则意味着个体的合作者多，这会在信息获取上带来优势（Carnabuci，2009）。同时，度中心性扩大了个体未来的合作者选择，在创新的时候可以采取"熟知的、可以预料的风险"选择合作者、尝试知识组合（Anderson，2008）。其次，度中心性是声誉和网络地位的代理。与度中心性高的个体合作带来声誉和合法性的转移，因此度中心性为个体吸引了更多的资源来支持自身的创新（Podolny，2005）。由于度中心性是多个维度的代理，因此对创新的影响机理非常复杂（Reinholt，2011；张华，2013）。

尽管度中心性有诸多优势，但仔细探究组织内部合作网络的特点，我们会发现度中心性对个体不同类型的创新影响是不同的。首先，从结构上来看，度中心性位置不一定是结构洞，度中心性高并不一定等同于异质知识多。如果中心性个体的合作者之间也存在合作关系，那么就意味着个体嵌入在一个紧密网络中，这无助于中心性个体获取异质知识，从而不利于探索型创新。其次，度中心性高的个体在公司内部享受着既有知识带来的声誉和荣光，引进新知识将打破这一局面，因此也没有足够强的动力去寻求外部知识改变现状（Wang，2014），大多将倾向于采用风险较低的改进型创新。最后，组织内部的合作网络大多数集中在各个部门之中。基于效率、专业化分工为特征的组织结构设计也将倡导度中心性个体及其连带网络成员开展改进型创新。尽管组织内部合作网络中处于度中心性的个体更倾向于改进型创新，但度中心性的优势是边际递减的。这是因为：第一，创新要在独处与和他人合作之间找到一个平衡，度中心性越大，研究者阅读、思考的时间会被占用，精力有限性决定了过多的合作关系不利于创新（Mcfadyen，2004）；第二，由于过多的中心性将带来多度嵌入的问题。知识的组合是有其自然限制的，在超过一个临界点以后，合作者间的共有知识将耗尽，这不利于创新（Perry-smith，2006；Uzzi，1997）。基于以上讨论，提出如下假设。

H4 - 7a：组织内部合作网络度中心性与改进型创新呈倒"U"型关系；

H4 - 7b：组织内部合作网络度中心性与探索型创新负相关。

通过以上分析，我们可以看出，度中心性对个体知识创新的影响机理非常复杂，我们还应该具体考虑网络内容，即占据中心性的研究者及其合作者具有什么样的知识。

（2）知识网络结构洞对个体创新的影响。

我们将重点讨论结构洞与中心性两个结构指标如何反映了研究者具有的知识情况，体现了合作网络中的知识内容，进而影响了个体的知识创新类型。犹如一座桥梁，结构洞知识连接的是彼此不连接的知识元素，这就意味着桥两端的知识之间存在着大量的相互结合的机会（Wang，2014）。反之，如果某种知识元素的个体网络密度很大，即嵌入在紧密连接的知识网络中，这意味着这种知识已经和大部分的知识结合过，拥有这类知识元素的研究者在未来可以选择的知识组合空间较少。因此，对于一个研究者来说，如果其拥有较多的结构洞知识，那就意味着在他的研究领域内尚有大量的没有尝试过的创新组合，这就成为改进型创新的先决条件。再者，认知理论已证实，学习是一个不断积累的过程，知识的搜索是有成本的（Levinthal，1997）。并且由于有限理性，研究者的大部分知识搜索都是局部搜索（Hall，2001）。因此，对拥有结构洞知识元素的研究者来说，沿着结构洞两侧去搜索未经组合过的知识元素，在已有的研究领域内尝试新的组合是成本最低的，因此这成为大多数研究者的理性选择。最后，为了提高或维护组织合作网络的中心性地位，研究者也需要更多更快地完成创新成果。利用已经证实过的知识，沿着以往成功的路径继续改进，将使得研究者的创新成功率更有保障。因此，占据合作网络中心性的研究者，拥有结构洞知识越多，越具备充分的条件和足够的动机开展改进型创新。基于以上讨论，提出如下假设。

H4－8a：结构洞知识正向调节度中心性对个体知识创新的倒"U"型关系，在度中心性的中间值上，拥有结构洞知识多的个体将发展出更多的改进型创新。

（3）知识网络度中心性对个体创新的影响。

波纳希奇（Bonacich，1987）提出了一种改进的度数中心度算法，并被广泛认可（Bonacich，1987；Wasserman，1994）。Bonacich power 中心性（以下简称"BP中心性"）算法认为，一个节点的重要性不仅取决于其自身的连接情况，还受其邻居节点的连接情况影响，这更符合知识网络所反映出来的知识元素在自然属性与社会属性方面的情况。首先，与度中心性一样，占据 BP 中心性的知识意味着在历史上，这种知识和很多知识都有过结合，这体现了该知识元素在自然属性上的结合潜力。其次，从社会属性上来看，BP 中心性体现了组织对这种知识的重视，以及研究者积累了较多的这种知识的经验。相比于中心性低的知识元素，可能在自然属性上不利于和其他元素结合，或者在社会属性上体现了组织对这种知识还没有引起关注，研究者在这些知识上也没有足够的经验。最后，更重要的是，与度中心性不同的是，

BP 中心性体现了邻居节点的连接情况，BP 中心性高则意味着，通过局部搜索，研究者可以找到更多重要的知识，这就为研究者提供了更多的异质知识的可能。合作网络的中心性位置同时保证了研究者能在整个组织中找到合适的合作者，这就为探索型创新创造了较为有利的条件。基于以上讨论，提出如下假设。

H4－8b：同样占据合作网络中心性，拥有 BP 中心性知识越多的研究者将开展更多的探索型创新。

占据组织内合作网络中心性位置可以比其他位置更迅速地抵达网络，这就使得中心性研究者在知识获取成本上比其他位置更低。因此，如果中心性研究者的合作者具有 BP 中心性知识，也将使得研究者在知识创新过程中有更多的选择。同时，组织中心性研究者也担负着开创新局面、探索组织新的创新点的责任，组织出于商业利益也会首先鼓励中心性研究者实验组织内部重要知识的组合尝试，扩大组织知识的可组合领域。最后，度中心性也是地位的象征，中心性研究者可以调动组织内的资源开发创新的机会。因此，网络构成具有异质知识同样有利于中心性个体开展探索型创新。基于以上讨论，提出如下假设。

H4－8c：同样占据合作网络中心性，合作者拥有 BP 中心性知识越多的研究者将开展更多的探索型创新。

4.4.3 研究设计

4.4.3.1 研究方法与研究数据的收集

本节选择生物科技（biotechnology industry）行业作为研究对象。生物科技行业是典型的知识密集型行业，企业生存与发展的主要推动力来自知识创新，是全球最具有创新性的行业之一。在生物科技行业内，组织内部与组织间发明者的合作非常频繁和广泛，知识的流动与创新的产出是这个行业的重要标志。在长期的发展过程中涌现出一些闻名全球的大公司，由于行业内完善的知识产权保护制度及详细的知识分类依据，这些大公司拥有数十年完整的专利记录，非常适合于合作网络、知识网络和个体知识创新的研究。

美国国家经济研究署（NBER）霍尔等（Hall et al. , 2001）的系列报告提供了 1963～2002 年所有在美国专利局登记并得到授权的专利数据，并在曼纽尔（Manuel Trajtenbergfor, 2006）、李（Lee, 2009）等的研究中得到拓展。基于此，本节选择其中专利数据最多的美国默克制药公司（Merck & Co.,

Inc.）作为研究对象，美国默克制药公司是世界制药企业的领先者，作为一家以科研为本，致力于研究、开发和销售创新医药产品的跨国制药企业，该公司的专利记录最早可追溯到 1976 年，保存着从标志生物科技行业登上历史舞台的 DNA 的发现时期一直到 21 世纪的完整专利记录，为本节研究提供了理想的实证样本。在李（Lee，2009）研究的基础上，我们选择其中 1980 ~ 1999 年 20 年间的专利记录作为验证理论的数据样本，并通过 PatentGenius 网站补足其中的知识子类（subclass），再根据数据窗口的设定，最后确定了 1352 个观测点。

4.4.3.2　变量处理——合作网络与知识网络的转化

我们首先将文本数据转化为发明者—专利、知识元素—专利的两种隶属网（affiliation network），再将这两个二模网络通过 Ucenit 转变为合作网络和知识网络。字母为发明专利，数字可以是合作者也可以是知识元素。以专利为纽带，我们就可以把二模网络转化成一模的合作网络和知识网络。

4.4.3.3　变量的测量

为了避免同源数据产生的自相关（self-correlation）现象，与以往的研究一样（Fleming，2007；Cattani，2008；Lee，2009），我们将采用纵贯数据，以五年为界设定数据窗口。已有研究表明，数据窗口的大小在理论上并不影响最终的结果。我们遵循以往研究中的普遍做法，将 1980 ~ 1999 年 20 年的数据分成 10 组，每组 10 年，前五年为自变量窗口，后五年为因变量窗口。譬如，我们考察 1990 ~ 1994 年 5 年间的合作网络与知识网络情况对 1995 ~ 1999 年发明者创新类型的影响。变量的测量方法如下。

（1）自变量。

①度中心性。合作网络度中心性（degree centrality）指研究者拥有的合作者数量。

②研究者拥有的知识元素的结构洞（KSH）。我们采用博特（Burt，1992）提出的网络限制程度来衡量结构洞。特别地，我们采用李（Lee，2009）的处理方式，用 2 减掉所有的参数值，这样得出结构洞的正向衡量。最后将研究者所有知识的结构洞得分取平均值。

③研究者拥有的知识元素的 BP 中心性（KBP）。根据波纳希奇（Bonacich，1987）的定义，并参考内卡尔（Nerkar A，2005）等的研究，将一模知

识网络输入 Ucinet 计算出研究者拥有的所有知识元素的 Power 得分，并取平均值。

④合作者拥有的知识元素的 BP 中心性（CBP）。同上，根据合作网络，找出研究者的合作者，计算其拥有的所有知识元素的 Power 得分，并取平均值。

（2）因变量。

①改进型创新。根据双 E 创新的定义，我们用知识种类（class）来界定两种创新。在因变量窗口中的发明专利，如果构成的知识元素都从属于自变量窗口中研究者已经拥有的知识种类的专利，则将其视为改进型创新。

②探索型创新。同理，我们把因变量窗口中，知识元素异于自变量窗口中已有的知识种类的那些专利定义为探索型创新。如图 4-11 所示，对比自变量窗口的已有专利 A，及因变量窗口的专利 B、专利 C、专利 D，可以看出专利 B 属于改进型创新；专利 C、专利 D 属于探索型创新。

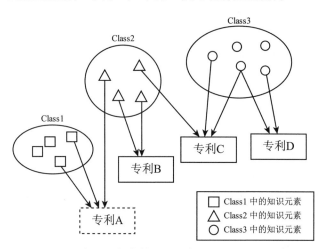

图 4-11　专利所包含的知识元素（Subclass）示意图

（3）控制变量。

除了对自变量和因变量进行测量以外，我们还要对一些变量进行控制，以防它们影响到最终结果的可信性。综合前人的研究，并结合本节研究的特点，控制变量如下。

①研究者任期。研究者任期毫无疑问将会影响其知识创新。一般来说，任期长的研究者更倾向于改进型创新。我们将研究者在 1976～1999 年第一次提交发明专利的时间视为研究者职业生涯的起步。将因变量窗口的起始时间

减去这个时间视为研究者的任期。比如一位研究者在 1978 年第一次提交了专利申请，那么如果我们研究的因变量窗口为 1992 ~ 1996 年，那么他的任期为 14 年（1992 − 1978 = 14）。

②申请时间。即专利向专利局提交申请的时间。消除具体年代的影响。

③审核用时。我们将专利得到法律授权的那一年与提交申请的那一年的差视为专利审核时间。专利审核时间刻画了该专利所包含的知识的复杂程度。通常来说，越复杂的专利所需要的审核时间越长。

④参考文献个数。即每一项专利所引用的参考文献的个数。参考文献体现了该专利建立的知识基础。

⑤专利声明（claims）。专利声明的个数体现了专利的用途或使用限制。

⑥研究者以往绩效。研究者以往的知识创新将影响其后续的创新成果。我们用自变量窗口时间范围内研究者所完成专利的个数来刻画以往的绩效水平。

⑦合作网络规模。已有研究表明，很多网络变量都受到网络规模的影响，因此我们将合作网络规模（size）作为控制变量。将一模合作网络数据输入 Ucinet 求出。

⑧知识网络规模。同理，知识网络的网络规模也进入回归方程。将一模知识网络数据输入 Ucinet 求出。

⑨网络知识。合作者在自变量窗口五年内发明的专利所涵盖的知识元素个数，用以控制研究者能够在合作网络中接触到的知识。

4.4.4　假设检验结果

表 4 − 7 显示了所有变量的均值、标准差以及相关系数。

为了防止共线性，我们将自变量和因变量都中心化之后进行层次回归。表 4 − 8 显示了研究者拥有的结构洞知识对度中心性和改进型创新关系的调节作用的回归分析结果。模型 1 将所有控制变量放入回归方程；模型 2 在模型 1 的基础上把所有自变量放入回归方程。度中心性平方的系数为负且显著，结果表明合作网络度中心性与改进型创新呈倒"U"型关系，假设 H4 − 7a 得到了支持。模型 3 在模型 2 的基础上，把交互项放入回归方程，结果显示中心性平方与知识网络结构洞的交互项系数为正且显著，表明结构洞知识正向调节度中心性与知识创新的相关关系。因而假设 H4 − 8a 得到了验证。

表4-7

所有变量的均值、标准差和相关系数

变量	均值	标准差	1	2	3	4	5	6	7	8	9	10	11	12	13	14	15
1. 任期	11.55	5.083	1														
2. 申请时间	1990.58	2.861	-0.425**	1													
3. 审核用时	2.10	0.781	0.023	-0.238**	1												
4. 参考文献	5.67	6.104	0.164**	-0.159**	0.009	1											
5. 专利声明	8.41	5.010	0.109**	0.028	0.208**	0.242**	1										
6. 以往绩效	5.53	6.546	0.338**	0.081*	-0.080*	0.058*	0.121**	1									
7. 合作网络规模	6.90	14.31	-0.017	0.168**	-0.032	-0.082*	0.011	0.264**	1								
8. 知识网络规模	90.24	63.58	0.247**	-0.214**	-0.014	0.135**	0.090**	0.213**	-0.041	1							
9. 网络知识	101.09	105.3	0.086**	0.102**	-0.050	-0.050	-0.009	0.356**	0.380**	-0.045	1						
10. 度中心性	10.09	12.76	0.135**	0.177**	-0.059*	-0.038	0.020	0.741**	0.463**	0.027	0.604**	1					
11. KBP	7.315	5.248	0.265**	-0.131**	-0.106**	0.169**	0.203**	0.257**	-0.027	0.361**	0.016	0.078**	1				
12. CBP	8.603	5.598	0.132**	-0.120**	0.010	0.012	0.010	0.094**	0.075**	0.008	0.516**	0.136**	0.086**	1			
13. KSH	1.669	0.166	0.127**	0.056*	-0.121**	0.132**	0.175**	0.216**	0.035	0.470**	0.056*	0.087**	0.646**	0.058*	1		
14. 改进型创新	27.67	48.98	0.214**	0.044	-0.091**	0.166**	0.183**	0.545**	0.066*	0.197**	0.133**	0.298**	0.261**	0.083*	0.232**	1	
15. 探索型创新	5.22	10.29	0.216**	-0.014	-0.041	0.084**	0.106**	0.697**	0.091**	0.242**	0.160**	0.407**	0.267**	0.089**	0.241**	0.737**	1

注：***P<0.01，*P<0.05。

表 4 - 8　　　　　　　　　　对改进型创新调节作用层级回归结果

变量	改进型创新（Exploitation）		
	模型 1	模型 2	模型 3
控制变量			
任期	0.006	- 0.016	- 0.015
申请时间	0.027	0.018	0.015
审核用时	- 0.068 *	- 0.053 *	- 0.056 *
参考文献	0.101 **	0.094 **	0.095 **
专利申明	0.103 **	0.080 **	0.081 **
以往绩效	0.522 **	0.621 **	0.598 **
合作网络规模（CN）	- 0.069 *	- 0.050 *	- 0.047 *
知识网络规模（KN）	0.063 *	0.019	0.018
自变量			
结构洞（KN）		0.064 *	0.049
度中心性平方		- 0.179 **	- 0.189 **
度中心性平方×结构洞（KN）			0.069 *
回归模型检验			
F	85.166	75.853	69.970
R²	0.337	0.361	0.365
调整后的 R²	0.333	0.357	0.360
R² 更改		0.025 **	0.004 *
F 更改		25.948 **	7.476 *

注：假设检验结果[a]（N = 1351）；

a 所有的变量都已标准化，系数采用的是标准化系数；

** $P < 0.01$，* $P < 0.05$。

为更直观地显示结构洞知识对度中心性与改进型创新的调节作用结果，本节通过标准化之后的简单作图法来反映表 4 - 8 中模型 3 的结果。如图 4 - 12 所示，比较两条曲线可直观地看出，个体拥有较多的结构洞知识时将发展出更多的改进型创新。假设 H4 - 7a 和假设 H4 - 8a 都得到了验证。

表 4 - 9 显示了变量中心性化以后，研究者及其合作者拥有的 BP 中心性

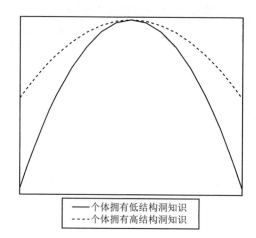

图4-12　结构洞知识对度中心性与改进型创新的调节作用示意图

知识对度中心性和探索型创新关系的调节作用的回归分析结果。模型1将所有控制变量放入回归方程。模型2在模型1的基础上把所有自变量放入回归方程。度中心性的系数为负且显著，结果表明合作网络度中心性与探索型创新负相关，假设H4-7b得到了支持。模型3在模型2的基础上，把交互项放入回归方程，结果显示交互项系数为正且显著，表明研究者及其合作者拥有的BP中心性知识正向调节度中心性与知识创新的相关关系。因而假设H4-8b、H4-8c得到了验证。

表4-9　　　　　　　　对探索型创新调节作用层级回归结果

变量	探索型创新（Exploration）					
	模型1a	模型2a	模型3a	模型1b	模型2b	模型3b
控制变量						
任期	-0.093**	-0.111**	-0.107**	-0.085**	-0.103**	-0.105**
申请时间	-0.079**	-0.067**	-0.088**	-0.092**	-0.076**	-0.076**
审核用时	-0.005	0.010	-0.007	-0.01	-0.002	0.001
参考文献	0.022	0.015	0.015	0.025	0.022	0.019
专利声明	0.018	-0.004	-0.004	0.020	0.008	0.004
以往绩效	0.736**	0.873**	0.783**	0.772**	0.904**	0.907**
合作网络规模	-0.087**	-0.030	-0.013	-0.070**	-0.029	-0.021

续表

变量	探索型创新（Exploration）					
	模型 1a	模型 2a	模型 3a	模型 1b	模型 2b	模型 3b
知识网络规模	0.083 **	0.050 *	0.059 *			
网络异质知识				− 0.071 **	− 0.039	− 0.074 *
自变量						
度中心性（CN）		− 0.205 **	− 0.158 **		− 0.206 **	− 0.210 **
BP 中心性（KN 自身）		0.060 **	0.087 **			
BP 中心性（KN 网络）					0.058 *	0.087 **
度×BP（自身）			0.181 **			
度×BP（网络）						0.106 **
回归模型检验						
F	174.580	150.055	152.750	173.100	147.542	139.707
R^2	0.510	0.528	0.556	0.508	0.524	0.534
调整后的 R^2	0.507	0.525	0.553	0.505	0.520	0.530
R^2 更改		0.018 **	0.028 **		0.016 **	0.010 **
F 更改		25.980 **	85.328 **		22.814 **	29.740 **

注：假设检验结果[a]（N = 1351）；

a 所有的变量都已标准化，系数采用的是标准化系数；

** $P < 0.01$，* $P < 0.05$。

为更直观地显示结构洞知识对度中心性与改进型创新的调节作用结果，本节通过标准化之后的简单斜率分析（simple slope analysis）（Trajtenberg，2006）来反映表 4 – 9 中模型 3 的结果。如图 4 – 13 所示，比较两图中直线的斜率差异，可以看出随着中心性的增大，合作网络度中心性对探索型创新的负相关关系减弱。假设 H4 – 8b 和假设 H4 – 8c 都得到了验证。值得注意的是，自身拥有的 BP 中心性知识的调节作用要大于合作者拥有的中心性知识，这也符合知识搜索成本规律。

4.4.5　结论与讨论

个体知识创新嵌入在合作网络与知识网络之中，研究者在合作网络中的

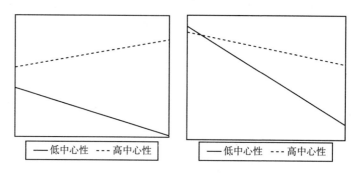

图 4 – 13   中心性知识对度中心性与探索型创新的调节作用示意图

注：左图为自身知识；右图为合作者知识。

位置，以及研究者及其合作者所拥有的知识元素在知识网络中的位置，共同影响个体将发展出何种类型的知识创新。通过对生物科技领域美国默克公司的实证研究，我们发现，个体在合作网络的中心性与改进型创新呈倒"U"型关系，与探索型创新负相关；这种关系同时受到知识网络位置的调节作用，即结构洞知识正向调节改进型创新，而 BP 中心性知识正向调节探索型创新。本书用知识网络结构来反映合作网络内容，能够更深入地揭示个体创新的内在机理。

"结构—内容"的视角贯穿于绝大多数社会网络研究之中，在个体知识创新研究领域，体现在对"你是谁"与"你认识谁"这两类变量的选择。近年来，很多研究者都已经注意到网络结构是信息的代理和机会的代理，因此倡导更多地关注网络内容变量，采用权变的研究视角去探讨结构与内容对知识创新的交互影响。但在已有的文献中，大多数研究者通常将个体及合作者以往绩效、经验、职业经历等作为网络内容变量及知识的代理。我们认为这没有较好地体现合作网络中流动的知识特征：创新的本质是知识元素的组合，这种组合一方面受到自然法则的制约；另一方面也是组织资源、注意力及研究者经验的体现。知识元素在知识网络中的结构位置，较为完美地反映了创新过程中知识组合的这种自然属性及社会属性。因此，考察个体所具有的知识元素在知识网络中的位置，就可以较好地刻画出个体具有什么样的知识以及能在合作网络中得到什么样的知识，进而发展出不同的创新类型。本节研究用知识网络的结构特征来体现合作网络的内容特征，这是本节的第一个理论创新。

以往很多研究通常将组织中的知识网络等同于合作网络，或者将研究者、知识、组织惯例乃至数据库等知识管理工具组成的复杂系统统称为"知识网络"。这虽然有一定的合理性，但这样的概念界定无助于我们对相关理论的理解及对个体知识创新影响机理的深入研究。而在理论与实证中，将知识网络与合作网络清晰界定并截然分开的研究并不多（Carnabuci G，2009；Chunlei W，2014）。知识创新嵌入在以人为节点的合作网络及以知识元素为节点的知识网络之中，本节研究正是在这一研究思路下开展的进一步探索。本节的理论分析及实证研究结果表明，个体具有的结构洞知识将有助于其进行改进型创新；个体及合作者具有的 BP 中心性知识则有利于探索型创新，并且相应地调节度中心性对个体创新的影响。一个有趣的尝试是，我们曾将合作者的结构洞知识、自身的度中心性知识及知识的网络密度等变量加入回归方程，发现对研究者的两类创新影响都不显著。这表明，不是所有的知识网络位置变量都可以作为个体所获取的知识类型的代理；同时，知识的网络结构变量对不同类型的个体知识创新的影响也是不同的。在对个体两种不同的创新类型在概念与实证上的界定之后，进一步地探索了不同的知识网络结构位置对个体创新的影响机理，这是本节的第二个创新点。

本节还存在以下局限：第一，本节的研究结论具有情境依赖性。主要表现在样本的选择上，只有那些足够大的、拥有数十年完整专利记录的公司才符合本节研究设计的需求。因此，处于创业阶段或者成立时间不长，或没有较长时间完整专利记录的企业是否也体现出本节的研究结论是值得商榷的。此外，由于行业的差异造成的知识分类（class 及 subclass）的差别，也许将导致对两类创新的不同界定，因此对其他行业的实证是否也能得出本节的研究结论也是存疑的。第二，本节研究基于二手数据，缺乏对组织各部门更完整、深入的调研和数据收集。这导致我们并不清楚组织各个部门的职能，对专攻改进型创新或专攻探索型创新的部门没有进行区分。第三，专利研究的固有局限。由于缺乏调研我们没有掌握组织内研究者之间更多的合作信息，对组织真实的合作网络及不同类型的合作形式都不了解。除此之外，对组织中的其他没有公开的隐性知识如内化的组织合作规则、惯例等因素都没有考察。因此，未来的研究应更多考虑到上述局限，加入更多的情境因素后拓展本节研究结论。

4.5 自我监控对个体合作网络构建与知识创新的影响研究[*]

4.5.1 研究背景

随着知识经济的到来，个体知识创新以其不可模仿性已成为企业最重要的核心竞争力之一。因此，如何促进个体知识创新，并识别出影响个体知识创新的主要因素就成为摆在企业与个人面前的一个重要的理论与实践课题。

以往研究表明，对个体知识创新的关注点主要集中在个体以及相关情境变量，尤其是个体所处的合作网络上面。对"你是谁"与"你认识谁"的关注构成了考察个体知识创新的主要思路。"你是谁"的研究主要集中探讨对富有创意的人的人格特征，试图发现具有较高的创造力的人的特殊心理特征。而个体创新能力的发挥，除了个人内在条件之外，更与所身处的情境因素有关。随着对实践社区研究的深入以及社会网络理论的发展，人们逐渐认识到，知识的应用与创新根源于人与人之间的交流、互动过程（Brown，1991；Ford，1996），因此对个体所嵌入的合作网络——"你认识谁"的关注逐渐兴起（Perry-smith，2003，2006；Obstfeld，2005；Obstfeld，2007）。

合作网络是个体获取知识的重要来源和进行创新的重要依靠，尽管目前已有很多学者从社会网络的视角，对影响个体创新的作用机理进行了大量的富有价值的研究，但是仍有很多没有解释的空白区域以及大量研究争论的存在。有学者认为，应从个体属性入手，引入网络内容，摒弃结构的一维的解释（Obstfeld，2007）；还有学者认为，应该把创新分为各个不同的阶段，认为创新是一个从创意的产生到创新的选择、应用等一系列活动，应该针对创新的不同阶段来考察社会网络所起到的作用。本书认为，当前的研究一方面缺乏对创新的深入思考，没有考虑到个体知识创新所表现出来的不同类型；另一方面，当今理论研究较少关注将合作网络的前因变量引入个体知识创新

---

[*] 本节部分内容已发表于：张华，曹瑄玮. 自我监控对个体合作网络构建与知识创新的影响 [J]. 商业研究，2013（8）：54 – 60.

的考察，作为具有持续稳定特点的人格特征无论对合作网络的构建还是合作网络的利用都影响很大。近年来，权变视角下的社会网络研究逐步成为研究者关注的主题之一，很多学者倡导应该考虑在社会网络研究中把网络结构与形成这样结构的个体属性特征结合起来（Mizruchi，2010；Lee，2010；Sosa，2010）。本书秉承了这样的研究思路，我们认为稳定的人格特质将导致个体网络构建与机会利用上的差异，具体表现在：第一，不同人格特质的个体由于交往能力的差异将发展出不同的合作网络类型；第二，人格特质的差异也将体现在个体在信息筛选能力和主观意愿上的差别，也即造成了对所处合作网络提供的潜在机会、潜在资源的把握和利用上的差别。这两个方面都将导致不同人格特质的个体将发展出不同类型的知识创新绩效。

本书借鉴马奇（March，1991）的双 E 组织学习理论，把双 E 创新引入个体分析层次，将个体知识创新分为改进型创新与探索型创新两种类型，从理论上探讨个体如何构建合作网络，以及个体如何利用合作网络进行知识创新等关键问题，从而推动个体知识创新理论的发展，并为企业成功实施人力资源战略提供理论指导与借鉴。

4.5.2　理论基础

4.5.2.1　自我监控及其对网络构建的影响

作为一种重要的人格特质，自我监控又称自我管理或者自律性管理，从属于个体的自我意识范畴。自我监控的研究关注的是个体自我实现过程，以及个体是如何对自身的心理与行为进行掌握，强调个体在实现预定目标的过程中，是如何掌控与调整自己的动机与行为方式。以往的研究表明自我监控最主要的表现在个体在信息搜索上的差异。

自我监控（self monitoring）反映了个体对外界环境以及在与人交往中所采用的一种稳定持久的行为方式和态度。不同自我监控水平的人在对待外界的态度上表现是迥然不同的：高自我监控者从适应环境出发，强调要根据环境的变化调整自己的行为策略，其行为方式具有较大的灵活度，并且力争做到具体问题具体分析，具体事情具体对待，其行为特征具有较大的弹性，能够很好地适应环境；与之相反，低自我监控者强调以我为主，希望环境来适应自己，其行为的出发点集中于如何在不同的环境中能够成功地表达自己的情感和态度。因此，相比于高自我监控者，低自我监控者的行为具有某种程度上的一致性和连续性，其在适应环境的能力上明显低于高自我监控者。

自我监控水平的高低还体现在个体交际网络的形成上。梅赫拉（Mehra，2001）研究表明，低自我监控者在与人交往的过程中多以自我特征的相似程度作为选择伙伴的唯一标准，而不管所从事活动的类型。在低自我监控者的社交活动中充斥着相同的伙伴，因为这些伙伴与低自我监控者的自我特征最相似。低自我监控者愿意与相同的朋友去做任何事情。而高自我监控者则不以自我特征的相似程度作为出发点，更看重活动本身，并善于通过朋友来结识更多的朋友，在人际交往中具有较强的灵活性。梅赫拉（2001）通过一个打网球的例子指出，高自我监控者看重对方网球技术的高超与否，而较少受到其性格特征与己是否相同，而低自我监控者更偏好于与自己已有的好朋友去打球。基尔达夫（Kilduff，1994）研究也表明，即使在面对相同的机会和信息的前提下，由于个体在自我监控水平上的差异，也将导致个体利用社会网络来提高绩效的差异。而梅赫拉（2001）研究认为，高自我监控者更容易达到网络中心位置。他比较了自我监控水平和社会网络三个作用模型，最后实证数据支持独立作用模型。欧（Oh H，2008）研究表明，自我监控水平应该是结构洞形成的前因变量之一，而在对不同监控水平对间接网络（indirect network）形成的讨论中，他提出，高自我监控者易发展出稀疏的富于结构洞的网络，而低自我监控者则易发展出闭合的网络。萨索沃（Sasovova，2010）研究表明，高自我监控者更适合于占据结构洞的位置。相比于低自我监控者，高自我监控者更有利于吸引来自不同领域、与以往的朋友没有交集的陌生人，从而发展出更多的新的结构洞。并且倾向于保持结构洞的现状，阻止结构洞的闭合，如图 4 – 14 所示。

4.5.2.2　合作网络与个体知识创新

社会网络理论强调从个体的嵌入特征入手，来研究其对个体创新的影响。我们按照加比（Gabbay，2001）对社会网络研究的分类可以看出，当前从社会网络角度对个体创新的研究，主要关注点集中在，一是网络结构特征，即中心性、结构洞、个体网络密度；二是关系特征，即强关系、弱关系等角度，考察了对个体创新的影响。其基本的逻辑在于，个体所处的社会网络的位置不同，或者个体所嵌入的网络拓扑结构的差异最终将导致了个体创新成果的差异（Coleman，1988；Granovetter，1973；Burt，1992）。以往对双 E 创新的

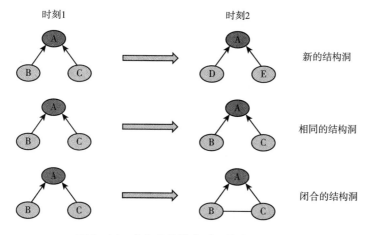

时刻1　　　　　　　　　　　时刻2

新的结构洞

相同的结构洞

闭合的结构洞

图 4 - 14　高自我监控者对网络演化的影响

资料来源：Sasovova Z, Mehra A, Borgatti S P, Schippers M C. Network Churn：The Effects of Self-Monito-ring Personality on Brokerage Dynamics［J］. Administrative Science Quarterly, 2010, 55（4）：639 - 670.

研究多集中在知识的多样性方面，认为知识的传播速度快将有助于改进型创新，而知识的传播速度慢则有助于探索型创新（March，1991；Miller，2006）。基于此我们认为，网络密度将影响了个体的创新类型，因为网络密度对知识传播的速度产生影响（Lazer，2008）。

近年来，随着对情境变量的关注，也有很多社会网络研究者从权变理论的视角出发，探讨了个体行为策略、个体特征与群体规范等与社会网络结构对个体绩效的交互影响（Obstfeld，2005；Rodan and Galunic，2004；Cattani and Ferrian，2008；张华，2008），如图 4 - 15 所示。

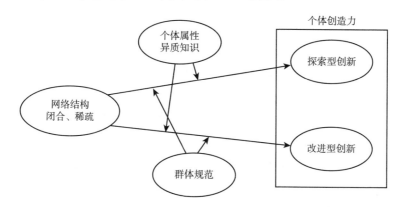

图 4 - 15　权变视角下的社会网络对个体创造力的影响模型

4.5.3 提出命题

从以上文献的总结，我们发现社会网络研究最重要的三个变量分别为个体属性、网络结构与绩效，大多数社会网络研究文献都围绕着这三个方面展开，如图4-16所示。结构主义的观点认为，结构影响了行为，无论是结构约束了人的行为还是影响了嵌入其中的个体的信息获取，都将导致在不同网络位置上的个体绩效不同；而个体属性的视角认为，个体发展出了网络结构，网络位置是个体不断构建与努力的结果，网络结构就变成了个体获得绩效的一个中介变量。在本书的研究模型中，我们认为，个体绩效同时与个体属性和网络结构有关。即个体绩效的差异，除了与所处网络结构有关以外，还与个体属性息息相关。也即网络位置将影响人的绩效，这是位置与位置的差异；但是即使是在同一个位置上，个体绩效也会产生差异，这是个体间能力的差异、行为方式的差异。前者表现为个体在构建网络上的差异，后者体现为个体在利用网络上的差异。综合上述文献，我们认为这样的研究逻辑应该拥有更大的解释力。

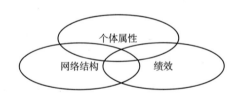

图4-16　行为、结构与绩效

本书对个体属性的关注体现在个体对信息的处理方式上。已有研究表明，个体的学习策略将影响到个体知识的获取以及随后的创新类型。而且即使处于相同的网络位置但行为策略的差异也将导致个体绩效的差异。已有研究表明，同处在结构洞的位置上，采取"分而治之"策略的个体将得到结构洞带来的信息优势和控制优势；而采用"协调促进"策略的个体将促进在结构上分离的各方沟通，并最终使整个组织的创新参与度加强。因此，除了个体特质以外，个体的行为策略也是考察个体创新的重要变量。在个体创新背景下，个体的学习策略成为我们的首选变量。知识的吸收和技能的学习是创新的基础，以往的研究大多关注于社会网络给个体提供了何种类型的知识，而对个体是如何处理这些知识的则很少关注。实际上，个体的学习策略是能否将社会网络提供的机会转化为创新的关键。因此，个体的学习策略将成为我们考察的重要变量。

我们认为，知识传播方式也同样能影响创新类型，个体的信息搜索行为将影响到知识的传播方式并影响到后续的个体创新类型。因此，我们将个体的信息搜索行为和网络结构同时纳入我们的考察视野，研究两者间如何互动并影响了个体创新。对此我们将考察比较典型的一类人格特征——个体的自我监控，考察个体自我监控的高低对其寻求知识的影响以及后续对创新的影响。作为一种稳定的性格特征，自我监控特征在人类社会普遍存在，自我监控程度的高低体现在个体行为的差异上。

高自我监控者在根据外部环境因素调整自己行为方面表现出相当高的适应性，他们对环境线索十分敏感，能根据不同情境采取不同行为，并能够使公开的角色与私人的自我之间表现出极大差异；而低自我监控者则不能以这种方式"伪装"自己，他们更倾向于在各种情境下都表现出自己真实的性情和态度，因而在"他们是谁"以及"他们做什么"之间存在着高度的行为一致性。这种特点就意味着，高自我监控者的行为以工作需要为基本出发点，可以根据需要发展出多样性的关系，从而获得多样性的知识。因此，高自我监控者更适于发展不同的社交圈子，而且比低自我监控者更容易成为连接相互独立的社交圈子的关系桥。这种网络上的优势将带来异质知识，而知识的异质性将有助于高自我监控者进行探索型创新。此外，高自我监控者具有相对较强的社交能力，在说服、阐述自己理念方面具有一定优势。这将有利于高自我监控者将自己的创意及时地传播给范围较大的群体，从而收到多方面的信息反馈，这将同样有利于探索型创新。而低自我监控者将以自我特征相似性来发展合作网络，在低自我监控者的群体中，由于群体成员之间的相似性，这将使得知识交换的效率提高，从而较易发展出强关系。这种频繁的互动以及由个体相似性带来的沟通上的顺畅都将使得低自我监控者与知识源之间的知识迅速地同质化。而低自我监控者在选择合作者方面无法做到容忍与其他异质个体进行沟通和交流，因而低自我监控者在信息搜索方面容易局限在仅有的几个点上面。这些特征都使得低自我监控者更有利于进行改进型创新。综合以上讨论，我们认为，自我监控的强弱将导致个体发展出的合作网络的结构差异，同时即使在相同的网络条件下，自我监控水平同样影响个体的知识获取类型，而获取到的知识类型的差异将最终影响个体创新的类型，因此，我们提出如下命题。

命题 a：在其他条件相同的情况下，高自我监控者更有利于构建富于结构洞的网络，并且在相同的网络位置上，相比于低自我监控者，高自我监控者更容易整合结构洞带来的异质知识，从而发展出探索型创新。

命题 b：在其他条件相同的情况下，低自我监控者更有利于构建紧密的网络，并且在相同的网络位置上，相比于高自我监控者，低自我监控者更倾向于沿着网络的既有知识轨迹进行改进型创新。

我们的概念模型可以用图 4 - 17 来表示。

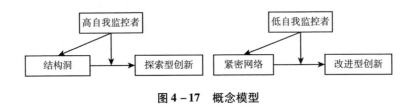

图 4 - 17　概念模型

4.5.4　结论与讨论

本节基于个体人格特征的视角，探讨了个体如何构建合作网络并利用合作网络开展知识创新。本节将双 E 创新理论引入个体层次，从理论上探讨了具有不同的自我监控水平的个体在构建不同结构类型的合作网络以及在利用合作网络资源方面的差异，从而所导致的对不同创新类型的影响。这一理论模型具有以下的理论贡献和管理实践意义。

首先，在理论上，本节将个体人格特质这一网络前因变量，以及个体利用合作网络能力引入我们的考察范围，这就突破了传统的社会网络研究中基于静态结构主义分析的逻辑，丰富了社会网络研究的理论内涵。同时，本节的理论逻辑既强调网络的约束又强调个体的能动作用，同时从个体与网络两个视角探讨对个体知识创新的影响，并且引入了对个体创新类别的划分，这都是在理论研究上的贡献。鉴于目前社会网络理论研究中普遍存在的微观和宏观领域研究的隔阂，越来越多的现实问题要求研究者采用更加系统的、权变的与演化的视角去对待。本节研究正是这种研究观下的一个努力尝试，同时本节的理论模型试图建立起一种个体的微观行动与宏观网络结构变化之间的联系，丰富和提高对个体知识创新与合作网络演化等问题的理解。

其次，在管理实践中，知识型员工的创新已经成为企业成功的关键。本节的理论推演显示，不同人格特质的员工将发展出不同的合作网络，且由于在利用网络资源上的差异将导致不同的创新类型。考虑到个体的有限理性以及对双 E 创新的协调能力，对于一个实际研发团队来说，同时追求两种创新行为的个体不多。这要求管理者必须善于理清企业内部的合作网络，合理安排两类知识员工的数量与职能，促进信息、知识、资源在企业内部网络中的合理流动。这也是在中国转型经济环境下知识型企业创新的必经之路。

最后，由于合作网络在调配资源方面的巨大作用，无论是个体还是企业层次都已经认识到网络构建的重要性，本节的实践意义也体现在，在战略网络构建的同时首先要清楚这些网络结构形成的机理。本节从人格特质角度为这一实践问题做出了解释。还有需要注意的是，虽然人格特质变量的引入支持了一些社会网络学者的关于网络内生性的论断，但本节并没有否定网络结构影响个体行为的作用机理。嵌入在合作网络中的个体将面临网络提供的机会与约束，个体行动正是基于这些机会与约束间权衡的结果。本节强调的是个体特质在利用网络资源上存在差异，网络提供的机会仅仅是潜在的，能否将潜在的机会转化为现实的创新是需要个体做出判断与行动的。

第5章 动态网络与仿真研究

前面章节我们更多地讨论了静态视角下的网络对知识创新的影响研究，本章将围绕个体与网络的互动演化这一主题开展仿真研究。无论是传统的结构主义分析逻辑还是权变视角下的个体与网络的交互影响，这些都隐含着一个假设，即网络是静态不变的。而现实中网络是动态演化的，个体是具有主观能动性的，是网络演化的内生动力。对本章5个小节的简要介绍如下。

第5.1节基于社会网络理论中行动的结构理论，结合美国生物科技行业11年间的专利合作网络数据，本节从网络结构与网络内容蕴含的约束与激励出发，研究了个体以往合作网络中的结构洞、度中心性和网络异质性对其占据结构洞位置的影响。研究结果表明，个体以往的结构洞位置、度中心性与当前结构洞正相关；网络异质性与当前结构洞位置负相关；特别地，以往结构洞与网络异质性对当前结构洞的影响又受到度中心性的正向调节作用。本节研究结论丰富了网络理论中的行动的结构理论与演化动力学理论。

针对当前社会网络理论中静态结构主义的研究局限，在第5.2节，我们基于过程的观点，将组织内的知识转移分为转移对象的寻索与对转移条件的判断两个过程，并从社会资本的三个分析维度建立了个体在知识转移过程中的行为模型，并基于此行为模型设计仿真实验，考察了涌现出来的咨询网络的结构特征，以及群体绩效的变化。实验结果表明，群体绩效与关系衰减系数以及成员的认知阈值正相关，咨询网络的集聚系数与衰减函数负相关，与成员的认知阈值正相关。研究结论将为交互式记忆系统以及组织中 know-who 知识对群体绩效的影响提供有益的参考。

第5.3节基于2000～2013年海峡西岸经济区装备制造业的产学研合作专

利数据，采用阿胡亚的组织网络动态演化研究框架，在自我中心网络方面，从个体属性与网络特征交互的角度揭示了创新网络中心性与结构洞的演化机理；在整体网络方面，采用阿胡亚提出的五维度指标对产学研创新网络演化的动态过程进行测度并分析其现实意义与管理启示。结果表明，创新网络在演化过程中中心性与结构洞都有路径依赖特性：过去三年的中心性和结构洞与组织当前占据同样位置正相关；组织过去三年的探索型创新正相关于当前的中心性位置，负相关于结构洞；而且，探索型创新正向调节中心性的路径依赖，负向调节结构洞；创新网络在 13 年间不断地发展壮大，节点数逐年增多，五维度网络指标呈现较大差异。整体网络结构展现出从轮廓式到多中心—卫星式的转变。本节的实证结论将为海西区高校、科研机构、装备制造业企业及政府等监管部门的相关决策提供参考依据。

第 5.4 节在梳理了相关研究文献的基础上，提出了一个整合模型，尝试从个体与组织及其交互的视角揭示外部知识在组织内部的消化、吸收与开发过程，从关键创新者、组织内合作网络与知识网络切入探讨组织吸收能力的微观基础。本节研究模型将围绕 3 个研究点展开：研究点①将从组织层面探讨外部专利与组织内部知识的组合（重组）机理，是对吸收能力、知识重组研究不足的补充；研究点②将从组织内个体视角，考察个体（关键创新者）是如何利用外部专利发展创新的；研究点③将从动态的视角揭示关键创新者与合作网络、知识网络的交互过程，以及由此产生的知识溢出对组织创新绩效的影响。

针对以往网络理论研究中存在的网络结构对组织绩效影响效果的争论，第 5.5 节的研究更侧重于对网络内容方面的关注，从网络中流动的知识与成员的学习策略的角度，考察了咨询网络对组织绩效的影响。该研究通过引入成员的学习策略，扩展了拉泽的群体互动模型，并以该模型为基础运行计算机仿真实验。实验研究结果表明，组织的任务咨询网络与成员的学习策略通过调整组织中知识的分布而影响组织绩效。高密度的咨询网络与完全模仿策略的学习行为将导致群体知识迅速地同质化，在短期内将给组织带来较高的绩效而不利于长期绩效的提高；而低密度与选择性模仿策略的学习行为有利于保持群体的异质知识，有利于组织长期绩效而短期内绩效较低。最后，该研究对组织的和谐耦合过程进行了分析，提出组织在发展的不同时期通过制度与人的能动性的调整来保持持续的高绩效。

5.1 知识创新网络中结构洞的演进动力研究*

5.1.1 研究背景

社会网络理论以其独特的研究视角和成熟的分析技术受到了学术界的普遍关注，波特的结构洞理论更是在商学界引起强烈反响并一直成为组织领域研究的热点之一。社会网络理论的一个基本解释逻辑是，人的行为不是孤立发生的，而是嵌入在一定的社会关系之中，即社会结构（网络结构）和个体在结构中的位置可以解释个体行为。这种静态的结构主义分析逻辑在取得了巨大成功的同时，也受到了一些质疑。很多学者认为，当前社会网络研究普遍存在着这样一个基本导向——网络结构更多地被视为静态的、外生的（given），而不是动态演化的；"位置—收益（position-performance）"的相关研究蓬勃开展的同时，网络结构的动态演化以及个体是如何占据某一特殊的网络位置等理论问题却很少有人关注（Borgatti，2011）。正如艾米贝亚尔（Emirbayer，1994）指出的那样，社会网络研究在使用了"高度复杂的分析技术"的同时，还缺乏一些"完全恰当的可用以说明社会网络本身实际如何形成、复制和演变的解释模型"。

而在网络动态演化方面，当前的研究大多集中在个体二元关系的形成以及整体网络结构的涌现上，对某一特殊类型的网络位置的形成研究则很少有人关注。具体来说，结构洞的信息优势与控制优势在很多实证研究中都得到了验证，但当前对结构洞是如何形成的，哪些因素影响个体占据结构洞的位置的研究还很少。而且从研究对象与层次上来看，为数不多的此类研究也大部分集中在团队层次和企业层次，鲜有对个体层次上的关注（Sasovova，2010），李（Lee，2010）等的研究是较少的例外。在综合分析已有文献的基础上，从行动的结构理论（structural theory of action）视角，我们认为如果把结构洞视为个体收益的一种，按照"位置—收益"逻辑，个体嵌入其中的网络将为个体未来网络位置的形成提供机会与约束。具体来说，个体之所以

---

* 本节部分内容发表于：张华，张向前. 个体是如何占据结构洞位置的：嵌入在网络结构和内容中的约束与激励 [J]. 管理评论，2014，26（5）：89－98.

能够占据结构洞位置，一方面是由于其以往占据的网络位置带来的积累优势，另一方面是由于个体有意识的目的性行为。而有意识的目的性行动，也是个体所处的位置——网络结构以及个体能接触到资源——网络内容所提供的机会与激励的体现。因此，我们将分析个体以往嵌入的社会网络中，哪些结构变量与内容变量影响了未来结构洞的形成。特别地，我们还将从"混合网络位置"（hybrid network position）的视角，考察度中心性对网络内容变量（个体嵌入网络中的异质知识）与网络结构变量（个体占据的结构洞位置）的调节作用。

本书选择生物科技（biotechnology industry）行业的专利合作网络来验证我们的理论。生物科技行业是典型的知识密集型行业，在行业内部，发明专利最能体现个体的知识创新成果。组织中与组织间的发明者合作非常的频繁和广泛，知识的流动与创新的产出是这个行业的最重要的标志之一。美国专利与商标管理机构（United States Patent and Trademark Office，USPTO）提供了大规模的专利纵贯数据，这为我们研究合作网络的演化提供了支持。因此，我们认为生物科技行业的专利合作网络很好地满足了本节研究的需要。

5.1.2 文献评述与研究假设

以往对网络演化的研究大多聚焦在个体间二元关系和整体网络的涌现与演化上面。如前者的研究中，从不确定性的削减角度，阿胡亚（Ahuja，2009）研究认为，关系的建立依赖于已有的社会网络，那么"朋友的朋友"之间最容易建立连接，这样就造成了网络越来越紧密。还有从期望理论出发，内巴斯（Nebus，2006）认为，咨询网络中个体间关系的建立取决于一系列的决策判断。具体到结构洞位置的研究，萨索沃（Sasovova，2010）从个体的目的性行动角度研究了自我监控对结构洞动态演化的影响。与之类似，李（Lee，2010）的研究也是从个体特征出发，认为以往的知识创新绩效有助于个体占据结构洞位置。在团队层次上，查希尔（Zaheer，2009）从网络的约束与个体目的性行动两个角度研究了电视剧产品制作团队是如何占据结构洞位置的。在企业层次上，赛驰（Sytch，2012）研究认为，企业所嵌入的网络产生了价值创造与价值分配两种激励，促使了企业去追逐结构洞位置。此外，演化着的整体网络也为结构洞的形成提供了机遇，整体网络的演化研究最著名的是复杂网络中的机制模型，即通过对实际网络演化的统计规律的分析，构建具有某一类拓扑特性的网络的形成机制。如瓦茨（Watts，1998）提出的小世界网络模型以及艾尔伯特（Albert，2002）提出的具有幂率特性的 scale free 网络模型。在机制模型的构建中，个体间的联系规则体现了某一类特殊的结构位置，如关系桥的形成。但除了古拉蒂（Gulati，2012）的研究之外，很少有文章考虑到形成关系桥背后的管理意义。

综合上述文献可以得出，个体网络位置的形成一方面取决于网络的积累优势（accumulative advantage），另一方面取决于个体的目的性行为。而这种有意识的目的性行动，也是个体所处的位置——网络结构以及个体能接触到的资源——网络内容所提供的机会与激励的体现。更重要的是，博特（Burt，2005）认为，结构洞的产生不仅仅是个体有意识的构建行为，同时也是网络中其余个体行动的结果。因此，不同于二元关系或网络机制模型的研究方法，我们将主要从网络结构与内容中蕴含的激励与约束的角度，深入探讨其对个体占据结构洞位置的影响。

5.1.2.1 网络结构的视角

网络结构对个体网络位置的影响体现在两个方面：第一，按照社会网络理论的基本逻辑，当前的网络位置会给个体提供机会，这些机会一方面可以使个体获得收益，另一方面可以促使个体采取有目的的保持当前有利的网络优势位置的行动；第二，网络本身具有自我强化功能，网络结构会通过规则、习俗、社会压力等方式进行自我复试和自我强化。这就是路径依赖或网络结构的惯性。以往的结构位置具有一定的稳定性（Sytch，2012）。

在发明家合作网络中，占据着结构洞的个体将很有可能持续占据结构洞位置。这表现在：一方面，现有的结构洞将给个体带来异质知识，知识创新的本质在于已有知识的重新整合。因此，创新的动力促使个体继续占据结构洞的位置，并且去追逐新的结构洞位置。另一方面，由于网络结构的惯性，其他链接的各方已经与结构洞位置的个体在知识转移、沟通合作方面有过深入交往经历（已经完成了知识创新），现有的链接模式有着一定的惯性。更重要的是，由于结构洞位置个体的控制优势，结构洞位置连接的两方由于联系的困难，在沟通、信息方面的差异也不太容易建立起直接联系（Obstfeld D，2005），也就是说现有的结构洞也不容易消失。综上讨论，提出如下假设。

H5 - 1：以往占据结构洞位置的个体更有可能在当今依然占据结构洞位置。

在专利合作网络中，除了结构洞之外，中心性位置也将有助于个体占据结构洞的位置。与结构洞的惯性不同，中心性主要从知识获取与信号机制两个方面提供帮助。首先，从占据中心性位置的个体的角度来看，占据中心性位置在获取知识的数量与效率上占有优势。占据中心性位置意味着个体具有更多的知识来源，那么在知识创新过程中就有更多的选择。另外，占据中心性位置可以比其他位置更迅速地抵达网络中的其他节点，也就意味着可以更快捷地对所需知识进行搜索和评估。这些都保证了处于网络中心性位置的个体可以更有效率地评估、选择创新所需的异质知识，成为多样性知识的交汇地，也就是占据结构洞的位置。其次，从中心性位置以外的、网络中其他成员的角度来看，在网络成员的伙伴选择过程中，中心性本身是一个品质的信号。知识创新过程是一个充满了不确定性的过程，由于有限理性，个体在进行知识创新时将基于不完整信息去选择、判断那些潜在的、有整合价值的知识。而在对已有知识的选择与判别上，个体更倾向于选择那些占据中心性位置的人创造的知识（Nerkar，2005）。除此以外，中心性更意味着声誉的传递，与占据中心性位置的个体合作往往意味着自己的知识创新也具备高品质（Reinholt，2011）。这些优势意味着占据中心性位置的个体更容易成为连接不同知识源的中介，也就更有利于占据结构洞的位置。综上讨论，提出如下假设。

H5－2：以往占据中心性位置的个体更有可能在当今占据结构洞的位置。

5.1.2.2 网络内容的视角

以往的社会网络研究由于资料收集困难，很少关注到网络中流动知识的特点，赛博特（Seibert，2001）研究认为，以往社会网络研究常用的做法是将网络的结构特征或者关系特征看作信息的代理。很多学者倡导应该更关注网络中流动的资源，即网络内容变量（Cross et al.，2004）。如罗丹（Rodan，2004）从个体所接触到的异质知识出发，从异质知识的角度考察对个体创新绩效的影响。无论个体所处何种网络结构中，个体的工作绩效与创新的高低均非常依赖于个体接触到的异质性知识的多寡。克劳斯等（Cross et al.，2004）认为，以往的研究将弱关系看作多样性信息的代理，这是不准确的，而他的实证研究将多样性的知识作为调节变量引入回归方程，发现只有多样性的知识才能保证个体创造力的提高（Afuah，2013）。波多尼和巴朗（Podolny and Baron，1997）研究表明，结构洞是否产生社会资本将依赖于网络内容。如果网络内容包含资源和信息，那么结构洞对个体晋升是有利的；如果流动的网络内容是身份和期望，那么结构洞对晋升具有负面影响。

在专利合作网络中，个体位置的演化是典型的创新驱动，即寻求异质知识的动机促使个体努力占据结构洞的位置。综合上述文献讨论，如果结构是信息的代理，那么以往嵌入的网络中知识的异质性越高，个体则越没有动力在未来争取结构洞的位置。查希尔（Zaheer，2009）的理论研究表明，在知识密集型行业，迫于创新的压力只有嵌入在知识同质化的网络中的团队才有动力去追逐结构洞以获取多样化知识。索萨（Sosa，2011）研究表明，个体异质知识的来源不仅在于占据结构洞，还可以集中在异质知识非常多的二元关系中。索萨的调研表明，在高科技行业（譬如软件开发），公司内部具有多种异质知识的员工非常常见。这就表明，嵌入在异质知识较多的网络（尤其是二元关系）中的个体，是没有动机追逐结构洞位置的。还有一个重要的原因在于人的有限理性，在以往嵌入在异质知识较多的网络中的个体，无法再去追逐结构洞、处理更多的异质知识。因为占据更多的结构洞就意味着个体要连接不同的网络族群（network cluster），托托里罗（Tortoriello，2012）的理论研究指出，如果要保持一个庞大范围的网络（a wide-ranging network）意味着个体需要处理多样性的知识、经验，尤其是协调那些"潜在的相互抵触的看问题的角度"。这些都是已经嵌入在较多异质知识网络中的、有限理性的个体无法应对的。此外，从知识创新的特点来看，知识创新过程包括创意的产生与创意的实施两个阶段（Fleming，2007）。嵌入在网络异质性较大的网络中的个体是不缺乏创意的，作为逻辑上的顺延，此种情况下的个体更倾向于对现有创意进行筛选并促成未来的创新。同时，考虑到知识创新又是一个路径依赖过程，从已有的异质知识中进行深入挖掘并完成创新的策略，较之努力占据结构洞发现新知识更加经济、效率最高，符合人的理性选择。综合上述个体动机、获取异质知识成本及知识创新的视角，我们提出以下假设。

H5-3：个体以往嵌入的网络的网络异质性与未来个体占据结构洞位置负相关。

5.1.2.3 混合网络位置视角下的度中心性的调节作用

如果我们把知识创新视为多种异质知识的重新组合，那么知识创新既离不开多样性的知识，又需要个体对这些知识进行的分析、消化与吸收。奥布斯特菲尔德（Obstfeld，2005）指出，强关系、紧密网络有助于复杂知识的传播，有助于知识的反馈、吸收与利用，但缺乏多样性的知识（the ideal problem）；与之相反，结构洞、弱关系等有助于获取异质知识，但缺乏把知识整合起来的能力，面临行动的困难（the action problem）。因此，同时兼具两类社会资本的网络位置，即混合网络位置（hybrid network position）就可以取得超高的收益。如凯特尼（Cattani，2008）实证研究表明，由行业网络中心和外围位置的个体组成的电视剧制作团队绩效最高；麦克法迪恩（McFadyen，2009）对文章合作网的研究表明，强关系与稀疏网络的组合最有利于个体知识创新。

在知识创新情境下的专利合作网络中，考虑到专利合作关系就是强关系，而节点的度中心性测量的就是个体所具有的直接合作关系，因此，混合网络位置也有助于个体在未来占据结构洞的位置，这主要表现在度中心性如下的调节作用。

个体获得的异质知识仅仅代表着潜在的知识创新可能（行动的困难），个体所嵌入的强关系则有利于把这种潜在的收益转变成现实。混合网络位置的个体在获取一项新的异质知识之后，可以立即通过强关系与其他合作者进行交流和讨论。由于强关系的信任机制，以及曾经的合作基础使得双方都具有深入讨论的可能，这有利于对异质知识更深入的理解、吸收以及未来创新的挖掘。个体所具有的强关系越多，获得的这种积极的反馈就越多，也越有利于那些复杂的、专属类知识的利用与重组。因此强关系有助于个体用较低的监管成本和更高的效率来挖掘、实现、赚取异质知识带来的潜在收益。这就在一定程度上缓解了个体由于嵌入较多的异质知识而无力追求结构洞的局面。更重要的是，较多强关系犹如放大了个体的吸收能力，异质知识的吸收和利用对个体来说将不是一个负担，他们就有动力通过占据更多的结构洞来获取更多样化的知识。这是因为多样化知识的增多，意味着可以重组的选择增多，个体就有可能完成更多的知识创新。更重要的是，随着备选的、潜在重组的知识数量的增多，个体就有了对比和选择的机会。以往积累的较多的强关系可以保证个体选择那些最有前途、最有创造力的专利成果。基于类似的理论逻辑，赛驰（Sytch，2012）对企业网络的研究表明，混合网络位置对企业占据结构洞具有价值创造的激励作用（value-creation incentive）。所以，中心性位置将有利于个体吸收网络中的异质知识，增加未来占据结构洞的可能。因此，综合以上讨论，提出如下假设。

H5-4：度中心性（degree centrality）将正向调节个体以往网络异质性与未来结构洞的关系，特别地，随着度中心性的增大，两者的负相关关系会减弱。

同样的道理适用于度中心性对个体以往结构洞的调节作用。首先，和前面的分析一样，在专利合作网络中度中心性大意味着强关系数量多。较多的强关系有助于个体消化、吸收结构洞带来的异质知识，从而促使个体有能力去追求更多的结构洞位置，挑选价值更大的异质知识完成更有创新性的专利成果。其次，中心性是一个品质和声誉的信号，与占据中心性位置的个体合作意味着声誉的传递，自己的知识创新也具备高品质（Reinholt，2011）。戴斯特雷（Diestre，2012）研究表明，那些网络外围企业为了与中心性企业合作必须让渡一定的利益，以换取这种声誉的传递。也就是说，如果占据结构洞位置的个体同时占据中心性，那么个体的谈判能力则大大提高。这更加增强了个体作为中介的控制能力，已有的结构洞更加不容易闭合。最后，中心性扩大了个体的知识搜索范围，同时占据中心性与结构洞位置增加了个体备选的、可供重组的潜在知识，从而有利于占据更多的结构洞位置。综上所述，中心性位置为以往占据结构洞位置的个体提供了更多的机会，增强了其吸收能力和谈判能力，使其在未来可以占据更多结构洞。因此，提出如下假设。

H5 – 5：度中心性（degree centrality）将正向调节个体以往结构洞与未来结构洞的关系，特别地，随着度中心性的增大，两者的正相关关系会增强。

5.1.3 研究设计

5.1.3.1 研究数据的收集与转换

美国国家经济研究署（NBER）霍尔等（Hall et al. , 2001）的系列报告提供了 1963～2002 年所有在美国专利局登记并得到授权的专利数据。我们从中选择了 1976～1986 年生物科技行业的所有专利数据作为我们的实证数据。之所以选择这个时间段，一方面是由于公认的现代生物科技行业的诞生是始于 1973 年的 DNA 的发现，随后生物科技作为一个新兴的高科技行业开始登上历史舞台，1976～1986 年这 11 年正是生物科技行业兴旺发达的开始；另一方面也是由于计算机处理数据的限制，逐年增多的专利数量使得后续数据窗口中的数据矩阵已经庞大到溢出。

为了避免同源数据产生的自相关（self-correlation）现象，与以往的研究一样（Fleming，2007；Cattani，2008；Lee，2009），我们引入了数据窗口的概念。这种处理方法的解释逻辑为，今天成功源自过去的努力。即今天的创新成果源自过去积累的人脉，也就是说我们考察的是过去五年发明者的合作网络情况对今年结构洞位置的影响。和前人研究类似，我们也以 5 年为界构建数据窗口，即按照五年的跨度将所有数据分为成 1976～1980 年、1977～1981 年、1978～1982 年、1979～1983 年、1980～1984 年以及 1981～1985 年五个数据窗口（data window），考察数据窗口对次年个体网络位置的影响。即以 1976～1980 年为例，我们将考察这五年个体所占据的中心性位置、结构洞与能接触到的异质知识对 1981 年个体占据结构洞位置的影响。已有研究表明，数据窗口的大小在理论上并不影响最终的结果（Singh，2005）。根据特拉伊腾贝特格等（Trajtenberget et al.，2006）开发的专门针对 NBER 专利数据的发明人鉴别与编码程序以及自己编制的 Matlab 程序，剔除那些数据窗口中没有合作记录，或在数据窗口的次年没有专利发明的发明者，最后确认了 2446 个发明人与 4751 项发明专利。

原始的专利数据通过整理后构成了专利的信息清单，而专利与发明人的组合就构成了一个典型的隶属网络，这种网络可以用一个二分图（bipartite graph）来很好地描述。通过共同合作的专利为纽带，我们就可以通过 Ucinet 软件把这个二分图转化成发明人之间的一模合作网络以及专利之间关系的一模网络，如图 5-1 所示。本书将以发明者组成的合作网络作为研究对象。

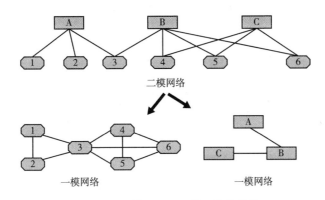

图 5-1　二模网络向一模网络的转化

资料来源：Lee，J. Heterogeneity，Brokerage，and Innovative Performance：Endogenous Formation of Collaborative Inventor Networks［J］. Organization Science，2010，21（4）：804-822.

5.1.3.2　模型变量定义及测量

本节研究变量的自变量是在数据窗口中测得，因变量与控制变量是在数据窗口的次年测量。具体的测量方法如下。

（1）自变量。

①网络中心性。网络中心性的衡量指标很多，我们采用应用较为广泛的度中心性（degree centrality），指的就是和发明者直接联系的合作者的数量。

②网络异质性。每一项发明专利都有专属的 class 信息，因此个体具有的异质知识数量就可以用其发明过的所有专利中分属于不同的 class 来衡量。正是由于专利合作网络的这个优点，我们可以直接测量发明者在过去五年中所有合作者们所具有的不重复的 class 的数量来衡量个体所嵌入的网络中的异质知识的数量。

③结构洞（t-1）。我们采用博特提出的结构洞指数里面的网络效率（efficiency）指标来测量结构洞（刘军，2009）。对于每一个网络节点来说，网络效率等于所有不重复的链接除以该节点的所有链接。

（2）因变量。

结构洞（t）。作为因变量的结构洞，和自变量一样依然采用网络效率指标。所不同的是我们测量的对象是在 5 年数据窗口的次年发明家形成的网络。

（3）控制变量。

除了对自变量和因变量进行测量以外，我们还要对一些变量进行控制，以防它们影响到最终结果的可信性。综合前人的研究，并结合本节研究的特点，控制变量如下。

①申请时间，即发明家向专利局提交申请专利的时间。消除具体年代的影响。

②专利声明（claims），即专利声明其引用的以往技术的个数。专利声明反映了专利本身的知识构成情况，声明越多则体现个体可利用的已有知识的数量越多。用来控制创新产品的类型对发明者占据结构洞位置的影响。

③审核时间，即专利从申请到得到法律授权的时间。审核时间一定程度上体现了该专利的复杂程度，越复杂的专利其审核的时间越长。这也是控制创新产品的复杂程度对发明者占据结构洞位置的影响。

④引用次数，反映了专利的重要程度或所具有的知识特征。这也是从产品特征角度控制对结构洞位置的影响。

5.1.4 假设检验结果

表 5-1 提供了研究变量的描述性统计结果以及皮尔逊相关系数分析结

果。可以看出结构洞（t）和其余变量都有较显著的相关关系。

表 5 – 1　　　　　　　　所有变量的均值、标准差和相关系数

变量	均值	标准差	1	2	3	4	5	6	7	8
1. 申请时间	1983.94	1.685	1							
2. 专利声明	14.06	12.24	0.041 *	1						
3. 审核时间	2.56	1.243	0.110 **	0.152 **	1					
4. 引用次数	15.26	46.50	– 0.002	0.083 **	0.001	1				
5. 度中心性	0.064	1.09	– 0.047 **	– 0.035 *	0.065 **	0.101 **	1			
6. 异质性	0.063	1.042	– 0.086 **	– 0.062 **	– 0.004	0.054 **	0.641 **	1		
7. 结构洞（t – 1）	– 0.038	1.029	– 0.046 **	– 0.031	– 0.042 *	0.004	0.052 **	0.172 **	1	
8. 结构洞（t）	0.409	0.112	– 0.068 **	– 0.031	– 0.020	0.005	0.008	– 0.049 **	0.327 **	1

注：* $P < 0.05$，** $P < 0.01$。

本书使用 SPSS19 软件中的层次回归（hierarchical regression analysis）方法检验假设中的交互作用。将调节项引入模型前，根据艾肯和韦斯特（Aiken and West，1991）对降低多重共线性的建议，我们对所有自变量对应的数据进行了标准化处理。表 5 – 2 显示了对 1976 ~ 1986 年进行的回归分析结果。模型 1 将所有控制变量放入回归方程。模型 2 在模型 1 的基础上把所有自变量放入回归方程。结果显示，度中心性系数为正且显著，结构洞（t–1）为正且显著而网络异质性为负且显著。这就表明发明者占据结构洞的位置与其过去五年在合作网络中占据的中心性位置正相关，与结构洞正相关以及与网络异质性负相关。假设 H5 – 1 ~ 假设 H5 – 3 都得到了统计数据的支持。

表 5 – 2　　　　　　　　对结构洞的层级回归结果

变量	结构洞（t 时刻）			
	模型 1	模型 2	模型 3a	模型 3b
控制变量				
申请时间	– 0.067 **	– 0.063 **	– 0.065 **	– 0.061 **
专利申明	0.004	0.007	0.006	0.006
批准用时	– 0.013	– 0.007	– 0.010	– 0.009

续表

变量	结构洞（t 时刻）			
	模型 1	模型 2	模型 3a	模型 3b
引用次数	0.005	0.002	0.002	0.001
自变量				
度中心性（T−1 时刻）		0.103 **	0.100 **	0.048
结构洞（T−1 时刻）		0.350 **	0.346 **	0.349 **
网络异质性（T−1 时刻）		−0.181 **	−0.185 **	−0.176 **
交互项				
度中心性 * 网络异质性			0.031 *	
度中心性 * 结构洞				0.062 *
F	4.606 *	79.195 **	69.828 **	69.923 **
R^2	0.005 **	0.128 **	0.129 **	0.130 **
调整后的 R^2	0.004 **	0.127 **	0.128 **	0.128 **
R^2 更改		0.124 **	0.001 **	0.001 **
F 更改		177.781 **	3.843 *	4.502 *

注：假设检验结果[a]（N=4750）；

a 所有的自变量都已标准化，系数采用的是标准化系数；

** $P < 0.01$，* $P < 0.05$。

模型 3a 是在模型 2 的基础上，把度中心性与网络异质性的交互项放入回归方程，结果显示度中心性与以往绩效的交互项系数为正且显著，表明度中心性正向调节以往的网络异质性与当前占据结构洞（$\beta = 0.031$，$p < 0.05$）。模型 3b 是在模型 2 的基础上把度中心性与结构洞交互项同时放入回归方程，结果显示度中心性与结构洞的交互项系数为正且显著，表明以往度中心性正向调节以往的结构洞位置与当前占据结构洞（$\beta = 0.062$，$p < 0.05$）。假设 H5−4 和假设 H5−5 都得到统计数据的支持。

为更直观地显示度中心性对结构洞与网络异质性的调节作用结果，本节通过标准化之后的简单斜率分析（simple slope analysis）（刘军，2008）来反映模型 3a 和模型 3b 的结果。如图 5−2 所示，比较两图中直线的斜率差异，可以看出随着度中心性的增大，以往结构洞对当前结构洞的正相关关系增强，以往的网络异质性对当前结构洞的负相关关系减弱。假设 H5−4 和假设 H5−5 都得到了验证。

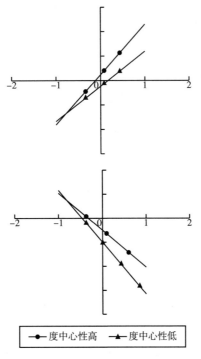

图 5 – 2　度中心性对结构洞与网络异质性的调节作用

5.1.5　结论与讨论

基于社会网络理论中的行动的结构理论，结合美国生物科技行业 11 年的专利合作网络数据，本节从网络结构与网络内容两个视角研究了哪些个体更容易占据结构洞的位置。主要结论有：第一，从网络结构的惯性与蕴涵的机会来看，发明者占据结构洞的位置与其过去五年在合作网络中占据的中心性与结构洞位置正相关；第二，从网络内容的角度来看，个体所嵌入的网络异质性越高，越不利于占据结构洞的位置；第三，这种关系受到个体所占据的中心性位置的制约，度中心性越大越有利于个体对异质知识的吸收与利用，也就促使个体去追逐更多的结构洞。也就是说，随着度中心性的增大，个体以往结构洞与当前结构洞的正相关关系会增强；而个体以往网络异质性与当前结构洞的负相关关系会减弱。

本节的理论模型及实证研究具有以下两个理论贡献：第一，以往的社会网络理论研究大多关注结构洞如何影响个体绩效，而对结构洞是如何形成与演化的研究则并不多见。为数不多的结构洞形成研究也集中在企业节点或团队层次，本节从网络结构、网络内容以及两者交互的视角探讨了专利合作网络中结构洞的内生形成机理，这是在个体层次上的一次研究努力，丰富了社会网络理论。本书认为，网络结构不是给定不变的（given），以往的网络结构与网络内容不但对个体的绩效有帮助，同时也蕴含着机会与激励，影响了个体行动以及未来的网络位置。网络位置的形成是所有嵌入网络的参与者共同行动的结果，本节的研究超越了个体间二元关系的研究，同时考虑到结构洞之于整体网的特殊性（如小世界网络的最短路），本节的研究结论可以为网络演化的机制模型的构建提供思路，这就为网络的演化动力学理论做出了贡献。第二，从格兰诺维特对低度社会化与高度社会化的批评开始，结构导致行动的思想一直在社会网络理论研究中占据主导地位。与在实证与理论上对网络内容变量与网络结构变量进行分开检验一样，本书认为，网络内容也蕴含了行动者的激励和机会。特别地，本节从混合网络位置的视角考察了两者对个体占据结构洞位置的交互作用。团队层次的结构洞形成研究表明，网络异质性会继续导致占据结构洞位置，但本节基于个体层次的研究结论与此相反。由于个体（严格）受到自身的知识吸收能力的限制，不同于企业或团队节点，嵌入在网络中的异质知识不一定会成为个体继续追求结构洞的动力，反而更有可能成为"负载"。此时个体所具有的强关系就如同增强了个体的吸收能力，解决了行动的困难，从而促使个体通过占据更多的结构洞来获取更多样化的知识。本节研究结论丰富了社会网络理论中的行动的结构理论。

本节研究也有如下研究局限和未来可拓展的空间。首先，本节采用的是生物科技行业的专利合作网络来验证我们的假设。与其他网络相比（现实中的友谊网络，虚拟的社交网络如新浪微博等），专利合作网络的特殊性表现在以下三个方面：第一，正如本节变量测量部分所阐释，在专利合作网研究中，有一个优势就是我们可以考察个体嵌入的网络中流动知识的类型，即我们可以测量出个体在网络中获得的异质知识的数量与种类。每一项发明专利都有专属的 class 信息，因此异质知识数量就可以用分属不同的 class 的个数来衡量。专利合作网络的这个优点可以使我们方便快捷并且直接地测量出网络内容变量，即个体所嵌入的网络中蕴含的异质知识。而无论是友谊网络还是虚拟社交网络都不具备这个特点，专利合作网络较好地解决了赛博特（Seibert，2001）提到的网络代理问题。第二，在专利合作网络中，网络位置的演化是发明者对知识创新的追求所驱动的，网络中流动的是知识。而无论是虚拟还是现实的社交网络，除了获取知识以外，还体现了个体情感的需要及多样化的心理需求（如八卦等猎奇心理）。因此，如果用其他网络验证，本节的假设 H5 - 2 也许将不显著。第三，在专利合作网络中，每一对关系意味着双方有过一次成功的合作经历，是一种强关系。这种强关系体现了个体能调动的资源。与之不同的是，虚拟的社交网络则不需要（典型的如新浪微博只一次关注就可以）。这种特殊性导致在对假设 H5 - 3 验证时，度中心性的调节作用也许就不显著。综上所述，本书的理论研究具有情境局限性（context limitation）。如果推广到其他网络，还需要对相关假设进行调整。

其次，网络内容也包括个体属性，受限于二手数据，我们无法测量到个体有目的的行为以及性格、网络管理能力等个体特征变量。而这些变量反映了个体把握网络机会的能力，对后续网络位置的变动影响很大，未来可以考虑在实地研究或仿真建模中加以考虑。

最后，本书通过专利合作数据推导出发明者的合作网络，只是记录了两个发明人在共同开发专利中的合作关系，而无法追踪到其他的关系类型。譬如两个发明人私下的讨论与交流，甚至一起发表了学术论文等重要的合作关系在专利合作网络中都无法体现。由于受到发明者创作周期不确定的限制，我们也无法对发明者的知识创新情况进行长时间的精确跟踪。这些局限体现了网络异质性变量的不完整，后续的工作可以考虑将其他领域的实证数据纳入考察视野，进行更加深入全面的实证数据收集以验证模型的有效性并拓展本节的研究结论。

5.2 社会资本视角下的咨询网络演化研究 *

5.2.1 研究背景

当今组织知识管理所面临的一个主要问题是，知识管理系统只能对组织中可编码的显性知识进行储存、查询、搜索等，而对存在于组织成员大脑中的隐性知识的管理则显得无能为力；人们在获取知识的过程中更倾向于直接

　＊ 本节部分内容发表于：张华，席酉民. 社会资本视角下的咨询网络演化研究［J］. 运筹与管理，2009，18（4）：138 - 143.

求助人际网络而不是那些知识管理工具，组织成员间的咨询网络成为组织成员获得知识尤其是隐性知识的重要途径。这些特点使得知识管理的研究重心从对技术的开发转而到对人的关切，群体中的任务咨询网络得到了学术界和管理实践越来越多的关注和重视，并成为知识管理领域研究的热点之一。

以往对人际网络中知识转移问题的研究，大多源自社会网络理论的研究思路。主要从网络结构特征以及个体在网络中占据的位置等角度来考察成员间的知识转移（Coleman，1988；Burt，1992；Hansen，1999；Reagans，2003）。这些研究大多遵循了网络范式一贯的结构主义思维逻辑，即将网络结构视为静态的外生变量，忽视了个体的异质性和能动性，这就带来两个根本问题：第一，尽管网络结构对成员间的知识转移有重要的影响，但从观察管理实践就可以知道，仅从网络结构这一个维度来考察对知识转移的影响显然是不够的，网络分析没有打开成员知识获取过程的黑箱；第二，一个更重要的理论问题是，在社会网络理论现有的理论框架内，社会网络的涌现及演化问题无法得到解释。而合作网络的演化对于理论界和实业界都具有重要的意义，理论上有助于我们加深对网络形成与演变中微观—宏观连接问题的理解（Cederman，2005）。同时，在管理实践中，知识网络的演化对组织核心竞争力的形成具有重大意义（Nerkar，2005）。因此本节研究将打破静态的结构主义束缚，重点考察网络动态性演化。

借鉴复杂网络研究中的动态网络模型的设计与复杂性研究的思路，我们认为，网络演化研究的本质是通过建立个体的决策模型来模拟宏观层次上有关变量的动态关系。这就需要我们对个体所处组织情境以及现实细节的深入研究，这是"开发即便是一种相对较简单的计算模型"所必需的（Borgatti，2003）。在一定程度上，咨询网络的宏观演化过程是微观上个体利用社会资本以获取知识的反映。因此，本书基于过程的观点，将个体的知识转移过程分为转移对象的搜集以及转移条件的判断两个阶段，并从社会资本的视角建立个体在这两个过程中的决策模型，以此考察咨询网络的演化及其对群体绩效的影响。

5.2.2 咨询网络、社会资本与知识获取

咨询网络在组织运行中发挥着极为重要的作用，是组织知识管理重点关注对象。克罗斯等（Cross et al.，2003）在对一家具有较为完备的知识管理

数据库的咨询公司调研后发现，85% 的受访经理表示，作为项目成功的关键，当他们遇到问题的时候，采用的解决方式是直接求教于他人而不是数据库。为什么在科技发展的今天，在面对组织已提供的如此繁多而又便捷的知识管理工具的同时，组织成员在寻找知识的时候还是愿意直接求教于人呢？已有很多学者对这个有趣但又深刻的问题进行了研究。这是因为复杂的、隐性的、情景依赖的知识不能够进行编码而只能保存在人的大脑中。数据库中储存的都是可编码的知识，那些只可意会的知识只能求教于当事人（麦克尔，2000）；知识在应用的时候，情境将发生改变，如果不进行相应的调整，则无法在新的情境下使用知识（Doz，2001）。如何在不同的情境下使用知识，是知识数据库所没有也无法回答的，所以遇到这样的情况的时候，人们更倾向于直接去问询知识的创立者，来确定知识在新情境下的适用程度；相对于文本的阅读，人们可能更喜欢通过与人的交流来获取知识（Caldwell，1985）。正是基于这样的原因，组织中的咨询网络成为成员获取知识的重要来源，对咨询网络的研究与刻画无论对组织还是对成员绩效的提升都具有重大的意义。

当前对咨询网络的研究普遍采用社会网络分析方法，即通过对组织成员的访谈与调查发现企业内员工的知识网络、关系网络，并以此研究组织知识管理等方面存在的问题，或根据成员在网络结构中所处的位置来评估其对成员绩效的影响（Borgatti et al.，2002）。这种静态的结构主义分析逻辑把网络结构视为外生变量来看待，忽视了具有能动性的个体行动者。他们强调对成员行动的外在结构限制（或机会）而缺乏对个体行为的内在驱动力的解释（周密，2007）。更有一些"坚定"的结构主义理论家主张结构是各种社会安排所体现出来的模式，其享有优于个体行动的本体论地位（马汀，2007）。我们认为，尽管网络结构对成员间的知识转移有重要的影响，但从观察管理实践就可以知道，仅从网络结构这一个维度来考察对知识转移的影响显然是不够的。结构分析无法揭示个体的知识获取过程，以及由此带来的个体与结构的演化问题更是无从解决。当前的网络研究缺乏一个"完全恰当的可用以说明社会网络本身实际如何形成、复制和演变的解释模型"（马汀，2007），而知识网络的演化对企业核心竞争力的形成具有重要意义（Nerkar，2005）。因此，当今学术界都呼吁对社会网络理论的研究应该从结构分析的研究模式中走出来，要尝试去阐释结构本身是如何出现和消失的，要从对结构洞将给人们带来什么的讨论转到探究结构洞是如何产生的、消失的。即要跳出静态结构分析，转而关注网络的动态演化问题。

网络演化多见于统计物理学中对复杂网络的研究，近年来，组织研究尤其是对知识网络的研究也较多地借鉴了复杂网络的研究成果（吴金闪，2004；邓丹，2005）。当前的研究成果主要集中在以下两个方面：一是建立在网络上的其他模型，如渗流模型、传染病模型等对网络动力学性质的研究。如考恩（Cowan，2004）通过仿真研究比较了不同网络结构上知识的传播过程，他发现小世界网络上知识的转移速度较之随机网络更快，但带来知识含量的不公平；奥布斯特菲尔德（Obstfeld，2005）比较了不同网络结构下群体的双 E 创新协调机制，发现了网络密度与群体绩效的曲线关系。这些研究将网络结构视为个体行动者所处的外部环境，同样也是基于静态的网络结构不变假设，将个体视为同质化的节点，没有关注个体的行为偏好。二是通过对实际网络演化的统计规律的分析，构建具有某一类拓扑特性的网络的形成机制的探索，即网络演化的机制模型的构建。如瓦茨（Watts，1998）提出的小世界网络模型以及艾尔伯特（Albert，2002）提出的具有幂率特性的 scale free 网络模型。相比于网络动力学的研究，机制模型提出了个体的连接规则，并探讨了在个体连接规则下网络演化的结果。但这些机制模型仅仅提供了一个算法来告诉我们如何去构建一个具有特定结构特征的网络，并没有对个体连接规则背后的机理进行解释。机制模型告诉了我们"怎么做"（how），但我们更想知道的是"为什么"（why）。而后杰克逊（Jackson，2002）提出的基于成员目标行为（strategic behavior）的网络演化模型为我们考察特定网络的生成与演化提供了一个很好的参照，将网络的演化研究向前推进了一大步。但杰克逊模型的局限在于，其仅仅考虑了个体的经济学特性，这种经济网络的研究假定个体以收益最大化为目的的连接模式，并不完全适合于以知识为主要流通内容的咨询网络的演化情况。相比于经济网络，咨询网络中个体行动者的目标行为则更为复杂，对群体中咨询网络的演化研究更具有实际意义。因此，本节将在建立咨询网络中个体的目标行为模型的基础上，考察网络结构的涌现及演化特征，以及网络与个体行为的协同演化对群体绩效的影响。

作为一个典型的复杂系统，咨询网络的演化呈现出非线性自组织特征。根据复杂系统的研究思路，个体的知识获取过程将是我们研究网络演化的起点。个体通过咨询网络获取知识的过程其本质是个体利用其社会资本获取资源的过程。社会网络是社会资本产生的必要条件，但社会资本的生产性却体现在个体行动者对于社会网络关系以及蕴含其中的信任、规范等诸多要素的工具性利用上。

基于过程的观点，我们将知识转移分为两个过程，即知识源的搜寻以及随后对知识转移条件的判断。而个体是如何利用社会资本来完成上述两个过程的呢？我们采用那哈皮特和戈沙尔（Nahapiet and Ghoshal，1998）提出的社会资本的三个分析维度分别考察其在不同的知识获取阶段的作用。社会资本的三个维度包括结构维度、关系维度和认知维度（见图5-3）。所谓结构维度是指行动者之间联系的整体模式。这一维度主要关心的是网络联系的存在与否、联系强弱及网络结构。所谓关系维度是指通过关系创造或者由关系手段获得的资产，包括信任与可信度、规范与惩罚、义务与期望以及可辨识的身份等。社会资本的结构维度与关系维度的区别在于，前者指的是社会关系网络中的非人格化方面，即分析的重点在于网络联系和网络结构的特点，可以利用许多特征变量，例如连接的强弱、网络的密度、中心与边缘、连通性等加以分析和描述，而这些指标并不因网络联系中所连接的个体的不同而有所不同，格兰诺维特称之为结构性嵌入。而关系维度则指的是社会联系的人格化方面，即与社会联系的主体行动者有关。关系维度表现为具体的、进行中的人际关系，是人们在互动过程中建立起来的一种具体关系，格兰诺维特称之为关系性嵌入。社会资本的认知维度包括共享的语言和符号、共享的愿景以及默会知识等因素。我们认为，社会资本的结构维度与关系维度主要影响了个体对知识源的搜寻。个体所处的网络结构决定了其可能接触到的资源，而以往成功的咨询经历也有助于促进交互的再次进行。社会资本的关系维度与认知维度主要影响了个体间知识转移条件的判断。认知维度反映了个体对知识差异的评估。抛开情感等非理性因素之外，知识转移的成功与否将取决于双方知识的判断。考恩（Cowan，2007）在企业创新网络的研究中将认知维度（认知嵌入性）刻画为双方对彼此知识互补程度的评估。本书认为，双方只有在具备一定的共享知识的基础上才能发生知识转移，因此知识转移的成功率依赖于双方知识的差异程度，差别太大则转移难度增大，差别太小则没有转移价值。同样关系维度也影响着转移条件的判断。双方在不断的交往中产生的信任、强关系有助于知识，尤其是复杂的隐性知识的转移。关系维度决定了双方的知识转移效率，转移效率应与关系的强弱成正比。为了研究方便，按照格兰诺维特（Granovetter，1973）对关系的强度的测量，本书将用交往次数来代表关系的强度。

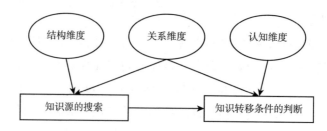

图 5 - 3　社会资本视角下的知识转移过程模型

5.2.3　模型构建

本书关注类似于高校的科研队伍或企业中的研发队伍这样一类组织（或群体），组织成员面临同样的问题，或有着共同的关注点，或关注于同一项任务，彼此通过在不断发展的基础上相互影响，加深其所在领域的知识和专业技术，同时提高整个组织的绩效水平。研究当面对不同的任务类型时，成员如何通过任务咨询网络互动来提高组织绩效。为实现这样的设计理念，我们的模型主要包括以下三个主要内容。

5.2.3.1　任务环境建模

莱特（Wright）于1932年提出了适应度景观的概念，并用它作为研究生物有机体进化的基本框架。适应度景观是通过将基因型（genotype）的适应值分配给基因型空间中对应的点而得到的，由于各基因型的适应值是有差异的，因而就形成了类似"山峰状"的崎岖景观（见图 5 - 4）。适应度景观的峰（peak）对应着基因型的高适应度，而适应度景观的谷（valley）则对应着基因型的低适应度。

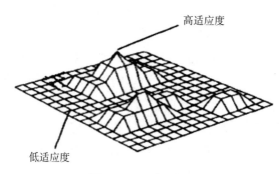

高适应度

低适应度

图 5 - 4　适应度景观

考夫曼（Kauffman，1971）研究认为，在人口遗传学中，适应度景观是由一个有机体的各种属性（基因）的适应性的相互依赖程度决定的。假设某个物种有 N 个基因，那么每一个基因的贡献度有赖于 K 个其他的基因。于是，考夫曼发现了一个能简练地生成适应度景观的 NK 模型。在这个模型中 N 指的是一个物种所包含的基因总数，K 表示这些基因间的互动程度，一个基因的贡献度取决于其他 K 个基因的属性。随后 NK 被引入组织研究领域，集中在战略、认知、组织设计、创新管理等方面。利文索尔等（Levinthal et al.，1997）将其应用到组织中，认为一个特定的组织中包含 N 项决策，每项决策有两个值（0 与 1），这样，适应度空间中则包涵了 2^N 种可能的组织决策配置形式。在一个特定的组织形式中，每一项决策都不是独立的，因此，单一决策对组织整体的贡献度不仅取决于决策本身，同时也取决于 K 项与其相关的其他决策，K 的取值范围为：$0 \leqslant k \leqslant (n-1)$。因此，一个决策的绩效贡献就取决于 K + 1 个决策（自身与 K 个其他的决策）的结果。

5.2.3.2　成员行为策略：创新与模仿

由此可知，每个成员对任务的解决方案可看作包含 2^N 种不同选择的字符串，每一种不同方案中的单项决策对应着不同的决策贡献度。在将组织整体的绩效定义为所有决策贡献度的平均值的情况下，则可得到组织在不同的决策配置状态下的绩效景观。本书将 100 个 agent 随机分散在绩效景观上，在初始状态，每个 agent 都有自己的解决方案。agent 相互组成咨询网络进行信息的交互。每个 agent 都是主动地寻求知识，通过与周围邻居的互动来提高各自的绩效水平。

在以往研究中的多 agent 仿真模型中，agent 的模仿与创新行为得到了极大关注。但以往的模型中，对 agent 的模仿与创新的设计过于简单，无法刻画真实的组织系统，同时也不利于我们发现咨询网络演化过程中个体行为的影响。其中对模仿的设计通常采用了"无条件模仿策略"，这没有反映出 agent 的认知行为，即在方案差别很大的情况下，模仿的成本会很高，成员并不会轻易放弃原有方案。而且成员的学习行为受到组织文化等软控制因素影响巨大，组织可以通过各种激励手段鼓励或约束成员的学习行为。也就是说，个体的认知除了表现在对咨询伙伴的选择上以外还体现在对方案的比较上。我们认为，设定组织成员应采用"选择性模仿"的学习策略更符合组织实际。因此本书用认知阈值的概念来刻画两个个体对知识转移条件的判断标准。当两个 agent 相遇后，将比较彼此方案的差别，而只有差别在可接受的范围内，知识转移才会发生。

本书对个体创新能力的设定也是基于以往对个体创造力的研究成果。早期对创造力的研究大多集中在个人的特质上，后来个体的创新过程以及对个体创造力的激发得到越来越多的关注，近年来，从社会网络的视角开展对个体创造力的研究逐渐成为研究的热点。本书的研究更关注在咨询网络的演化过程中个体创造力的影响。基于前人的研究，我们认为个体创新能力与其具有的关系的数量呈曲线关系，即过多或过少的联系都不利于个体创造力的发挥。我们假定个体的创造力与其关系数量的函数为：

$$Creativity = -x^2 + bx \qquad (5-1)$$

其中参数 b 为咨询网络中平均关系数的 2 倍，也即我们假设拥有平均关系数的个体，其创造力最大。

5.2.3.3 成员行为设定

基于前文的分析，我们从社会资本的三个分析维度来考察个体是如何利用咨询网络搜寻知识源并完成知识转移的。首先，个体当前所处的网络结构决定了个体能接触到的知识源，双方所拥有的共同朋友的数量与见面的概率成正比。但仅将网络结构看作 0、1 的布尔数来计算见面概率是不准确的，原因就在于网络的内容是不一样的，基于前文的讨论，社会资本的关系维度，即网络中蕴含的信任、规范同样制约了个体对知识源的搜寻。因此，从技术上来看，个体的咨询网络是一个由不同信任程度的双边关系的集合所组成的网络，即加权网络。因此在这样的加权网络上，个体 i 与个体 j 见面的概率为：

$$P_{i,j} = \frac{\sum n_{i,j} \times common_{i,j}}{\sum m_i \times friends_i} \qquad (5-2)$$

其中，$n_{i,j}$ 表示双方与共同朋友交往次数的调和平均数，分母为所有朋友的交往次数的总和。

同样的道理，如果仅从静态的角度去理解社会资本，那么镶嵌于相同网络结构之中的行动者具有相同的社会资本。但从经验研究中就可以发现，处于相同或类似社会网络结构中的个体在拥有社会资本的数量上，可能存在巨大的差异。这种差异反映了不同个体在对网络资源的工具性利用的能力上的差别。在本节的模型中，我们设定个体所能拥有的最大的朋友数量来反映个体的社会交往能力，用于刻画个体对社会资本的工具性利用能力。而个体行动者的决策程序如图5－5所示。

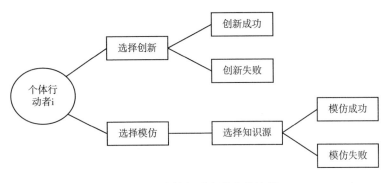

图5－5　个体行动者的决策流程

5.2.4　仿真实验

我们选取50个agent，将其随机分布在绩效景观上，刻画为一个由不同知识异质性的agent组成的群体。根据本节的研究设计，建立如下变量用以刻画仿真模型，变量说明如表5－3所示。

表5－3　　　　　　　　　　　　　实验参数

参数类别	参数名称	参数说明	实验参数值
群体特征	N	群体人数	50
	Cap	成员最大交往人数	Rand（1，50）
	H	个体对知识的认知	0，4，8，10
	Dey	关系衰减系数	－0.01，－0.001
任务特征	n	个体面对的任务所包含的决策项个数	10
	k	任务的关联复杂程度	4
咨询网络结构特征	C	咨询网络的集聚系数	待考察参数
群体绩效	fi（t）	t时刻第i项决策对整体绩效的贡献值	Rand（0，1）
	P（t）	t时刻群体绩效	待考察参数

本次实验一方面考察咨询网络涌现出来的结构特征，另一方面则考察个体与网络的互动对群体绩效的影响。我们采用顶点度分布（DegC）、平均最短路径长度（L）和集聚系数（C）来描述咨询网络的结构特征。因为知识转移属于双向对称的关系，所以本节研究的是无向对称网络。由于网络的演化状态随着时间步长的推进，表现出不同的结构形态，特别地，为了考察网络的涌现特征，本节研究从个体节点的无连接状态开始，因此对网络结构的考察将从一定的时间步长之后开始，且主要以网络的集聚系数作为考察的实时指标①。集聚系数是网络的另一个重要的统计属性。它用来刻画网络的小集团形态，在本节中描述 agent 的朋友圈子。节点 i 的集聚系数可计算为包含节点 i 的三角形除以网络中所有连通三元组的个数。连通三元组（connected triples）是一个至少有一个点与其他两点都相连的三个结点组成的组。网络的集聚系数则取所有节点集聚系数的均值，计算公式如下，若 j，l 是 i 的直接连接节点，则 w(j,l) = 1，否则 w(j,l) = 0。

$$C(t) \ = \ \frac{1}{N} \sum_{i} \sum_{j,l \in \Gamma_i} \frac{w(j,l)}{N_i(N_i - 1)} \tag{5-3}$$

5.2.4.1 基准模型

我们首先选择参数认知能力最大，H = 10，以及关系衰减函数 Dey = −0.001 的情况下，考察涌现出来的网络结构特征来作为我们的基准模型（baseline model），随后我们分别考察在不同参数空间上，网络结构的涌现形态以及群体绩效的变化情况。

由图 5−6 可知，随着个体间的互动，群体绩效逐步提高，最终达到一个均衡的水平后不再提升；而随着时间步长的推进，网络的集聚系数先逐步提高，在群体绩效达到均衡水平之后，在衰减函数的作用下集聚系数迅速下降，并逐步降低至最低点。图 5−7 中虚线代表相同规模下的随机网络的集聚系数，从中我们可以看出咨询网络的集聚系数远远大于随机网络的集聚系数。正是基于社会资本的咨询对象的选择方式导致了这样的情况——朋友的朋友

---

① 我们只有在网络演化到一定时间之后再考察网络的统计学指标才有意义，因为实验进行之初，网络中连接的数目较少，此时考察没有实际价值，因此本节选取 100 个时间步长之后集聚系数的变化情况。之所以选择集聚系数作为我们的实时考察参数，是因为集聚系数是最重要的刻画社会网络的参数，在很多研究中得到普遍的应用。

容易见面，而曾经成功的合作经历增加了再一次合作的可能性，这些都导致
了咨询网络呈现出较为明显的群聚特性。特别地，我们选取网络演化时期的
一次"快照"来更直观地考察网络的涌现形态。图 5 - 8 为网络演化在时间
步长为 800 时的一次网络结构图，其顶点度分布（DegC）、平均最短路径长
度（L）和集聚系数（C）表明此时网络体现了较为明显的小世界现象①。

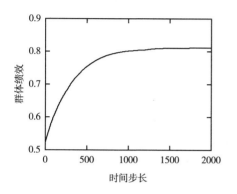

图 5 - 6　群体绩效随时间的变化

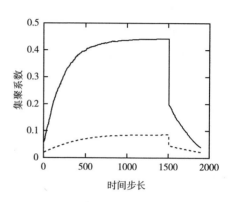

图 5 - 7　集聚系数随时间的变化

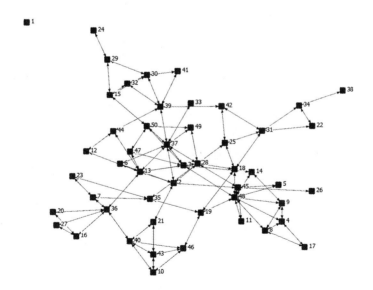

图 5 - 8　咨询网络的涌现

---

①　由于对小世界的检验不是本书研究的重点，本书仅采用网络的集聚系数这一个维度来测量网
络结构的变化。

5.2.4.2 衰减系数对群体网络与绩效的影响

由基准模型的结果可知，本实验可以模拟出群体咨询网络从无到有、从兴盛到衰落的整个过程。下面，我们考察两个重要的参数，认知维度 H 与关系的衰减系数 Dey 的不同取值对群体绩效以及网络集聚系数的影响。衰减系数反映了群体中关系的维系时间，衰减系数越大则群体关系越不稳定，成员间合作相对短暂而频繁，如图 5 - 9、图 5 - 10 所示在 Dey = 0.01、0.001、0.0005 三种情况下对群体网络与绩效的影响情况。

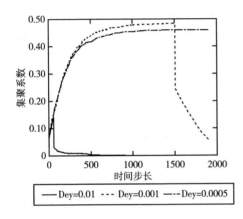
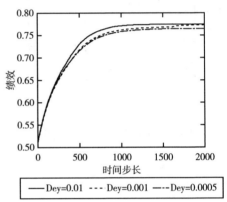

图 5 - 9　不同衰减系数下集聚系数的变化　　**图 5 - 10　不同衰减系数下群体绩效的变化**

如图 5 - 9 所示，网络的集聚系数随着衰减函数的增大而变得非常不稳定。当成员间的关系衰减较快时，群体成员频繁选择咨询伙伴，群体内部的小团体快速地组建与消退，网络整体表现得较不稳定，网络的集聚系数波动较大。而与网络的集聚系数的变化相对应，群体绩效却随衰减系数的增大而增大。如图 5 - 10 所示，群体的绩效水平在 Dey = 0.01 时最大，而在 Dey = 0.0005 的时候最小。这说明在不考虑连接成本与成员的认知水平的情况下，小团体的存在不利于群体绩效的提升。在拉泽的研究中，在网络结构固定不变的情况下，网络密度与群体绩效之间呈倒 "U" 型的曲线关系。而在本书的研究中，个体可以基于自身的社会资本重新选择咨询伙伴，在内生型的网络结构下，衰减函数影响了群体网络密度的变化，个体间合作关系的频繁组合避免了网络密度过大而导致的知识同质化，这就在个体完成模仿学习之后，避免了陷入"知识陷阱"，从而保证了群体内部大量异质知识的存在，有利于个体创新，所以保证了群体绩效的提高。

5.2.4.3　认知维度对群体网络与绩效的影响

认知维度反映了个体对任务方案的比较能力，认知阈值的设立也体现了群体规范的作用，表明群体对成员知识创新与模仿的政策性引导，也决定了知识转移的顺利进行。我们分别考察在 H = 0、2、6、11 四种情况下群体网络与绩效的变化情况。

如图 5 – 11 和图 5 – 12 所示，群体绩效与网络的集聚系数都与认知阈值正相关。这表明，成员认知阈值高的群体将发展成密度较大的咨询网络，且绩效将明显高于成员认知阈值较低的群体。在认知阈值较高的群体中，成员对他人的知识具有较为深入的认知，这有助于知识转移的进行，从而发展成为较稳定的咨询网络；而在认知阈值较低的群体中，由于知识转移发生的困难，成员大多基于自己的知识进行创新，咨询网络难以发展起来。以往的研究表明，在咨询网络结构不发生改变的情况下，个体的认知阈值通过影响到群体的知识分布进而影响到群体绩效，个体的认知阈值与群体绩效呈曲线关系。而在网络演化的情况下，个体虽然在理论上可以接触到群体中的各种异质知识，但由于较低的认知阈值，一方面高绩效的方案无法扩散到整个群体，另一方面咨询网络无法发展起来导致成员的平均连接较低，导致个体接触到的异质知识较少，同时抑制了个体创造力的发挥，这两个方面导致了群体绩效水平的偏低。因此，在动态网络的视角下，在考虑到关系衰减的情况下，提高成员对彼此的知识认知程度将有助于群体发展成较为完善的咨询网络，也有助于群体绩效的提高。

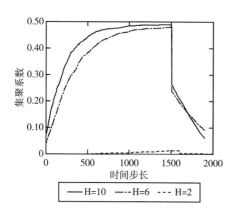

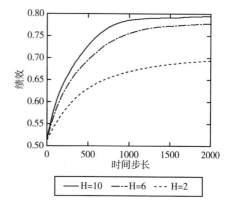

图 5 – 11　不同认知阈值下集聚系数的变化　　**图 5 – 12**　不同认知阈值下群体绩效的变化

5.2.5 结论与讨论

本书基于过程的视角，将个体间的知识转移分为对转移伙伴的选择与转移条件的判断两个过程，并从社会资本的角度刻画个体在这个过程中的决策行为，由此考察微观层次上的个体行为将如何导致宏观层次上咨询网络的演化以及群体绩效的变化。研究表明，基于结构与关系维度的知识转移对象的搜寻过程，以及基于关系与认知维度的知识转移条件的判断过程将导致咨询网络结构发生相应的演变同时影响了群体绩效。特别地，本节通过对关系衰减系数以及成员认知阈值的仿真实验表明，群体绩效与关系衰减系数以及成员的认知阈值正相关，咨询网络的集聚系数与衰减函数负相关，与成员的认知阈值正相关。

本书提出的知识阈值与交互式记忆的概念相似，都用于刻画个体对他人知识水平的认知。以往对交互式记忆的研究表明，成员间知识水平的认知将有助于提高群体的绩效水平（Ren，2006）。本节通过仿真实验发现，成员对彼此知识水平的认知影响了咨询网络的发展，在影响知识转移发生的同时也影响了个体创造力的发挥，从而影响群体绩效。因此，本节研究对打开群体知识处理过程的机制黑箱具有一定的贡献。社会网络的研究没有个体的知识搜寻过程，因此成员基于社会资本发展起来的 know-who 的知识已得到了当今学术界的关注（Borgatti，2003）。本书从个体搜寻行为出发，利用 NK 适应度景观建立了群体互动模型，考察咨询网络的演化，为成员 know-who 知识对群体绩效的影响提供了一个可行的仿真实验平台。

由人组成的复杂系统与别的个体行为导致的集体涌现现象（如蚁群等动物群体或沙堆）是有区别的。人具有理性及对涌现结果的分析能力，也就是说系统涌现的信息将反馈给个体，并影响到个体的行为。这种"二次涌现现象"揭示了个体行为与网络结构的协同演化（co-evolution）。而本节对个体与结构的协同演化考察不够。另外，本节的模型没有考虑到两个节点的连接成本，作为一个较为初级的模型还有很多拓展的空间。

5.3 海峡西岸经济区装备制造业产学研 创新网络的演化研究

5.3.1 研究背景

产学研合作创新是指企业、大学、科研院所在利益驱动下，运用各自资源相互协作所进行的优势互补的经济和社会活动（陈伟，2012）。高校和科研机构在知识创新方面领先，但偏重理论研究，对市场需求关注不足；企业则是技术的需求者，在产品开发和市场开发方面具有优势，但自身研究能力有限。因此，企业与大学在政府相关政策的支持下可以优势互补形成紧密的合作关系，并在一定区域内形成创新网络。这种合作创新网络一方面可以降低参与者的创新成本，优势互补并对各主体的技术创新产生启发效应；另一方面加速了科技成果的转化，推动了规模经济与区域经济发展（李凯，2004）。

与其他组织网络研究类似，产学研创新网络的研究大多基于静态的结构主义分析逻辑，考察不同的网络位置对组织绩效的影响。这种"位置—绩效"（position—performance）解释逻辑现在越来越受到研究者的质疑。产学研创新网络是不断地发展变化的，组织占据的网络位置处于不断变化当中，如果缺乏对网络动态演化的研究，"位置—绩效"的解释逻辑就不完整（马丁，2007；Ahuja，2012）。有学者也指出，网络研究在使用了"高度复杂的分析技术"的同时，还缺乏一些"完全恰当的可用以说明社会网络本身实际如何形成、复制和演变的解释模型"（Emirbayer，1994）。网络结构的动态演化以及个体是如何占据某一特殊的网络位置等理论问题至今还没有得到足够的研究关注（Borgatti，2011）。回顾以往产学研创新网络演化研究文献，我们发现这种现象依然存在，即在自我中心网络层次，鲜有研究揭示节点是如何达到某一网络位置的。具体来说，网络的特殊位置——中心性与结构洞的优势在很多实证研究中都得到了验证，但当前对中心性与结构洞是如何形成的，哪些因素影响组织占据这类特殊的网络位置的研究还很少；在整体网络层次，以往对网络演化机制的研究多从节点增长、关系增加两方面展开，还缺乏基于纵贯数据基础上的对网络演化的动态过程进行分析，及其对区域创新、政策体系以及创新网络治理模式的启示；此外，当前还缺乏对产学研合作网络的微观网络位置与宏观网络结构相结合的研究，个体与网络位置间的协同演化、网络演化微观基础与动力对整体网络的演化影响还没有得到足够的研究关注与实证支持。

本书对海峡西岸经济区装备制造业产学研合作网络的演化研究，除试图弥补上述以往研究在理论上的不足之外，还致力于为产学研相关方决策提供支持。海峡西岸经济区（以下简称"海西区"）在全国区域经济发展布局中处于重要位置，是我国沿海经济带的重要组成部分。在两岸关系不断改善的背景下，如今的海西区积极开展与我国台湾的产业对接，大力发展电子信息、装备制造、石油化工等先进制造业。2011 年国家发改委出台的《海峡西岸经济区发展规划》中明确提出，要"加快发展电子信息、装备制造、石油化工等产业，引导发展一批关联性大、带动作用强的龙头企业和骨干项目，延伸产业链，壮大产业规模，提升产业整体发展水平"，"按照提升水平、重点突破、加强配套的原则，加快建设装备制造业基地"，"支持高等院校、科研院所与企业联合兴办技术创新机构"等发展规划。随着相关政策的出台，海西区经济一体化进程加快，装备制造业产学研合作从弱到强，蓬勃发展。海西区装备制造业产学研创新网络的演化历程为验证我们的理论假设提供了一个绝佳的实证样本，同时对其演化的微观基础、动力与整体网络演化形态的分析与考察，将对提升产业集群的整体发展水平，促进更大范围内的生产要素合理流动和优化配置具有重大意义。

基于此，本书借助国家统计局的联合申请发明专利记录，采用阿胡亚（Ahuja，2012）的组织网络的动态演化框架，基于 2000～2013 年海西区装备制造业的产学研合作专利数据，将海西区装备制造业产学研创新网络动态演化的微观基础、微观动力与整体网络演化维度相结合，试图完整地解释产学研网络的演化过程，这对制定海西区产学研科技发展规划和装备制造业发展战略都具有理论指导与实践参考意义。

5.3.2 理论基础

5.3.2.1 阿胡亚提出的组织网络演化的分析框架

组织网络在内因与外因的作用下是动态地发展演化的，具体表现为网络关系的强弱变化、组织在网络中位置的变化以及网络节点的不断涌入与流出。

以往的网络演化研究大体围绕着以下三个方面展开：第一，网络为什么会演化（why）？是哪些力量推动着网络发生了演化？即网络演化的驱动力因素问题。第二，网络是如何演化的（how）？个体将通过哪些途径的努力促使网络进行演化？即网络演化的内在机理问题（Gulati，2012）。第三，网络在个体努力的作用下将演化成什么样？个体的网络特征将发生怎样的改变？即网络的演化路径问题（what）（Hite，2001；Schutjens，2003）。阿胡亚等（2012）在总结前人研究的基础上，系统地提出了组织网络的动态演化框架模型，完整地囊括了上述问题。阿胡亚等把组织网络演化维度分为自我中心网（ego-network level）与整体网（whole-network level）两个层次，系统地分析了组织网络动态演化的微观基础、微观动力与演化维度，如图 5 – 13 所示。

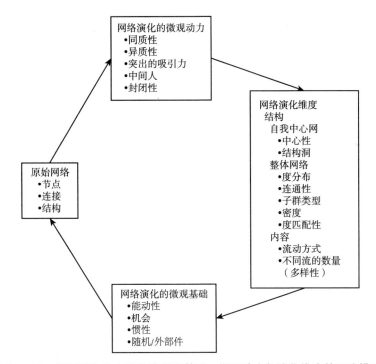

图 5 – 13　组织网络动态演化的微观基础、微观动力与演化维度的理论模型

资料来源：Ahuja G，Soda G，Zaheer A. The Genesis and Dynamics of Organizational Networks ［J］. Organization Science，2012，23（2）：434 – 448.

　　阿胡亚等（2012）将网络演化的微观基础定义为，那些促使网络关系建立、维持、解散与关系内容变化的基本因素。基于前人的研究，阿胡亚归纳了四种网络演化的微观基础，即能动性（agency）、机会（opportunity）、惯性（inertia）与随机/外部事件（random/exogenous）。这些微观基础通过各种机制推动了网络的演化，如相似相吸的同质性（homophily）机制与资源互补的异质性（heterophily）机制等，这些联结机制被定义为网络演化的微观动力。阿胡亚等（2012）认为，组织网络的演化最终体现在自我中心网络与整体网络两个层次上的变化。对于自我中心网络来说，最重要的指标体现在中心性与结构洞这两类重要的网络位置的变化。中心性反映了个体获取异质资源的能力及在网络中拥有的权力；结构洞反映了个体所拥有的不重复的信息源，及其带来的信息与控制优势。

对于整体网络，阿胡亚等（2012）列出了五个演化评价指标：度分布（degree distribution）；连通性（connectivity）；子群类型（pattern of clustering）；密度（density）；度匹配性（degree assortativity）。度分布反映了组织网络成员在地位、权力与声誉上的差别。度分布的变化反映了组织成员在地位层级序列中的位置的变化。连通性反映了网络中组织成员的相互连接情况，通常用网络直径来衡量。如果网络直径变小，意味着网络成员间彼此连接得更加紧密，整个网络变得越来越"小"。"变小"将导致两种可能的结果：第一，信息的流动将变得更加顺畅与快捷；第二，与之相伴的是网络变得更加民主，单个组织控制信息的能力在减弱。子群类型反映了网络在演化过程中形成的子网络或派系（clique）的情况。如果一个整体网络被分割成了多个彼此独立的派系，可能导致派系之间相互竞争，技术创新网络的分割反映了关键技术的不连续。密度刻画了网络成员彼此的连接情况，密度大的网络有助于组织规范的发展。度匹配性反映了度分布类似的节点间的彼此连接情况。正向的度匹配意味着节点度高的组织之间彼此连接，节点度低的组织之间彼此连接；而负向的度匹配则刚好相反，节点度高与节点度低的组织之间倾向于建立连接。正向的度匹配将导致整体网络中"核心—边缘"结构的出现，而负向的度匹配反映了组织间竞争优势的变化。综上所述，阿胡亚等的分析模型总结了前人的研究，理顺了分析逻辑，代表了当今组织网络演化研究的前沿。

5.3.2.2 产学研网络的演化研究

产学研网络是一类特殊的组织合作网络，成员由政府、大学、研究所、企业构成，各方存在合作创新的愿望和基础，会在合适的方式下开展合作，推动创新网络的演化（胡军燕，2011）。近年来，产学研创新网络的演化问题也引起了国内外学者的关注。马艳艳（2011）采用社会网络分析技术对专利申请合作网络的规模、密度、中心度和中心势等网络结构指标进行了测度，研究发现，企业的中心度和中心势尚未真正形成。王灏（2013）研究表明，光电子产业的创新网络构建取决于产业和技术特征，网络演化的动力逐步由最初来自"织网人"的撮合转化为创新主体的主动合作。刘凤朝（2011）绘制了"985 高校"与其他高校、研究机构以及企业之间的产学研专利合作网络，分析了 1985～2009 年专利合作网络结构及空间分布的演化路径。研究结果表明，中国"985 高校"的产学研专利合作网络演化呈现明显的阶段特征，1999 年以后，网络规模不断增大、联系迅速增多、连通性越来越强。鲍威尔（Powell，2005）针对生物科技领域创新网络的演化提出了四种微观连接机制——积聚性优势、趋同性、顺应潮流、多维度连接。格拉夫（Graf，2011）在对专利合作网络的演化研究中发现，相比于私人企业，公共研究机构更容易占据结构洞的位置。考菲尔德－蒙茨等（Kauffeld-Monz et al.，2013）在对德国 18 个区域创新网络的研究中发现，公共研究机构，尤其是大学在创新网络中居于更中介中心性的位置，广泛参与到知识交换中来。

　　尽管目前已有很多学者对产学研创新网络的演化问题进行了一些富有价值的研究，但是仍留下了很多没有解释的空白区域以及大量研究争论的存在。以往研究的不足体现在如下三个方面：第一，在自我中心网络层次，以往的研究大多对节点网络位置的分析还不够深入，鲜有研究揭示节点是如何达到某一网络位置的；第二，在整体网层次，以往对网络演化机制的研究大多从节点增长、关系增加两个方面展开，还缺乏基于纵贯数据基础上的对网络演化的动态过程进行分析，及其对区域创新能力的启示；第三，当前还缺乏对产学研合作网络的微观网络位置与宏观网络结构的结合研究，个体与网络之间的协同演化还没有得到实证的关注。

　　基于此，本书采用阿胡亚的组织网络的动态演化分析框架，从自我中心网络与整体网两个维度来考察海西区产学研创新网络的演化特征。自我中心网络方面主要关注中心性与结构洞这两个核心位置指标的演变。按照阿胡亚对网络演化微观基础的划分与前人的研究，个体网络位置的形成一方面取决于网络的积累优势，另一方面取决于个体属性与目的性行为（Zaheer，2009）。特别地，探索型创新体现了组织对全新机会的尝试，产生的知识往往与组织现有的知识差异很大（Sasovova，2010）。在创新背景下，代表了最核心的组织特征（March，1991）。李（Lee，2009）在对美国生物科技行业的专利合作数据的研究中也表明，个体以往的探索型创新既有利于个体占据结构洞的位置，同时也有利于其更好地利用结构洞的位置发展更多的创新（Andriopoulos，2009）。因此，我们选用探索型创新作为重要的个体属性变量，从个体属性与网络特征交互的角度去揭示个体中心性与结构洞的演化机理。整体网络方面，采用五维度指标对产学研创新网络演化的动态过程进行分析，揭示整体网络的演化特征及其对区域创新的启示。

5.3.3　数据收集

专利是重要的知识创新产品，一直被视为个体创新的标志（Cattani and Ferriani，2008；Fleming，2007；Lee，2009；Audia and Goncalo，2007），体现了一个由个体提出创新性想法到个体创新行为参与，再到创新最终实现的整个过程（Jaffe，1993）。专利数据具有数据量大，数据翔实可靠，并且分类明晰，可追溯的时间跨度较大等特点，一直以来都是社会网络研究和知识转移研究的主要数据来源，广泛应用于知识流动渠道及创新网络的演化等研究领域。

本节以海西经济区联合申请的发明专利为实证数据，创建海西区装备制造业的产学研合作创新网络。借鉴了陈伟等（2012）研究中的数据处理方式，数据库选自国家知识产权局网站上的其他检索类，选择重点产业专利信息服务平台中的装备制造业。在检索条件中，选择"中国发明专利"，因为其最能代表原创性技术，是知识创新成果的标志；在"申请（专利权）人"检索栏中，输入大学、研究所与公司、厂的交叉组合；在"国省代码"检索栏中分别输入"福建%""温州 or 丽水 or 衢州""上饶 or 鹰潭 or 抚州 or 赣州""汕头 or 梅州 or 潮州 or 揭阳"四种组合，检索出海西区的发明专利。专利说明书中包含了大量有价值的信息，本节研究将使用其中的专利号码、申请日、公开日、发明人、技术分类号及发明者单位所在地等信息，具体的数据处理过程如下。

5.3.4　自我中心网位置的回归分析

5.3.4.1　数据的处理

为了避免同源数据产生的自相关（self-correlation）现象，与以往的研究

一样（Fleming，2007；Cattani，2008；Lee，2009），我们引入了数据窗口的
概念。和前人的研究类似，我们也以 3 年为界构建数据窗口，即按照 3 年的
跨度将 2000～2012 年的数据分为 2000～2002 年、2001～2003 年等 8 个数据
窗口作为自变量网络，相应地将 2003～2005 年、2005～2007 年等 8 个数据窗
口作为因变量窗口。已有研究表明，数据窗口的大小在理论上并不影响最终
的结果（Cattani，2008）。

　　原始的专利数据通过整理后构成了专利的信息清单，而专利与发明人的
组合就构成了一个典型的隶属网络，这种网络可以用一个二分图（bipartite
graph）来很好地描述。通过共同合作的专利为纽带，我们就可以通过 Ucinet
软件把这个二分图转化成发明人之间的一模合作网络以及专利之间关系的一
模网络，如图 5-14 所示。

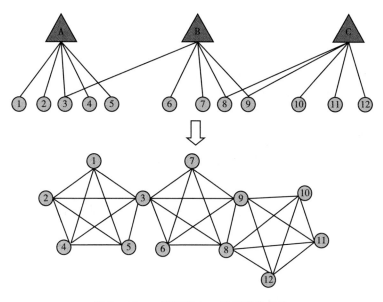

图 5-14　二模网络向一模网络的转化

　　资料来源：Lee, J. Heterogeneity, Brokerage, and Innovative Performance：Endogenous Formation of
Collaborative Inventor Networks [J]. Organization Science, 2010, 21 (4)：804-822.

5.3.4.2　模型变量定义及度量

　　本节研究变量的自变量是在数据窗口中测得，因变量与控制变量是在数
据窗口的次年测量。具体的测量方法如下。

（1）自变量。

①中心性（t-1）。网络中心性的衡量指标很多，根据我们的研究需要并综合以往的研究，我们采用 Bonacich 权力指数来衡量节点中心性（Jaffe，1993；Singh，2005）。研究表明，该指数非常适合无向网络中的中心性和权力的测量。计算公式为：$c(\alpha,\beta) = \alpha \sum_{K=1}^{\infty} \beta^K R^{K+1} 1_i$。其中，$\alpha$ 为任意缩放因子（arbitrary scaling factor），β 为权重。中心性与结构洞两个参数我们采用 UCINET VI 软件来完成测量（Borgatti et al.，2002）。

②结构洞（t-1）。我们采用博特（Burt，2009）提出的结构洞指数里面的限制度指标（constraint）来测量结构洞。通用的限制度指标的计算公式为：$C_{ij} = \sum (P_{ij} + \sum p_{iq} p_{qj})^2$。其中，$P_{iq}$ 是指行动者 i 的全部关系中，投入 q 的关系占总关系的比例。

③探索型创新。每一项发明专利都有专属的 class 信息，因此组织具有的异质知识数量就可以用其发明过的所有专利中分属于不同的 class 来衡量。正是由于专利合作网络的这个优点，我们可以直接测量发明者在过去三年中具有的不重复的 class 的数量来衡量发明者的探索型创新的数量。

（2）因变量。

①中心性（t+1）。作为因变量的中心性，和自变量一样依然采用 Bonacich 权力指数指标。所不同的是我们测量的对象是在随后 3 年数据窗口中的发明家嵌入的网络。

②结构洞（t+1）。作为因变量的结构洞，和自变量一样依然采用网络约束指标。与中心性因变量的数据选取一致。

（3）控制变量。

除了对自变量和因变量进行测量以外，我们还要对一些变量进行控制，以防它们影响到最终结果的可信性。综合前人的研究，并结合本节研究的特点，控制变量如下。

①申请时间，即组织向专利局提交申请专利的时间。消除具体年代的影响。

②审核用时，即专利从申请到得到法律授权的时间。审核时间一定程度上体现了该专利的复杂程度，越复杂的专利其审核的时间越长。这也是控制创新产品的复杂程度对组织占据特定网络位置的影响。

③知识异质性。用组织合作者们所具有的不重复的技术分类号的数量衡

量，用于控制网络中的异质知识。

④外部网络。用发明者与其合作者所在单位同属于一个城市的数量衡量。与知识异质性一样，用于控制网络中的异质知识。

5.3.4.3　假设检验结果

经过网络转换，最终确定的样本包含 863 个观测值，其中有 130 个记录被认定在 6 年窗口中嵌入创新网络。变量的统计描述及其相关性如表 5 - 4 所示。本书使用 SPSS19 软件中的层次回归（hierarchical regression analysis）方法检验我们的理论假设。根据艾肯和韦斯特（Aiken and West，1991）对降低多重共线性建议，我们对所有自变量对应的数据进行了标准化处理。表 5 - 5 显示了对中心性与结构洞的回归分析结果。模型 1a 将所有控制变量放入回归方程，结果表明申请时间与知识异质性对中心性影响显著（P < 0.05；P < 0.01）。模型 2a 在模型 1a 的基础上把所有自变量放入回归方程。结果显示，上一时间窗口的中心性系数为正且显著（b = 0.191，P < 0.01），探索型创新系数为正且显著（b = 0.738，P < 0.01）。这就表明发明者占据中心性的位置与其过去 3 年在合作网络中占据的中心性位置正相关，与其探索型创新负相关。模型 3a 是在模型 2a 的基础上，把中心性与探索型创新的交互项放入回归方程，结果显示交互项系数为正且显著（b = 0.132，P < 0.05），表明探索型创新正向调节以往中心性与当前中心性的关系。因此，网络演化的中心性假设得到了统计数据的支持。

结构洞回归结果与之类似，模型 2b 显示以往结构洞的系数为正且显著（b = 0.188，P < 0.01），探索型创新的系数为负且显著（b = − 0.500，P < 0.01），表明以往结构洞与当今结构洞正相关，探索型创新与当今结构洞负相关。模型 3b 显示以往结构洞与探索型创新的交互系数为负且显著（b = − 0.395，P < 0.01），表明探索型创新负向调节以往结构洞与当前结构洞的关系。因此，网络演化的结构洞假设也得到了统计数据的支持。

为了更直观地显示探索型创新的调节作用，本节通过标准化之后的简单斜率分析（simple slope analysis）（刘军，2008）来反映模型 3a 和模型 3b 的结果。如图 5 - 15 所示，比较两图中直线的斜率差异，可以看出随着探索型创新的增大，以往中心性对当前中心性的正相关关系增强，以往的结构洞对当前结构洞的正相关关系减弱。

表 5 - 4　所有变量的均值、标准差和相关系数

变量	均值	标准差	1	2	3	4	5	6	7	8	9
1. 申请时间	20087150.64	31448.55	1								
2. 审核用时	7571.50	5277.91	0.598 **	1							
3. 异质知识	7.76	10.07	-0.154	0.002	1						
4. 外部单位	2.94	3.12	0.084	-0.031	0.222 *	1					
5. 探索创新	10.34	17.03	0.255 **	0.096	0.640 **	0.213 *	1				
6. 结构洞（t 时刻）	0.82	0.30	0.283 **	-0.225 **	-0.471 **	-0.362 **	-0.513 **	1			
7. 中心性（t 时刻）	3.85	6.20	0.253 **	0.068	0.776 **	0.360 **	0.713 **	-0.651 **	1		
8. 结构洞（t + 1 时刻）	0.74	0.34	0.505 **	-0.259 **	-0.380 **	-0.175 *	-0.627 **	0.502 **	-0.497 **	1	
9. 中心性（t + 1 时刻）	6.02	11.38	-0.269 **	0.103	0.746 **	0.203 *	0.942 **	-0.510 **	0.792 **	-0.643 **	1

注：** 在 0.01 水平（双侧）上显著相关；* 在 0.05 水平（双侧）上显著相关。

表 5 – 5 　　　　　　对个体网络位置（中心性与结构洞）的层级回归结果

变量	中心性（t + 1 时段）回归结果			结构洞（t + 1 时段）回归结果		
	模型 1a	模型 2a	模型 3a	模型 1b	模型 2b	模型 3b
控制变量						
申请时间	- 0. 161 *	- 0. 005	- 0. 026	0. 496 **	0. 385 **	0. 338 **
审核用时	- 0. 008	0. 03	0. 016	0. 033	0. 056	0. 027
外部网络	0. 059	- 0. 034	- 0. 027	- 0. 156	- 0. 064	- 0. 057
知识异质性	0. 708 **	0. 163 **	0. 123 **	- 0. 269 **	0. 062	0. 05
自变量						
中心性（t 时段）		0. 191 **	0. 124 *		0. 050	- 0. 10
结构洞（t 时段）		0. 066 *	0. 037		0. 188 *	0. 131
探索型创新		0. 738 **	0. 692 **		- 0. 500 **	- 0. 752 **
交互项						
中心性 × 探索型创新			0. 132 *			
结构洞 × 探索型创新						- 0. 395 **
F	43. 93 **	238. 427 **	219. 278 **	18. 484 **	21. 292 **	21. 627 **
R^2	0. 584 **	0. 932 **	0. 935 **	0. 372 **	0. 550 **	0. 588 **
调整后的 R^2	0. 571 **	0. 928 **	0. 931 **	0. 352 **	0. 524 **	0. 561 **
R^2 更改		0. 348 **	0. 004 *		0. 178 **	0. 039 **

注：假设检验结果[a]（N = 130）；

a 所有的变量都已经过标准化处理，系数采用的是标准化系数；

** $P < 0. 01$，* $P < 0. 05$。

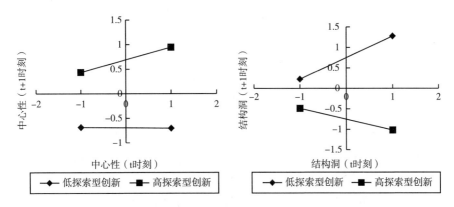

图 5 – 15　探索型创新对中心性与结构洞的调节作用

5.3.5　整体网与子群演化分析

5.3.5.1　2000～2012年整体网络特征分析

本节首先通过 Ucinet 将 2000～2012 年海西区装备制造业所有的产学研发明专利转化为创新合作网络。如图 5 – 16 所示，创新网络表现出典型的"核心—边缘"结构特征，以厦门大学、福州大学等节点为中心组成了最核心层，外围至少还有两层辅助单位，以及零星的两两合作节点。整体网络共有48 个子网络，由于是 13 年的历史记录，所以网络的碎片化指数（Fragmentation）0.608 并不高，其中 198 个单位组成了一个巨大的成分，对其分析如下。

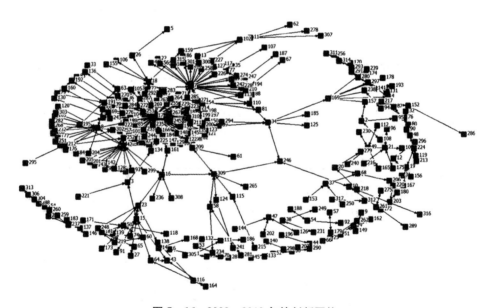

图 5 – 16　2000～2012 年的创新网络

如图 5 – 17 所示，2000～2012 年的创新网络中最大的成分由 198 个节点组成，整体密度为 0.0202，包括 48 个子网络。从表 5 – 6 的核度分布与图 5 – 16 可以看出，成分表现出非常典型的"核心—边缘"结构特征，最外围的节点至少通过 5 个及以上的连接才能达到最核心的节点。网络群聚系数为 0.932，平均路径长度为 3.691，其具体描述指标见表 5 – 6。厦门大学、福州大学、浙江大学、江西理工大学和华侨大学位列度中心性的前五名，但 13 年的跨度仅能提供整体的描述,无法体现海西区产学研创新网络的动态演化过程。

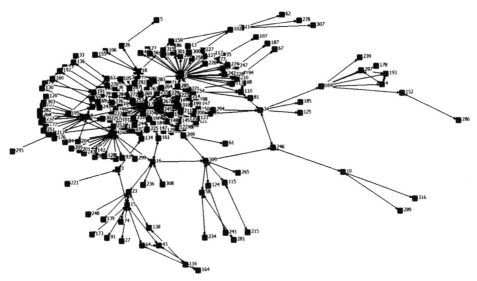

图5-17 2000~2012年的创新网络中最大的成分(Component)

表5-6 　　　　　　　　**2000~2012年专利合作网络相关统计指标(整体网)**

度(degree)分布		核度(coreness)分布		子群特点	最大成分(component)特点
中值	3.035	中值	0.004	48个子网络	节点数:198
最小值	1	最小值	0	3成员以上的成分数:11个,其中3成员4个;4成员3个;6、7、8成员各1个;最大成分:198	密度:0.0202
最大值	157	最大值	0.998		平均路径长度:3.691
标准差	9.622	标准差	0.056		
度中心性的前五名	①厦门大学;②福州大学;③浙江大学;④江西理工大学;⑤华侨大学				群聚系数:0.932
				碎片化指数(fragmentation):0.608	紧密化指数(compactness):0.318

5.3.5.2　基于时间窗口的动态演化过程分析

为了追踪海西区产学研创新网络的动态演化过程,我们采用三年的数据窗口,分成4个时期的合作数据作为分析对象。如图5-18的W1所示,合作网络的主体很分散,只有24家单位有与他人合作的行为,整个网络分成8个相互独立的成分,最大的成分也只有7个节点,形成了以厦门大学为中心的轮毂式网络，整体网络碎片化指数达到0.877（见表5-7）。这表明此时海西区装备制造业还处于不发达阶段。图5-18的W2显示，2004~2006年创新网络成员增加了将近1倍，41家单位参与了合作研发，最大的成分已经由12家单位组成，最大成分的轮毂式结构得到进一步发展，福州大学也进入创新网络。厦门大学的中心性加强的同时，其合作伙伴间已经开始内部合作。W3显示，2007~2009年，创新网络成员增加了2倍多，95家单位组成了创新网络。海西区装备制造业在这三年得到了跨越式发展，表现在创新网络中出现了一个由67家单位组成的巨大的轮毂式网络。厦门大学依然占据着海西区创新网络的中心性位置，福州大学、浙江大学和温州大学也加入创新网络，成为重要的网络成员。此时不仅网络成员内部发展出合作关系，而且轮毂式还在向外辐射，吸引更多的节点组成网络的外围成员。W4显示，进入2010~2012年之后，海西区装备制造业创新网络展现了以往都未曾有过的巨大发展势头，网络节点较之上一个三年持续增长2倍多，与以往显现出的最大不同是，这三年间整体网络内部共有44个成分，其中最大的也不过仅有

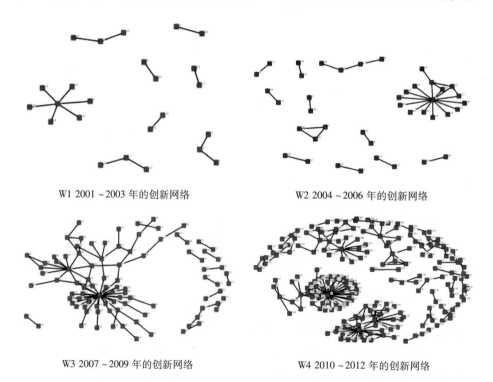

W1 2001~2003年的创新网络   W2 2004~2006年的创新网络

W3 2007~2009年的创新网络   W4 2010~2012年的创新网络

图5-18   创新网络的动态演化

49 家单位，小于 2007～2009 年的情况，碎片化程度居历年之首。这表明海西区装备制造业产学研创新合作网络，已经由以往的轮毂式结构发展出多中心—卫星结构。在各自的"中心—卫星"网络中，厦门大学、江西理工大学与福州大学成为各自成分的中心领导力量，而华侨大学也异军突起，在创新网络中也占据一席之地。厦门大学、福州大学、江西理工大学与华侨大学等都具有较好的研发基础与人才优势，在海西区拥有较高的公众认可度，承担着大量的国家与省级科研项目及企业咨询项目，因此这四家高校能够吸引区域内的企业与之合作，表现出较高的中心性且产生了丰富的科研成果。同时，从实证结果来看，这些中心性高的高校同时也促进了合作伙伴之间的合作，导致自身结构洞的降低。可以看出高校更多的是充当纽带作用的"联络者"角色而不是"渔利者"角色。

表 5 - 7　　　　　　　　　**三年时间窗口的动态演化过程**

项目	W1	W2	W3	W4
节点数	24	41	95	208
Component 个数	8	12	14	44
3 成员以上	4	3	2	14
碎片化	0.877	0.832	0.501	0.906
最大 component 节点数	7	16	67	49
平均路径长度	1.714	1.942	3.682	2.490
群聚系数	0	1.107	0.244	1.282

5.3.6　结论与建议

本节基于 2000～2013 年海西区装备制造业的产学研合作专利数据，采用阿胡亚等（2012）的组织网络的动态演化框架，从自我中心网与整体网两个方面，较为完整地解释了产学研网络的动态演化过程。本节的实证研究结果表明，网络中心性与结构洞都有路径依赖特性，过去三年的中心性位置与结构洞位置与个体当前占据同样的位置正相关，同时这种相关关系受到个体探索型创新的调节，探索型创新越强越有利于个体占据中心性位置，越不利于占据结构洞位置。对创新网络的动态演化过程的追踪分析表明，海西区装备制造业产学研创新网络在 13 年间不断地发展壮大，节点数逐年增多，关键网络指标呈现较大差异，整体网络展现出从轮廓式转为多中心—卫星式结构特征。具体来说，本书的理论模型与实证研究具有如下理论与实践贡献。

（1）自我中心网络演化方面。以往的网络研究大多关注"结构—绩效"的解释逻辑，对"结构—绩效"的研究还没有足够的实证支持。为数不多的理论研究认为，个体网络位置的形成一方面取决于网络的积累优势（accumulative advantage），另一方面取决于个体属性与目的性行为。本节的回归结果表明，网络本身具有自我强化功能，以往的中心性与结构位置具有一定的稳定性。此外，本节将探索型创新这一核心组织属性特征引入回归模型，从网络结构与个体属性及其交互的角度解释了网络位置的演化机理。这在理论上呼应了博特（Burt，2005）对结构洞产生及网络位置演化的主张，即结构洞的产生不仅是个体有意识的构建行为，同时也是网络中其余个体行动的结果。结果表明，探索型创新的回归系数更大。这表明在海西区装备制造业产学研合作中，组织的属性特征及其背后体现的能动性对网络位置的演化影响更大。过去三年的探索型创新成果有助于组织占据新的中心性位置，并巩固已有的中心性位置，同时个体已有的结构洞位置将被部分填充。这表明产学研网络中探索型创新强的组织在客观上起到了联络者的作用，促进了合作者间的合作。这一结论对结构洞的角色研究提供了一种情境例证。

同时，对自我中心网的实证研究结论有如下现实意义：政府及行业协会等应大力扶持科研实力强大的、在创新网络中占据中心性位置的大学建立研究中心，一方面可以更高效地为企业提供技术支持，另一方面可以成为一个整合资源的平台；在结构洞节点（海西区主要是大学）应建立创新网络的治理机构，构建各方沟通与协商渠道，完善工作协调方式，在提高合作网络运行效率的同时促进成员间合作共赢。进一步地，可以借鉴美国的 I/UCRC 模式，创立半自治性质的"组织化研究单位"。其不隶属于任何一个特定学院，由企业人员构成的"市场委员会"和大学管理者与科研人员构成的"学术委员会"组成，通过联席会议等形式决定研发方向与合作模式（武学超，2012）。海西区装备制造企业也可以借鉴日本的"协调者"模式，选派专门人员入驻中心性或结构洞位置的大学专门负责产学研合作，利用结构洞高校的特殊优势，促进大学与企业及企业间的产学研合作。中心性、结构洞节点的大学依托产学研创新网络治理机构，有利于高校更贴近市场一线，在加强理论教学与实践教育衔接的同时，还能使高校对市场的人才需求做出及时灵敏的反应。随着两岸产业的深度对接，通过上述制度安排与创新，充分发挥海西区中心性与结构洞高校的生力军和引领作用，整合为集成优势，以高校强大的科研人才力量、专业的实验室力量支撑整个海西区装备制造业的创新发展。

（2）整体网络演化方面。本节采用阿胡亚的整体网络演化的五大关键指标，对海西区装备制造业产学研创新合作网络的演化特征进行了分析。结果表明，度分布没有出现明显变化，表明创新网络成员在地位、权力与声誉方面没有出现大的偏差，科研实力强的高校占据着网络中心性的位置。随着新节点的加入，创新网络的连通性呈现倒"U"型变化：2000～2009 年（W1、W2、W3）网络的平均路径长度都在增大，而在 2010～2012 年（W4）平均路径长度首次出现下降，意味着产学研网络成员间彼此连接得更加紧密，新加入企业更多地与所在区域的著名大学开展合作。子群方面，13 年间产学研合作网络内部子群数一直在增加，结构形态方面在 2010～2012 年表现出新的特点，即最大成分的节点数出现下降，网络中出现了越来越多的连接紧密的成分（component）。这揭示出海西区装备制造业出现了多样化的技术发展趋势，地理接近性特征明显。整体网络表现为正向的度匹配关系，即表现出较为典型的"核心—边缘"结构特征，十几年来网络成员间的比较优势没有发生根本性变化。

从整体网络的结构特征看，海西区装备制造业产学研创新网络经历了典型的从轮毂式结构到多中心—卫星式网络结构的转变。这种转变结合现实背景解读如下：在 2001～2006 年，由于发展起始条件的差异，闽南地区率先形成了以厦门大学为中心的创新网络。随后重要的时间节点体现在 2007 年党的十七大召开，党的十七大报告强调"要加快建立以企业为主体、市场为导向、产学研相结合的技术创新体系，引导和支持创新要素向企业集聚"，这一战略决策极大地推动了海西区装备制造业产学研的发展。表现为 W3 窗口涌现出大量的网络节点，整体网络呈现出以厦门大学、福州大学、浙江大学、温州大学为中心节点的轮毂式网络形态。而 2011 年初国家发改委《海峡西岸经济区发展规划》的出台及 2012 年党的十八大报告又将产学研合作的内容写入创新驱动发展战略，这些政策的推动使海西区装备制造业进入了高速发展阶段。随着政府扶持力度的加大，海西区的装备制造业呈现出区域齐头并进的局面，华侨大学、江西理工大学、浙江大学以及华南理工大学陆续加入创新网络，并成为局部重要的中心性节点。整体网呈现出越来越多的连接紧密的、彼此互不相连的子群。这种网络结构的转变，一方面，体现了海西区各地制造业蓬勃发展的可喜局面；另一方面，也体现了发展的不平衡与地域接近性等特征——企业还是优先与其地理区域内高校合作。已有研究文献表明，整体网络中出现互不联系的子群将有可能导致技术的中断、子网络之间的竞争（Gomes，1994）。从海西区装备制造业产学研创新网络的发展历程可以看出，政府的政策推动作用对产学研的发展有巨大影响。创新网络特征折射出当前有关产学研的政策体系还不够完善，目前的政策大多局限在某一个科技领域，还没有针对整个海西区装备制造业的系统的、具体的整合政策出台，这影响了海西区装备制造业产学研合作的深度推进。政府方面应进一步协调地域间利益，促进地域间的合作，在一定程度上打破地域限制在整个海西区范围内更有效率地配置资源。同时，建立健全行业信息公开机制，披露企业信息与以往合作情况，建立差异化的技术优势，减少联盟伙伴选择的成本与盲目性。由于不同联盟网络之间存在着大量的"结构洞"，因此除了政策的考量之外，还应加强海西区中介服务体系建设。除了完善政府创办的中介机构之外，应通过行业资格认证、行业相关管理机构等规划手段推动民营中介机构的发展，通过市场的力量推进大量高效的中介服务节点来填补区域间的结构洞。以此建立规范的信息披露制度，及时准确地披露区域联盟网络的相关信息，提高各方信任度，避免创新网络内部子群之间出现恶性竞争。

除此以外，本节的实证研究还揭示出如下两类问题：第一，从产学研的本质来看，企业是最终的技术创造者和使用者，是产学研结合的最终决定者，应该在产学研中居于主体地位。但从海西区产学研网络动态演化的微观动力的回归分析结果来看，还很少有这样的核心企业能占据创新网络的中心性与结构洞位置，成为引领创新的主导力量。这也与当前海西区装备制造业的发展水平相关，企业应积极融入创新网络，与科研实力雄厚的核心高校结盟，获取最前沿的科研动态的同时提高企业家的技术鉴别能力，以及将技术要素与管理、资本、商业等要素进行有效结合的能力，这是决定产学研一体化成败的关键。第二，分析2000~2013年的历史网络与每三年的窗口数据，我们发现海西区装备制造业中，高校、研究所与企业之间的合作关系大多都较为短暂，如何推进政策在企业、高校、科研机构之间形成长期、有效、稳定的合作关系，同时完善产学研一体化的互动机制，充分发挥企业的主体作用是未来相关研究的重点。企业在观念上不应把产学研结合简单地视为获取资源或解决问题的权宜之计，而应以长远眼光将创新网络视为不断提高自身吸收能力，塑造知识创新核心竞争力的平台。

5.4 关键创新者、组织内网络的互动演化对创新的影响研究

5.4.1 研究背景

知识经济时代的一个显著特征是专利的大量涌现。专利制度规定，专利所有者在一定时期内享有专利带来的垄断利润，同时又具有公开该专利相关技术信息的义务。这种"以垄断换公开"的特点，使得行业内其他组织可以减少重复的研发投入，站在巨人的肩膀上完成新的知识创新。

很多组织得益于外部专利而发展壮大，自 1976 年 DNA 发现以来，以默克、礼来、雅培等为代表的生物科技与制药企业在美国的专利竞争中逐渐成长为国际巨头；基于 IBM 的开放技术标准及公开专利，一大批 PC 兼容机厂商如微软、AMD、摩托罗拉等获得长足的发展。近年来，公开专利又成为行业发展的新趋势，如谷歌于 2013 年 3 月 29 日宣布了开放专利不主张承诺（Open Patent Non-Assertion Pledge）；特斯拉在 2014 年 6 月 12 日宣布将所有专利免费公开。这些都为组织基于外部专利开展创新提供了新的机遇。

如果组织仅仅满足于使用外部专利而不注重持续的创新、不注重开发自己的专利，将为未来的发展埋下隐患。很多中国企业关注的不是提升本身的知识储备和技术创新，而是如何借助互联网思维获得超常规发展。背靠巨大的中国市场，合理的营销战略确实可以迅速提高中国企业在本土的市场占有率。可是一旦走出国门参与国际竞争，我们会发现知识产权问题很多时候无法规避，持久的创新和对专利高地的争夺依然是高科技行业竞争的主旋律。销售上的巨人、产权上的矮子注定无法走得长远。因此，如何利用产生于其他组织的专利开发出属于自己的创新，将是所有高科技企业，尤其是参与全球竞争的中国企业面临的重要现实问题。

以往涉及外部知识的研究大多关注的是对隐性知识（tacit knowledge）的挖掘，强调通过组织间的互动学习、研发合作以及战略同盟等方式获取外部隐性知识。而专利属于公开知识而非隐性知识（Operti and Carnabuci, 2014），它的特殊性在于，不需要直接的接触，组织就可以利用产生于其

组织的专利发展出自己的创新（Katila and Chen，2008；Lim，2010；Yang，2010）。针对这种"别人的创新产出是我的创新投入"的特点，我们需要深入考察组织吸收能力的微观基础，即哪些因素影响了外部专利与组织内部知识组合，形成新的知识创新。围绕这一主题，尽管目前已有吸收能力、知识组合以及组织内网络等领域的学者进行了一些富有价值的研究，但是仍留下了很多没有解释的空白区域以及研究争论，大量的理论缝隙亟待深入地探索和研究。这集中表现在以下三个方面。

第一，尽管吸收能力的概念被普遍应用，但很少有研究深入考察外部知识在组织内部的消化、吸收与利用的过程，鲜有研究考察组织吸收能力的微观基础。以往很多学者都把吸收能力看作理所当然的概念，通常将组织 R&D 经费投入或人力资本总量作为吸收能力的代理，或者将专利的数量作为吸收能力的间接测量。但专利数量是无法描述组织内部知识是如何存取、检索以及与外部知识组合的（Volberda，2010），最新的研究倡导从个体与组织内部网络的视角去回应考恩和利文索尔（Cohen and Levinthal，1990）对吸收能力源自"个体能力相互嵌入的连接"（the links across a mosaic of individual capabilities）的经典论断（Carnabuci and Operti，2014；Tortoriello，2014）。创新是一种社会行为，组织中的关键创新者及其与组织内网络的互动才是理解外部知识在组织内部组合、产生新的知识创新的关键。

第二，知识组合的概念虽然已从思想上的隐喻走向实证，但组织的先前知识（prior knowledge）对外部知识吸收的影响还存在研究争论，很多研究还没有理清组织内合作网络与知识网络的区别。创新源于组织内外部知识元素的组合，组合的知识元素越多将导致关联越复杂（Pil and Cohen，2006；Zhao and Anand，2013），这将使创新结果变得不可预测，既有可能产生有影响力的伟大创新也有可能失败（Fleming，2001，2004；NerKar，2003，2005）。在这个过程中，组织先前知识的作用得到了吸收能力与知识重组研究的重视。但已有研究文献表明，对组织先前知识（经验）的影响效果还没有取得一致的研究结论，有学者得到正向的研究结果（Jensen and Szulanski，2007；Yang，Phelps and Steensma，2010），也有人得出负向的实证结论（Ghosh et al.，2014）。产生这样研究争论的根源之一在于当前研究还缺乏对组织内流动的知识特征的深入考察以及明晰的界定，研究者通常将合作网络等同于知识网络（Phelps et al.，2012）。组织中的知识嵌入在两类网络之中，即以研究者构成的合作网络，以及由知识元素构成的知识网络。两者通常是分离的（decoupling），研究者在合作网络中的位置与其拥有的知识元素在知识网络中的位置并不相同（Wang and Rodan，2014）。研究争论的解决需要我们在对组织内的合作网络与知识网络进行清晰的概念界定的基础上，考察它们之间的交互效应来了解外部专利与组织内部知识的组合机理。

第三，组织内网络研究对"个体位置—整体绩效"的关系还缺乏关注，更重要的是，鲜有研究从个体与网络互动演化的视角去考察关键创新者对组织创新绩效的影响机理。以往组织内网络研究中，个体网络视角下的"个体位置—个体绩效"研究，以及整体网络视角下的"整体结构—整体绩效"研究并不鲜见，而对"个体位置—整体绩效"的研究却很少有学者涉及（Grigoriou and Rothaermel，2014）。对"微观—宏观"关系内在机理的研究缺失，也是造成组织吸收能力的微观基础研究不足的原因之一（Volberda，2009、2010；Helfat and Winter，2011）。更重要的是，组织内的合作网络与知识网络是随着创新者的行动不断演化的（Ahuja，2012），关键创新者的资源搜索与知识创新如何推动了组织合作网络的发展；组织的合作网络与知识网络的演化又如何推动了组织核心知识的形成与演化。这些问题都需要我们从个体与网络动态演化的视角，建立起微观行动与组织宏观结构变化之间的联系，以丰富我们对组织吸收能力的微观基础，以及组织知识组合能力来源的认识。

根据上述的现实和理论背景分析，结合前人研究的不足，本节将聚焦外部专利在组织内部的消化、吸收与开发过程，探讨此过程中关键创新者、组织内部合作网络与知识网络，以及互动演化的影响。具体来说，基于整体网的视角，本节研究将考察产生于其他组织的专利，是如何在组织内部合作网络与知识网络的影响下，与组织先前知识组合形成新的知识创新的，补充以往吸收能力、知识重组研究的不足；基于个体与网络交互的视角，我们考察关键创新者在面临外部专利的时候，其知识搜索、创新参与等合作行为是如何在合作网络与知识网络的互动中挖掘潜在的知识组合机会、产生对组织绩效有重大影响的知识创新；基于个体与网络动态演化的视角，我们分析关键创新者与合作网络、知识网络的动态演化过程对组织创新绩效的影响，探索组织核心知识的形成和发展规律，这些都将丰富基于行动视角的社会网络理论研究。

因此，从理论上来说，本节研究从个体网与整体网两个层次、静态与动态两个视角建立微观行动与宏观结构变化间的联系，是解决当前管理研究包括战略管理、社会网络研究中微观与宏观层面脱节的重要努力。同时，也是对战略管理与吸收能力研究中缺乏对知识组合过程，以及对个体因素与组织创新联系研究的重要补充。在日益复杂多变的环境下，组织内部关键创新者、合作网络与知识网络之间的互动演化对吸收能力的影响将越来越凸显，也将对更高层次和更大范围内的其他议题如行业技术创新、产业结构升级等产生重要影响。因此，本节探索外部专利在组织内部的吸收过程，以及组织吸收能力的来源与微观基础，对提升组织的吸收能力与知识组合能力、提高高科技企业人力资源管理具有重要的理论意义和实践价值。

5.4.2　模型的理论基础

外部知识是如何在组织内部被消化、吸收和发展出新的创新的，对这一问题的关注最集中地体现在吸收能力和知识组合的研究文献中。因此，本节研究首先对这两部分的研究文献进行梳理和分析。

5.4.2.1　吸收能力研究——对组织吸收能力微观基础的探讨

基于前人的研究，考恩和利文索尔（Cohen and Levinthal，1989，1990，1994）提出"吸收能力"的概念，随后得到了诸多学者的支持和拓展，莱恩和鲁巴肯（Lane and Lubatkin，1998）在组织间情境下发展出相对吸收能力的概念；扎赫拉和乔治（Zahra and George，2002）认为，吸收能力是组织惯例和流程的集合，并扩展了吸收能力的四个维度，提出动态能力的维度；瓦博达（Volberda，2010）的综述文章提出了一个吸收能力的整合模型，对吸收能力研究的 8 大类领域进行了讨论。20 多年来，吸收能力的研究得到广泛的关注和讨论，涉及了学习、创新、管理认知、知识为基础的企业观、动态能力和协同演化等多个研究领域，已成为组织管理领域最核心的概念和研究主题之一。

考恩和利文索尔（1990）将吸收能力定义为"组织能够发现新的、有价值的外部信息，吸收它，并使之商业化的能力"。作为在组织学习、组织创新领域发展出来的概念，考恩和利文索尔（1990）认为，组织学习的关键在于双方具有重叠的知识。考虑到吸收能力具有累积的特点，组织的先前知识和研发投入对外部知识的获取和吸收影响巨大，因此作为吸收能力的代理。对组织当前知识以及 R&D 特征的关注构成了吸收能力研究的一大特色，尼科尔斯（Nicholls-Nixon，1993）在研究制药产业的吸收能力的时候将专利数量、新产品数量与公司声誉作为吸收能力的代理；莱恩和鲁巴肯（Lane and Lubatkin，1998）认为，在组织间情境下，双方知识的相似程度决定了知识转移效果，由此发展出相对吸收能力的概念；阿胡亚和凯迪拉（Ahuja and Katila，2001）在企业并购的研究中也得出了类似的结论；福斯（Foss，2006）在跨国企业集团的知识转移研究中认为，组织的知识储备（knowledge stock）是影响新知识确认、吸收与利用的关键；埃斯克利巴诺（Escribano，2009）将研发投入、研发培训等指标作为吸收能力的代理，考查吸收能力对外部知识流量与组织创新的调节作用。在大部分的研究文献（尤其是吸收能力作为调节变量的研究）中，吸收能力都作为一个组织层面上的构念而存在，同时都由其他指标来间接测量，共同合作行为（coauthoring behavior）、劳动力流动率（labor mobility）以及组织 R&D 的科学家的数量等指标来替代吸收能力。

　　虽然这种间接测量能够比直接测量更容易获得，但在一些实证研究中也表明，R&D 投入不能更好地测量吸收能力（Lichtenthaler，2009）。而且更重要的是，当前大部分研究对吸收能力的间接测量也导致缺乏对吸收能力作用过程的深入考察。先前知识确实对新知识的吸收作用巨大，但当前研究很少关注到组织的知识库是如何存取、检索以及这个过程对新知识吸收与消化、利用的影响。而组织中专利的数量显然不能刻画这一过程（Rosenkopf and Almeida，2003）。研究者把吸收能力视作一个理所当然的构念，而忽略了吸收能力产生的基础（Lane et al.，2006；Volberda，2010）。当前研究的一个趋势是，倡导更多的研究者去关注组织对新知识的消化利用过程，探讨吸收能力的微观基础。芬克（Funk，2014）认为，组织内部的合作网络影响了组织对知识溢出的消化和利用，他考察了合作网络效率对地理邻近性与组织创新的调节作用；奥佩提和康布茨（Operti and Carnabuci，2014）认为，组织内部科技强度（组织内部研究人员在某一类型知识上的集中程度）和产业下游的整合程度共同影响了组织对外部公开知识的吸收。托托里罗（Tortoriello，2014）通过组织内合作网络的结构洞位置的视角，考察组织利用外部知识开展创新的机理。其实证结果表明，在不考虑外部知识的情况下，组织内合作网络的结构洞位置并不能导致个体创新。

　　通过以上对吸收能力和知识重组的相关研究文献的总结可以看出，随着研究的发展，吸收能力的最新研究并不满足于间接的测量，而在试图理清组织吸收能力的微观基础是什么，到底是哪些变量最终推动了组织将外部知识转化为创新。正如托托里罗（Tortoriello，2014）所言，对吸收能力微观基础的考察应符合考恩和利文索尔（1990）对吸收能力的经典论断，即一个组织的吸收能力不是蕴藏在单一的个体身上，而是取决于个体能力相互嵌入的连接（an organizations absorptive capacity is not residentin any single individual but depends on the links across a mosaic of individual capabilities）。因此，个体和组织内的合作网络是我们考察组织利用外部专利开展创新的关键变量。

5.4.2.2　知识组合研究——先前知识的研究争论

相比于吸收能力宏大的研究框架和广泛的研究领域，知识重组方面的研究主要集中在知识管理领域。自熊彼特（1939）在商业周期中将创新视为用一种新颖的方式将相关因素组合在一起，组合和重组（combination and recombination）就成为创新研究中一个普遍视角，得到了学术界持续的研究关注。

知识组合研究把创新视为相关要素以一种新的方式组合（Schumpeter，1939；Nelson and Winter，2009；Fleming，2001），或者是对已有组合的重组（Henderson and Clark，1990；Yayavaram and Ahuja，2008）。如内尔松和温特（Nelson and Winter，2009）认为，艺术、科学或者现实生活中的任何创新都可以视为对已有物质材料或者概念的重新组合。哈加登和萨顿（Hargadon and Sutton，1997）通过观察、访谈、档案研究等手段描述了一家产品设计咨询公司是如何利用其行业中介者的优势，把分属不同行业客户的技术与想法重组成新知识的过程。知识重组相关的实证研究也主要针对的是高科技产业。如半导体（Carnabuci and Operti，2013）、生物科技、制药（Nerkar，2003）、影像技术（Henderson and Clark，1990）等，并主要以专利作为研究对象。知识重组能力被认为是企业技术创新、获取竞争优势的关键因素。重组能力得到了在知识经济时代，知识管理领域以及战略研究学者的广泛关注，并在很多高新技术企业的实证研究中得到了验证，如亨德森和克拉克（Henderson and Clark，1990）的对照相成片行业的研究表明，那些没有将现有知识通过新的方式重组的公司都失去了技术领先优势。亚亚瓦拉姆和阿胡亚（Yayavaram and Ahuja，2008）对半导体行业的研究显示，那些能够将以往分散的知识重组在一起的公司将在行业内获得巨大的竞争优势。

在知识重组能力之于组织竞争优势的巨大影响得到公认之后，越来越多的学者主张应该深入探索组织内部知识重组的过程，揭示影响组织知识重组能力的因素（Helfat and Winter，2011；Mahmood，Zhu and Zajac，2011），先前知识的作用得到了很多学者的关注。弗莱明（Fleming，2001）将发明视为技术要素的重组，同时也是研究者在可组合范围内的搜索过程。局部搜索，对熟悉知识的组合能降低发明的不确定性，但长时间来看将降低发明的有效性。创新风险来自对不熟悉知识的组合，这通常带来失败或者突破性进展。随后的文章中（Fleming，2004）用专利数据论证了科学（以往知识）在搜索中的作用，即犹如一张地图或者离线（off-line）的脑海实验，科学为发明者指明了可供探索的一个光明方向，避免了失败的可能以及激励了发明人，使其在沿着一个方向探索时失败了而不放弃，成功而不满足去追求更好的。阿盖尔斯和西尔弗曼（Argyres and Silverman，2004）从交易成本角度认为，组织内部中心化的 R&D 结构更有利于在更广泛的范围内搜索知识，并在更宽泛的技术之上组合知识，发展出更具影响的知识创新。

知识组合需要考虑如何处理组织以往知识和当前知识。内卡尔（Nerkar，2003）将知识创新视为一个知识元素不断重组，同时又是路径依赖的演化过程。他认为，新知识的影响力取决于当前知识的改进与以往知识探索之间的平衡，制药行业的专利数据支持了他的研究假设。高希等（Ghosh et al.，2014）研究认为，在知识组合的过程中，由于要素之间关联的复杂性以及因果关系的不确定性，组织以往的经验将负相关于知识创新。这种负相关性同时受到组织知识库和组织知识搜索集中度的正向调节作用。康布茨和奥佩提（Carnabuci and Operti，2013）将组织的知识重组结果分为重组创造（recombinant creation）和重组再用（recombinant reuse）两类，认为组织内部合作网络的整合性（integration）有利于重组再用而不利于重组创造；组织内部知识的多样性与之相反，并调节网络整合性对重组创造的负相关关系。

我们对知识组合研究进行梳理后发现，"知识组合""知识重组能力"这些概念正逐渐从思想的隐喻（metaphorical）走到可实证的变量。从熊彼特（1939）最初提及创新来源于重组的思想时对重组对象的表述为"因素"（factor），而后来弗莱明（Fleming，2001，2004）的系列研究进一步定义为构成发明专利的"技术要素"（technological component），以及到最近的王和罗丹（Wang and Rodan，2014）等在对知识网络的研究中将其定义为可以测量和实证的知识元素（knowledge element）。知识元素的提出，为构建组织内部知识网络提供了可能，以此我们可以通过探究外部专利的知识元素，在组织内部知识网络上的位置来推断知识组合的可能性。

通过对吸收能力与知识组合研究的相关文献梳理，我们认为，组织中的知识嵌入在两类网络之中，即以研究者构成的合作网络和由知识元素构成的知识网络。合作网络是由人构成的社会网络，流动着信息、知识和情感，体现了人与人之间的协作与知识获取途径；知识网络反映了组织内的知识储备，知识元素的网络位置反映了组织内部知识的存储历史与检索特征。人与合作网络是组织吸收能力的微观基础，吸收外部知识完成创新的过程必然要受到个体认知和组织情境因素的影响；而知识网络揭示了组织内知识存储、检索的特征，同样影响了外部专利的吸收和利用。因此，接下来需要对专利与知识网络、关键创新者与合作网络的相关研究进行梳理。

5.4.2.3　专利与组织内知识网络

"组织先前知识在创新当中起了什么作用"，这一内尔松（Nelson，1982）的经典问题也引发后续研究者对组织知识的持续关注。对于如何刻画组织的先前知识、吸收能力与知识组合的文献中曾有如下概念涌现出来：先前知识（prior knowledge）、知识储备（knowledge stock）、知识宽度（knowledge-breadth）、知识深度（knowledge depth）、过去的经验（past experience）等，并通常用组织的专利数量与种类来衡量。已有研究表明，专利可以视为由不同的知识元素组合而成（Fleming，2007；Wang and Rodan，2014），行业内公认的知识分类名录可视为该领域内的知识元素（Audia and Goncalo，2007），如很多研究都采用标准行业分类（Standard Industrial Classification，SIC）体系，将 U. S. Class 视为一项专利包含的知识元素。

以往成功的专利就意味着其构成的知识元素是相互联系的。因此，我们可以根据组织现有的专利得出知识元素的连接的历史记录，即为知识网络（如图 5 - 19 所示）。国内外很多学者常常将合作网络等同于知识网络。这种研究思路是将研究者自身视为知识的载体，还有很多研究将知识工作者、知识、组织惯例乃至数据库等知识管理工具组成的复杂系统统称为"知识网络"。这些研究虽然具有一定的合理性，但缺乏对合作网络中流动的知识特征的深入考察以及明晰的概念界定，不利于我们揭示知识创新的内在机理。而且最新的研究表明，知识网络与合作网络并不是简单的对等，两者通常是离散的（decoupling），研究者在合作网络中的位置与其拥有的知识元素在知识网络中的位置，几乎是完全不一样的（Wang and Rodan，2014）。

创新（专利）本质上是知识元素的结合，组织中的知识元素能否被挑选

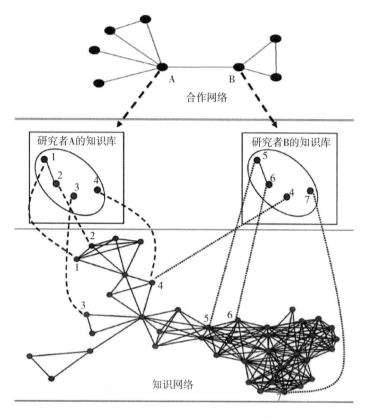

图 5 - 19　组织内合作网络与知识网络示意图

出来进行组合创新取决于其两种属性：第一是自然属性，遵循自然法则
（natural law），即知识元素的组合存在自身的合理性。不是所有的知识都可以
任意组合，这里面有一个可行性的问题。第二是社会属性。我们发现在组织
的历史上，有的知识元素组合多，有的知识元素组合少。这体现了知识元素
的社会属性，即组织资源的分配、研究者的注意力以及以往的经验决定了哪
些知识可以优先组合（Carnabuci and Bruggeman，2009；Afuah，2013）。知识
元素在知识网络中的结构位置反映了上述两种属性。

5.4.2.4　关键创新者与组织内合作网络

（1）关键创新者。

在微观研究层次，战略与人力资源管理研究文献强调人力资本是组织竞
争力的来源。这些研究尤其注意到组织中的一类特殊员工，他们的绩效远高

于其他同事（Becker and Huselid，2006；Hausknecht et al.，2009），同时在人力资源市场上他们是享有较高知名度受人瞩目的明星（Groysberg and Lee，2008，2010）。在知识经济时代，这些明星对组织的价值愈发巨大。前谷歌工程部副总裁艾伦·尤斯塔斯（Alan Eustace）在《华尔街日报》的一次专访中曾表示，一个顶级工程师的价值超过 300 位平均水平的工程师（Tam and Delaney，2005）。脸书（Face Book）的扎克伯格也说过，一个岗位上杰出的人（exceptional）可不是比优秀的人（pretty good）强一点点，两者之间有 100 倍的差距（Helft，2011）。

多产的明星员工的确是组织中的宝贵财富，同时也是行业猎头眼中的宝贝，但创新源自人与人之间的互动与合作，单枪匹马的独狼能否成为组织吸收能力的微观基础是值得商榷的。事实上，超强的个人绩效与糟糕的人际关系也许是最坏的组合。《纽约时报》2014 年 10 月 29 日的商业版以"破坏的英雄"（Destructive Hero）为题，专门讨论了这类令所有老板头痛的、个人绩效超强但不善人际关系，或者甚至人际关系能力极差的员工，并历数了他们对组织长远发展的危害。近几年的研究也注意到了多产员工的人际关系能力。格罗斯伯格（Groysberg，2010）认为，关键创新者的价值不仅表现为其独一无二的人力资本，同时也体现在其连接其他员工的社会资本。奥汀（Oettl，2012）研究认为，让同事变得更好，能吸引更多合作者的"全明星"（all-stars）对组织创新的贡献要远大于那些只是自己绩效高的"独狼"（lone wolves）。关键创新者不仅可以通过自己的直接创新，而且还通过知识溢出提高其同事的创新以此提高整个组织的创新绩效。这是关键创新者研究中最让人着迷的地方，被认为是组织核心竞争力的微观基础（Coff and Kryscynski，2011）。格里戈里奥和罗瑟梅尔（Grigoriou and Rothaermel，2014）的研究定义了两类关系明星——整合者（integrators）与连接者（connectors）。前者连接范围非常大，能够迅速在组织内找到可组合的知识；后者连接着不同的圈子，能够将来自不同领域的知识进行组合。基于 106 家制药企业 24 年间专利数据的实证研究也证实，这两类关系明星的存在都有助于提高整个组织的创新绩效，是组织中的关键创新者。因此，自身拥有较高的创新绩效，同时具有合作精神与行动，能够让同事变得更好的创新者才是组织内的关键创新者，他们是组织吸收能力与知识组合能力的重要体现。

最新的研究表明，关键创新者对组织创新影响体现在其与合作网络的互动，奥尔德洛伊德和莫里斯（Oldroyd and Morris，2012）认为，关键创新者的人力资本与社会资本相互促进，形成一个上升的螺旋，使其容易受到信息过载的影响。关键创新者自身的信息处理能力、组织的人力资源管理策略将调节信息过载对组织创新的影响。基欧和查巴尔（Kehoe and Tzabbar，2014）研究认为，关键创新者在知识组合的选择上比普通创新者更有影响力，这将影响其他创新者的创新机会，同时两者合作的依存度将调解其对整个组织创新绩效的影响。创新是一种社会行为，关键创新者之于组织的作用，需要对组织内合作网络的相关研究文献进行梳理。

（2）组织内合作网络——整体网视角下的研究。

组织内合作网络是组织成员获取知识的重要来源。即使在科技发达的今天，面对组织已提供的如此繁多而又便捷的知识管理工具，合作网络仍旧是个体获取知识的重要渠道。组织内合作网络是组织成员获取组织现有知识，面对不同的解决问题思路的平台，有助于个体发展出新的知识（Hansen，1999），同时同事之间的合作发展出了信任，培育出解决问题的环境和文化，这使得合作网络成为组织成员解决问题的工具（Obstfeld，2005；Borgatti and Cross，2014）。

正如考恩和利文索尔（1990）在组织吸收能力方面的表述，吸收能力不是组织员工吸收能力的简单加总，而取决于个体能力以一定的方式连接。因此，从组织内部社会网络的视角研究吸收能力的微观基础，与考恩的思想一脉相承（Tortoriello，2014）。组织内合作网络的整体结构反映了组织内部的知识整合方式和转移效率。拉泽和弗里德曼（Lazer and Friedman，2007）的仿真研究表明，连接紧密的网络中，知识转移的效率高，而稀疏连接的网络，甚至存在较多成分（component）的网络结构有助于保持异质知识。与之类似，房等（Fang et al.，2010）的研究也表明，组织内部网络如果存在一些连接紧密的成分，而这些成分之间是松散连接，这种小世界结构最有利，使得整个组织范围内既保持了异质性同时也有助于知识转移效率。赛驰（Sytch，2014）用网络社区（community）来测量组织获取知识异质性。基于以上研究，芬克（Funk，2014）研究认为，组织内部合作网络结构影响组织外部溢出知识的吸收和利用，高效率的内部网络在知识溢出高的地区有利，而远离行业核心区的企业，其内部低效率的网络反而有利于其保持异质知识。

（3）个体与合作网络的互动——权变与动态演化的研究视角。

传统的社会网络研究大多遵循静态的结构主义的分析逻辑，而越来越多的学者主张应深入探讨网络机制作用的具体情境，从权变与动态演化的视角研究个体与合作网络的互动（Borgatti and Halgin，2011）。

权变视角的研究认识到网络是信息的代理和机会的代理，是潜在的优势，能否挖掘这些优势发展创新还取决于个体特征与行为。当前的研究主要集中在个体的认知能力（Anderson，2008）、人格特征（Zhou，2009）、动机与能力（Reinholt et al.，2011；Baer，2012）、外部知识的搜索（Tortoriello，2014）等方面。还有一些权变研究少见地关注到组织内外的网络结构，如帕初瑞（Paruchuri，2010）研究认为，组织内部网络中心性位置的研究者对组织创新行为的影响呈倒"U"型关系，这同时受到组织在组织间网络的中心性与结构洞位置的调节作用；罗根和茂斯（Rogan and Mors，2014）研究认为，组织内外部网络的密度、接触到异质性知识以及非正式关系影响了管理者的双元创新。特别地，权变视角的研究也关注到了网络的外部性，即个体与网络的互动将产生知识溢出，这将影响其他成员乃至整个组织的创新绩效。奥布斯特菲尔德（Obstfeld，2005）研究认为，结构洞个体采取联合促进策略可以促进其他员工的创新参与，有助于提高整个组织的创新；弗莱明（Fleming，2007）研究表明，嵌入在紧密网络中的个体，其任职经历、经验不但有利于自身的创新同时还发生了溢出效应——有利于其他合作者的知识创新；汪和博（Wong and Boh，2014）研究表明，当项目团队的核心科学家表现出寻求领导者支持、为项目游说去竞争资源等大使行为（ambassador activities）时，则有利于全体成员的创新参与与团队的创新成功。

动态演化的研究视角越来越受到学术界的关注（2012 年 OS 曾出动态网络研究的专辑）。与静态研究的"位置—收益"（position-performance）逻辑相反，动态演化视角下的社会网络研究认为个体绩效将推动个体网络位置与宏观网络结构演化。特别地，演化的网络结构特征揭示了组织竞争力的演化路径。佩里－史密斯（Perry-Smith，2003）的研究最早关注到了动态视角下的个体与咨询网络互动，他认为在保持外部连接数目一定的情况下，中心性与个体的创造力呈倒"U"型关系，在超过一个最优程度之后，中心性将使个体成为过度嵌入，不利于创新产出；麦克法迪恩（McFadyen，2004）的结论是，随着时间的流逝，关系强度和数量越来越多，将严重影响个体的知识创新，其边际效用为负；内卡尔和帕初瑞（Nerkar and Paruchuri，2005）在对杜邦公司的研究中认为，组织知识重组是个路径依赖的过程，在 R&D 网络中占据中心性与结构洞位置的员工的发明专利更容易得到他人的引用，从而形成组织的创新轨迹；奥尔德洛伊德和莫里斯（Oldroyd and Morris，2012）的研究注意到明星科学家与合作网络之间的螺旋上升关系，并呼吁未来的研究关注这对组织创新类型的影响。除了个体网演化之外，阿胡亚等（2012）的研究列出整体网络演化的 5 个评价指标，即度分布（degree distribution）；连通性（connectivity）；子群类型（pattern of clustering）；密度（density）；度匹配性（degree assortativity）。这些指标背后都有其深刻的管理学含义（implication）。譬如一个整体网络被分割成了多个彼此独立的派系，可能导致派系之间相互竞争，技术创新网络的分割反映了关键技术的不连续（Ahuja，2012）。密度刻画了网络成员彼此的连接情况，密度大的合作网络反映了技术的集中性趋势（Operti，2014）。度匹配性反映了度分布类似的节点间的彼此连接情况。正向的度匹配将导致整体网络中"核心—边缘"结构的出现，凸显了组织的核心团队或核心技术知识；而负向的度匹配反映了组织内部不同技术种类的竞争优势发生变化（Anderson，2014）。

　　创新的主体是人，创新根植于人际互动，创新的本质是组织内外部知识元素的组合。吸收能力、知识组合与社会网络理论的前沿文献，为我们构建组织基于外部专利开展创新的影响模型提供了坚实的基础，关键创新者、组织内合作网络与知识网络以及互动演化是揭示其内在机理的关键。而通过构建起微观认知和行动与宏观结构间的联系，有助于我们更全面地理解组织吸收能力的微观基础，为提高组织基于外部专利开展创新的知识组合能力，以及对关键创新者的人力资源管理提供切实有效的建议。

5.4.3　模型与研究内容

　　本节研究试图从个体与组织及其交互的视角揭示外部专利在组织内部的消化、吸收与开发过程，从关键创新者、组织内合作网络与知识网络切入探讨组织吸收能力的微观基础。如图 5 - 20 所示，本节研究将围绕 3 个研究点展开：研究点①将从组织层面探讨外部专利与组织内部知识的组合（重组）机理，是对吸收能力、知识重组研究不足的补充；研究点②将从组织内个体视角，考察个体（关键创新者）是如何利用外部专利发展创新的；研究点③将从动态的视角揭示关键创新者与合作网络、知识网络的交互过程，以及由此产生的知识溢出对组织创新绩效的影响。具体各个研究点的核心内容如下。

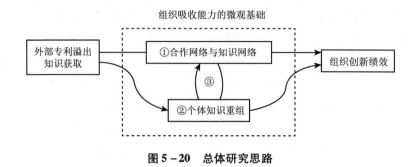

图 5 – 20　总体研究思路

研究点①：外部专利与组织内部知识的组合机理研究。

创新源于组织内外部知识元素的组合。研究点①将关注组合的知识元素维度对组织创新绩效的影响。一般来说，重组的知识维度存在关联的复杂性，这将使创新结果变得不可预测。组织先前知识将起到重要的调节作用，但已有研究出现了争论。研究点①将从知识网络这一新的视角切入，考察外部专利所属知识元素在知识网络中的位置（度中心性、Bonacich power 中心性、结构洞）与组合知识的维度的交互作用。此外，外部专利能否转化为创新还需要深入考察组织内部的知识流动与人员合作情况，即组织内部的合作网络。因此，接下来本节研究将考察合作网络的整体结构特征（如稀疏型或紧密型）与内容特征（知识多样性与单一）对外部知识转化为创新的影响。特别地，组织内部网络与知识重组维度之间是否存在一种权变的匹配关系，我们不得而知，所以本节希望通过考察它们之间的交互效应来了解外部专利与组织内部知识的组合机理。研究点①的思路如图 5 – 21 所示。

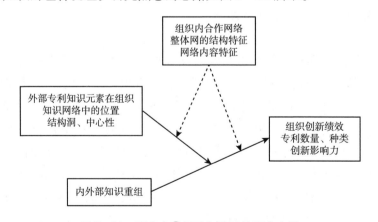

图 5 – 21　研究点①思路与涉及的研究变量

研究点②：个体如何利用外部专利发展创新。

当前很多学者呼吁吸收能力的研究应关注组织内个体的作用（Volberda，2009、2010；Helfat and Winter，2011；Tortoriello，2014）。研究点②正是对这一呼吁的积极回应，并拟从以下视角切入：第一，从合作网络的视角，考察个体在组织内部合作网络的结构位置与关系特征，如何影响对外部知识的吸收和利用。个体在合作网络中的结构位置与关系特征反映了个体在组织内部动员资源的能力，如中心性、结构洞、强关系为个体获取必要的组合知识提供了潜在的机会。第二，从知识组合的角度，考察个体拥有的知识元素与外部公开知识的知识元素，在组织知识网络中的结构位置如何影响了知识的组合。知识元素的结构位置体现了知识组合的客观可能性，同时也是个体经验与信心、组织愿景与激励的反映。这些都将影响个体的创新成功与否以及创新的类型。第三，除此以外，本节研究也注意到网络研究中存在的信息代理与机会代理的问题，因此我们也将从个体行为的角度，考察个体在组织内部搜索、整合、促进创新参与等大使行为是如何挖掘合作网络与知识网络这些潜在的机会的，即个体行为的调节效应的关注。基于以上分析，提出如图5－22 所示的研究思路与概念。

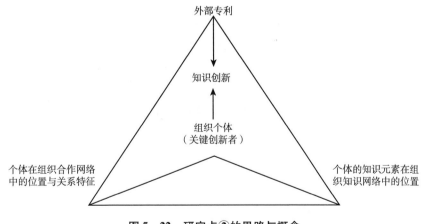

图 5－22　研究点②的思路与概念

研究点③：关键创新者、合作网络与知识网络的动态演化对组织创新绩效的影响机理。

研究点③将从以下三个方面展开：第一，考察关键创新者与组织内合作网络、知识网络的交互过程。由于关键创新者的组织动员能力、合作行为以及社会网络的依附特性，关键创新者将逐步占据合作网络中心性位置，拥有大量的社会资本。这些社会资本反过来更有利于其开展创新，这就表现为核心科学家的网络位置与创新在一段时间内的螺旋上升过程。第二，在这个过程中的知识溢出将惠及组织内其他员工，并对创新参与、组织创新绩效产生影响。第三，我们还将考察组织情境变量如关键创新者的合作行为、员工间的合作依存度等的调节作用。总之，研究点③将从纵向的时间角度，结合外部公开知识的涌现情况，关注组织内部合作网络、知识网络以及组织核心知识的形成、组合和发展规律。基于以上分析，提出如图5-23所示的研究思路与概念。

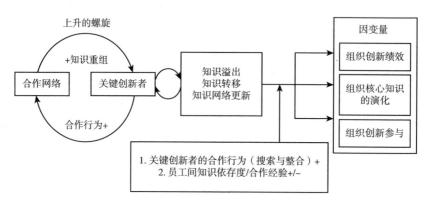

图5-23 研究点③的思路与概念

5.5 网络结构与成员学习策略对组织绩效的影响研究*

5.5.1 研究背景

在当前经济全球化时代，组织面临的经营环境日趋复杂多变，组织中各项工作的复杂性和综合程度不断提高，所要解决问题的难度也不断加大，组织越来越依靠成员间的相互依存、相互影响及共同合作来完成较为复杂的工作。在此背景下，组织中的任务咨询网络（task advice network）的研究得到

———————————

　* 本节部分内容发表于：张华，席酉民，曾宪聚. 网络结构与成员学习策略对组织绩效的影响研究［J］. 管理科学，2009，22（2）：64-72.

了学术界的普遍关注，并成为知识管理与组织研究领域的热点。

广义的任务咨询网络包含组织中的正式网络和非正式网络，本书关注的是正式网络，体现了组织硬性的制度安排。对于何种类型的网络结构更有利于提高组织绩效，至今还存在着争论。基于科尔曼对社会资本的定义的观点认为，闭合网络促进了组织成员间的信任与协作，个体间的强关系将带来频繁的互动与风险共担，有利于知识尤其是复杂性知识的转移，从而对提高组织绩效具有积极的作用（Ingram，2000；Reagans，2003）。还有一种观点则与早期社会网络研究中对网络结构中"看门人"的研究，以及格兰诺维特的弱关系研究一致，强调稀疏的、富于结构洞的网络、个体所具有的弱关系以及跨组织边界的关系为员工带来了非重叠的异质信息，多样化的信息为保证组织的持续发展提供了可能（Burt，1992；Ancona，1992）。此外，有学者引入时间变量，指出网络结构在不同时段对组织绩效的影响效果不同（Lazer，2007）。

产生争论的主要原因在于，这些研究大多基于社会网络理论的结构主义分析逻辑，研究者试图仅从结构这一个维度去解释组织绩效，而忽略了具体的网络内容（马汀、奇达夫和蔡文彬，2007；Ahuja，2009）。不同于网络结构对于个体所嵌入的宏观网络结构特征的关注，网络内容更关注于网络中流动的资源，更关注具体的网络成员的个体属性与行为特征（Nebus J，2006）。对网络内容的考察将有助于我们更深入地了解成员如何通过咨询网络互动，进而如何影响组织绩效，并对探讨如何使组织保持一个持续的、较高的绩效水平具有重要意义。本书从知识分布的角度来看待咨询网络对组织绩效的影响，认为不同的网络结构对绩效影响的差异在于其改变了组织中知识的分布。针对已往网络研究中对个体行为策略的忽视，本书扩展了拉泽（Lazer，2007）的模型，引入"海明距离"与"海明阈值"的概念[①]，设定 agent 的学习策略，运用计算机仿真实验考察网络结构与个体学习行为对组织知识分布与异质化程度的调节，从而考察其对组织绩效的影响。

5.5.2　相关理论综述与问题提出

相对于网络结构对于个体所嵌入的宏观网络结构特征的关注，网络内容

---

① 在计算机科学中，两个码字的对应比特取值不同的比特数（bit）称为这两个码字的海明距离（Hamming distance），在后面的仿真建模中，本书借用海明距离作为学习策略的判据。

更关注于网络中流动的资源与成员的属性与行为策略。不同于基于情感的其他社会网络（如朋友网络等），任务咨询网络中流动的主要是与任务相关的知识，咨询网络促进或限制了与任务相关的知识的流通，因而对组织绩效具有重要的影响。罗丹（Rodan，2004）对网络内容的研究指出，如果创新的本质是知识的重组，而重组的前提在于异质知识的获取，那么无论稀疏网络还是紧密网络都不过是异质知识的代理（proxy）。任务咨询网络决定了个体接触到什么样的人，将获取到什么样的知识，这导致了组织知识分布（knowledge distribution）的变化，成为影响组织绩效的真正原因。卢克等（Rulke et al.，2000）的实验研究发现，由"通才"组成的群体的绩效要高于由"专才"组成的群体，而这种差别在引入不同的咨询网络结构后将得到缓解。作者发现分散的（decentralized）咨询网络结构使得两种群体的绩效差别不大，也就是说网络结构对绩效的影响，其本质在于影响了知识在群体中的分布状况。汪（Sze-Sze Wong，2008）明确提出知识的多样化（diversity）与重叠度（overlap）是网络结构与绩效的中介变量，提出组织内部网络密度将通过影响知识的重叠度来影响绩效，而内部网络中心性与外部网络跨度（rang）将通过影响群体知识的多样化来特别影响绩效。拉泽（Lazer，2007）的仿真研究也得到了与此类似的结论，他发现群体的任务咨询网络密度对信息扩散具有正向影响而对信息多样性则存在负向影响，而两者却都对组织绩效具有正向影响，因此他提出任务咨询网络密度与组织绩效成曲线关系。

这个过程也正是双 E 学习理论——探索型（exploration）学习与改进型（exploitation）学习的平衡（March，1991）。在闭合网络中，成员频繁的互动促使一项好的解决方案很快传播到整个组织，从而迅速地提高组织绩效，但方案的普及也将带来知识的同质化，从而不利于组织的长期绩效；而稀疏网络则保证了组织很高的知识异质化程度，有利于组织长期绩效的提高，但这种时间的代价带来短期绩效的偏低。

除了对网络中流通的资源的关注之外，网络内容的视角也要求考虑个体成员的属性与行为策略（Obstfeld，2005；Kijkuit，2007）。以往基于结构主义分析逻辑的社会网络研究，大多把网络结构视为外生的结构变量，强调对成员行动的外在结构限制（或机会），而缺乏对个体行为的内在驱动力的解释。在这类研究中，个体差异被忽略掉了，人们没有主观能动性，并且成员的行为也完全由所处的社会环境、社会期待和人们所扮演的社会角色所决定。而在考虑到个体属性与行为策略之后，我们主张，闭合的网络不意味着就必然导致组织知识的同质化，稀疏的网络也不一定就存在短期的低绩效问题。弗莱明（Fleming，2007）提出边际收益的观点，考察了一个具有较为丰富的职业经历与较高的教育背景的创新者在加入一个闭合的组织后所产生的影响，发现此创新者的加入对其本人及其余组织成员的创新行为都有积极的影响。闭合网络中由于频繁的交流互动在有利于改进型创新的同时，将不可避免地带来成员知识的同质化，抑制了对知识广度要求较高的探索型创新的开展。而具有异质知识的创新者的加入将改变这样的状况，新加入者带来的新鲜的异质知识将通过闭合网络迅速地传遍整个创新群体，对摆脱群体的路径依赖，开展探索型创新具有积极意义。奥布斯特菲尔德（Obstfeld，2005）针对博特的结构洞所隐含的个体"分而治之"的第三者策略（tertius gaudens），提出了与之相对的"协调促进"的行为策略（tertius iungens），并通过实证研究表明采用协调促进手段的个体的创新性参与更强。这些研究都表明，对个体属性与行为的关注将有助于我们更深入地了解组织中的群体互动过程。

因此，我们认为组织成员的学习行为同样影响了组织知识的分布，进而影响组织绩效。目前的研究缺乏对组织成员学习行为的深入考察，在群体互动模型中，对成员学习行为的刻画过于简单。相关的多 agent 仿真研究中大多采用了这样的个体行为设计（David Lazer，2007；Hanaki，2007）——每个 agent 在每个时刻，比较自己与任务咨询网络中与其连接的"邻居"的绩效，找到绩效最高的邻居，然后模仿其方案，而如果自己的绩效是最高的，则随机改变一个选项进行创新。这样的 agent 行为设定有如下好处：第一，抓住了人们在信息搜集过程中最本质的行为特征——短视行为。如在搜寻信息的过程中只有从周围的邻居那里得到信息、创新的时候仅能改变一个选项等。第二，符合仿真模型设计中的简洁原则，过多的变量将严重影响模型的效度并带来高度的复杂性。

尽管这样的 agent 行为设计有诸多的优点，但我们发现拉泽的模型其实包含了两个重要假设：第一，在组织社会化过程中，只有绩效最高的人才可以创新，其他人只有通过模仿绩效最高的邻居来提高绩效，不允许创新；第二，无条件模仿原则，无论模仿者与被模仿者的知识差别如何，模仿者都要放弃原有的方案，无条件模仿绩效最高的邻居的方案。本书认为，这两点并不符合组织实际。首先，不是只有绩效高的人才能创新。对个体创造力的研究表明，无论智力高低或绩效高低，每个人都有创造力，它在个体身上呈连续发展或者在一定条件下涌现的状态（Barron，1981）。当前对个体创造力的研究更加关注于创新过程以及对个体创造力的激发上。其次，在方案差别很大的情况下，模仿的成本会很高，成员并不会轻易放弃原有方案。最后，成员的学习行为受到组织文化等软控制因素影响巨大，组织可以通过各种激励手段鼓励或约束成员的学习行为（郭士伊，2004；彼得，1998）。综上讨论，我们认为，组织成员应采用"选择性模仿"的学习策略更符合组织实际，两个agent 在相遇后，比较彼此方案的差别，在差别较小的时候采用"无条件模仿"策略；在差别较大时，成员应该更倾向于进行自我创新而不是无条件的模仿。

由上述讨论我们认为，任务咨询网络与成员的学习行为都将改变组织的知识异质化程度，而组织知识的异质化程度将影响组织不同时期的绩效。我们的概念模型如图 5 – 24 所示。为验证我们的理论推理，本书通过借鉴生物进化的适应度景观（fitness landscape）的概念，将适应度作为组织绩效的度量指标，构建基于不同任务复杂度下的组织互动模型。在设定 agent 的属性与交互行为时，引入"海明距离"的概念，并将"海明阈值"作为两个 agent 间知识异质程度的判据，运用计算机仿真技术考察组织成员如何通过咨询网络进行互动，进而影响组织绩效的过程，并对所得的研究结果进行分析和讨论。

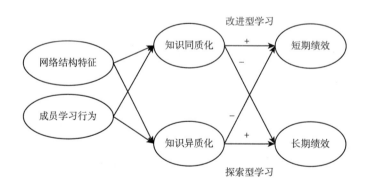

图 5 – 24　网络结构与成员学习行为对组织绩效影响的理论模型

5.5.3　模型构建

5.5.3.1　任务环境建模

本书采用 NK 模型对组织面临的任务环境进行建模，NK 模型尤其适合对那些由相互关联的要素构成的系统进行建模。NK 模型起源于莱特（Wright，1932）提出的适应度景观（fitness landscape）的概念，并在考夫曼（Kauffman，1971）的人口遗传学研究中得到发展。考夫曼提出了一个能简练地生成适应度景观的 NK 模型。从此 NK 模型被广泛地应用在社会经济系统的建模等研究领域，其中以利文索尔等（Levinthal et al.，2000、2005）的研究最为著名。利文索尔将组织面临的任务抽象为一个由 N 个决策项组成的决策组（称为一个决策配置），其中每项决策都有两个值（0 与 1），这样组织所面临的可行性决策空间就是由 2^N 种决策配置所构成的集合。在每个决策配置中，每项决策与其他 K 项决策相关联，即单个决策对组织绩效的贡献度不仅取决于决策本身，同时也取决于 K 项与其相关的其他决策。对应于每一种决策配置下的组织绩效定义为所有单项决策贡献度的平均值，从而得到组织的绩效景观（见图 5 – 25）。

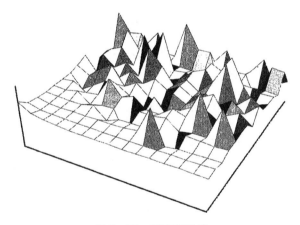

图 5 – 25　适应度景观

资料来源：Gavetti G，Levinthal D. Looking Forward and Looking Backward：Cognitive and Experiential Search［J］. Administrative Science Quarterly，2000，45（1）：113 – 137.

　　本书关注类似于高校的科研队伍或企业中的研发队伍这样一类组织（或群体），其组织成员面临同样的问题，或有着共同的关注点，或关注于同一项任务，彼此通过任务咨询网络进行模仿或自我创新，从而提高整个组织的绩效水平。如软件开发团队可能面临以下一些相互关联决策：需求决策——国际化或本地化的需求、测试决策——是否在某一特定的操作系统或设备上进行产品测试、技术的选择决策——采用 DELPHI 方法或功能点法等。本书采用 NK 模型来刻画这一类具有相互关联特性的决策任务。

5.5.3.2　任务咨询网络

为突出对比实验，本书选择闭合网络与稀疏网络两种连接方式作为组织的任务咨询网络。闭合网络指的是成员间的全连接状态，每个成员都与组织中的其他任何成员联系（下文用 CN 代表全联结网络）。特别地，本书采用小世界网络来模拟稀疏状态下的咨询网络（下文用 SW 代表小世界网络）。小世界网络非常适合于刻画人际网络、科研网络，并广泛地应用在新产品开发（NPD）等组织研究与合作网络的研究中（邓丹，2005），采用小世界网络将使得我们的研究更贴近现实意义。

按照瓦茨经典的小世界网络机制模型的生成规则（吴金闪，2004），在规则网络的每一个节点的所有边，以概率 P 断开一个端点，并重新连接，连接的新的端点从网络中的其他顶点里随机选择，如果所选的节与此端点相连，则再随机选择别的节点来重连。当 P = 0 时为规则网络，其特征就是平均集聚程度高而平均最短距离长。当 P = 1 时为随机网络，其特征为平均集聚程度低而平均最短距离小。而在 0 < P < 1 的情况下，就存在同时拥有较大的集聚程度和较小的最小距离的小世界网络。

5.5.3.3　agent 属性、学习行为与 agent 交互规则

本书假定，在每个时间步长内，agent 面临两种选择，即自我创新或者模仿他人。为体现成员的有限理性，在创新的时候随机改变一个字符，与原方案进行对比，如果新方案的绩效高则接受，低则拒绝。与拉泽（Lazer，2007）和哈纳奇（Hanaki，2007）的模型不同的是，基于前面的讨论，本书在设计 agent 模仿行为的时候，增加了"选择性模仿"策略。

为实现成员学习过程中的选择性模仿，本书引入"海明距离"与"海明阈值"的概念。海明距离用于比较两个方案中取值不同的决策项的个数来测量两个个体间的知识差距。设定"海明阈值"为低绩效 agent 的模仿条件，即当两个相邻个体相遇时的海明距离与海明阈值，若两者的方案差距——海明距离小于海明阈值，则采用模仿策略，反之则采取创新策略。这种"选择性模仿"策略，更贴近组织现实，并体现了成员行为的自主性，反映出团队成员受到的组织文化、群体规范的限制。本书将考察这两种成员学习策略是如何影响组织知识分布进而影响组织绩效的。

综上所述，本书的 agent 交互设计为：在每一个时间步来临之后，组织成

员通过对比任务咨询网络中与自己直接相连的成员的绩效，找到绩效最大的成员（称为邻居），如果自己的绩效高于邻居，则选择自我创新，即随机地改变某一项决策，观察这个新的决策组合的绩效，如果比以往大则接受，小则拒绝；如果自己的绩效比邻居小，则选择模仿，按照模仿规则进行选择性模仿，若两者的方案差距——海明距离小于模仿规则——海明阈值，则采用模仿策略，反之则采取自我创新策略，回到上述过程。

5.5.4　仿真实验与结果分析

我们将根据所确定的 N 值和 K 值生成相对应的适应度景观。在 N = 10、K = 4 的情况下，组织面临的决策配置的可行性空间（不妨设为 Ω）就总共包含了 $2^{10} = 1024$ 种决策选择。对于 Ω 集上的每一种决策配置，单个决策项对组织绩效的贡献为 f_i，根据 NK 模型的算法，我们将 N 个决策项对组织绩效贡献的平均值定义为组织在这种决策配置下的绩效，即 $P = \dfrac{1}{N} \sum\limits_{i=1}^{N} f_i$。

在将组织整体的绩效定义为所有决策贡献度的平均值的情况下，则可得到组织在不同的决策配置状态下的绩效景观。本书将 100 个 agent 随机分散在绩效景观上，在初始状态，每个 agent 都有自己的解决方案。agent 相互组成咨询网络进行信息的交互。每个 agent 都是主动地寻求知识，通过与周围邻居的方案对比来决定模仿与创新。

本实验将顺次考察三个内容：网络结构对组织绩效的影响；成员学习行为对组织绩效的影响；成员学习行为与网络结构对绩效影响的对比，讨论组织保持持续高绩效的和谐耦合过程。实验的主要参数见表 5 - 8。

表 5 - 8　　　　　　　　　　**实验参数**

参数类别	参数名称	参数说明	实验参数值
组织	N	组织人数	100
任务咨询网络	CN	全联结网络	—
	SW	小世界网络	—
任务特征	n	子任务个数	10
	k	任务的复杂程度	4
学习策略	H	海明阈值	0, 2, 4, 6, 8, 10

5.5.4.1　网络结构对绩效的影响

我们考察在成员采用同一种学习行为即采用完全模仿策略时，对比闭合网络与稀疏网络对组织绩效的影响。如图 5 − 26（a）所示，闭合网络比稀疏网络更快地达到均衡绩效，但均衡绩效比稀疏网络要低。产生这样状况的原因在于，闭合网络导致的组织内部知识的同质化速度要远远大于稀疏网络，如图 5 − 26（b）所示。说明了闭合网络的组织有利于进行改进型学习，而稀疏网络组织有利于进行探索型学习。这个结果与拉泽（Lazer，2007）的结论完全吻合，读者可参照文献（Lazer，2007）进行对比。我们注意到，这个结论是没有考虑到 agent 的特定学习行为的情况下获得的，下面我们将拉泽的模型进行扩展，考察 agent 在采用不同的学习行为——选择性模仿后，组织知识的分布以及绩效的变化情况。

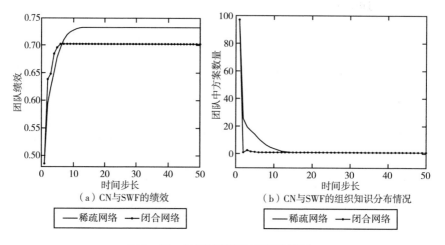

（a）CN与SWF的绩效　　　　　　　（b）CN与SWF的组织知识分布情况

稀疏网络　　闭合网络　　　　　稀疏网络　　闭合网络

图 5 − 26　组织绩效随时间变化情况

5.5.4.2　成员学习行为对绩效的影响

从图 5 − 27 中可以看到，在成员采取选择性模仿行为之后，根据设定的海明阈值的不同，组织所达到的均衡绩效都不一样。这就说明了，成员学习行为与网络密度对组织绩效的影响效果类似，两者都是通过调整组织内部知识的分布来影响绩效。但在两种网络结构下，成员的学习行为对绩效的影响效果却迥然相异。如图 5 − 27（a）所示，在全联结网络结构下，当海明阈值偏大或偏小时（H = 0，2，4，8），组织绩效较完全模仿情况下低。这是因为，当设定的海明阈值偏小时，意味着成员保持了异质性的知识，每个成员都倾向于自我创新而不关心其他成员的方案，好的方案没有在组织中得到传播，而全联结网络的知识转移能力使得成员只能在较低绩效水平的方案上探索，这样带来组织绩效偏低；当海明阈值很大的时候（H = 8，10），意味着成员倾向于模仿而不是自我创新，在这种情况下，全连接网络迅速地使得组织知识同质化，表现为组织绩效较早地稳定在了均衡水平上。因此，为克服组织中知识的迅速同质化，并保持一定的多样化知识，避免组织中创新过多而模仿不足的情况，在全连接咨询网络结构下，成员的学习策略既不能过高也不能过低，要保持在一个中等偏高的水平上。

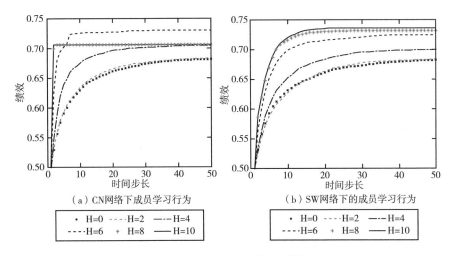

图 5 - 27　组织绩效随时间变化情况

而在图 5 - 27（b）中，小世界网络结构下，组织绩效随阈值的增大而增大。这说明，小世界网络是一种非常理想的咨询结构，在这样的任务咨询结构下，在知识的传播过程中，成员无须做选择性的吸收，只要完全接受组织中最理想的解决方案就可以。小世界网络在保持组织知识多样性方面，不失为一种较为合理的制度安排。

两种网络结构下的成员学习策略对比实验表明，组织成员的学习策略将影响组织绩效。在成员采取选择性模仿策略时，组织中好的方案没有立即扩散到整个组织，这虽然不利于提高组织的短期绩效，但这种行为为组织保留了宝贵的异质知识，有助于组织在长期内探索出更好的解决方案，也就有助于提高组织的长期绩效水平。

5.5.4.3　持续高绩效的保证：和谐耦合的启示

由上述分析得知，网络结构与成员学习行为都可以通过调整知识分布来影响组织绩效。那么随之而来的一个重要问题是：我们采用何种手段才能保证组织无论在长期还是短期都能保持较高的绩效呢？马奇的双 E 理论强调，组织应该平衡这两种学习来保证组织持续的创新（绩效），但该理论却没有从方法上提出具体的实现过程。

经过 20 多年的探索和研究，和谐管理理论以新的研究视角逐步形成和完善了适应未来管理挑战的较为系统的理论体系（Watts，1998；席酉民，1989）。和谐管理理论主张，在复杂多变的环境中，围绕和谐主题的搜索和辨识，以优化设计的控制机制和能动致变的演化机制及其互动耦合为手段，来提供问题的解决方案，促使组织螺旋逼近和谐状态（提高组织绩效）。也就是说，和谐管理理论明确地指出，应围绕组织的战略目的与阶段性的核心任务或问题，通过硬性的制度安排与软性的诱导演化及其互动耦合来提高组织绩效（席酉民，1989，2003）。我们按照网络结构（相对确定性下硬性的制度安排——谐则）与学习行为（不确定性下软性的诱导演化——和则）的类型将组织划分为四种管理方式，考察如图 5 - 28 所示的四种管理方式下和谐耦合的过程。

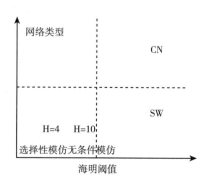

图 5 - 28　四类组织实验设计

海明阈值与网络类型的组合代表了四种不同的组织管理模式，而组织绩效的跳跃过程则体现了和谐耦合过程。如图 5 - 29 所示，要保证组织在任何时期都能保持较高的绩效水平，也即绩效将沿着图 5 - 29 中左侧外围的曲线爬升。这就包括如下几个过程：在组织运行初期，通过严格地执行制度将较快地提高组织绩效水平；而随着组织中知识的同质化，绩效将不再有提高的可能，这表明现行制度的局限使组织陷入了一个制度困境，此时应在明确且让员工共享组织愿景与和谐主题的基础上，放手让员工自主解决，鼓励员工创造性地解决问题成为更经济或者更符合时效的要求，这就使得组织绩效从曲线 4 跳到曲线 3 上；还可以在增大员工自由度的同时更大地放松制度，从曲线 4 跳到曲线 1；而这两种方式的实践都将最后导致一个新的制度的产生——采用小世界网络的咨询结构同时组织成员采用模仿为主的学习策略，这代表了一种耦合的最终结果，即在这种制度安排下，员工只需做好自身的工作，每个成员都是一颗螺丝钉，一个完美的制度保证了高水平绩效的获得。表现为组织绩效从曲线 3 或曲线 1 跳到曲线 2 上，或无限地逼近曲线 2。

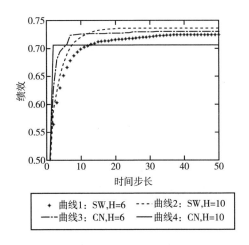

图 5 - 29　四类组织绩效变化

5.5.5　结论与讨论

传统的社会网络研究将网络结构视为组织绩效的唯一解释变量，并提出网络结构与绩效之间成曲线关系。通过对网络内容的关注，我们发现网络结构影响绩效的机理在于影响了组织的知识分布——闭合网络有利于组织的改进型学习，达到均衡绩效的时间短，但绩效水平低；稀疏网络有利于组织的探索型学习，达到均衡绩效的时间长，但绩效水平高。针对以往研究中对个体学习行为的忽视，本书认为个体的学习策略同样影响了组织的知识分布，进而对组织绩效产生影响。本书引入海明距离的概念，提出组织成员的选择性模仿策略，并通过仿真实验发现，与网络结构对组织绩效的影响类似，个体的学习行为同样可以通过调整组织的知识分布来影响组织绩效。通过对各种不同组合下的仿真实验，我们发现，组织要保证组织内部知识维持在一个最优的水平，需要平衡组织的任务咨询网络与组织成员的学习行为。

新制度经济学的研究表明，制度由正式规则、非正式规则及两者的执行特征所组成（席酉民，2005），制度变迁也包含了强制性制度变迁和诱致性制度变迁（席酉民，2005；诺斯，2002）。在和谐管理理论的框架下，和则与谐则发挥了诱致性变迁与强制性变迁以及非正式规则与正式规则的功能，但与制度经济学的不同之处在于，制度经济学更注重对领导者权力运用的警惕与约束，而鉴于组织管理所必然具有的人为干预的特征，和谐耦合则强调了战略目的和管理问题的导向，而且强调了领导者艺术性运用两种方式的权威性和合法性（科斯，1994）。在和谐管理理论看来，"领导者—管理者—基层组织成员"的全员互动和组织学习过程，使得和谐耦合沿着"制度—行为—制度"的轨迹螺旋式推进，保证了组织绩效的波浪式提高。从一定意义上来说，这也验证了诺斯（2002）所指出的制度变迁的基本特征之一——"个体和他们的组织所获得的技能和知识种类将形成对机会和选择的不断发展的认识，这些机会和选择又将会不断地改变制度"。

以往的研究中大多关注了网络结构对组织绩效的影响，而对成员的学习策略关注较少。本书提出的海明阈值具有很强的管理实际背景。成员的学习行为会受到组织文化的影响，与体现组织正式制度安排的咨询网络结构相比，个体的学习行为体现了组织"软控制"的一面。为了保持组织持续的高绩效，组织应在不同的情境下，鼓励或抑制团队成员的模仿学习行为。特别地，在任务咨询网络连接紧密的时候应鼓励成员保留自己的方案；而在稀疏网络中则鼓励成员模仿绩效高的个体，使得迅速提高组织绩效。也就是说，组织可以通过对海明阈值的调节，引导组织成员的创新与模仿行为，从而使得整个组织达到预想的绩效水平。此外，本书的仿真实验表明，在组织不同的运营阶段，综合运用制度安排与行为引导相结合的和谐耦合思想，将有助于使组织保持持续的稳定的高绩效水平。其中心思路在于，保持组织内部知识异质性与重叠性的统一（trade-off between overlaps and diversity）。

第6章 结 论

6.1 本书的主要工作及结论

6.1.1 本书的主要工作

本书的主要工作包括以下五个方面。

（1）以权变的社会网络研究视角，通过引入任务类型变量，并将组织学习领域的双 E 创新理论引入个体层次，研究了合作网络对个体创新类型的影响。通过对以往社会网络对个体创新研究的综述，分析了结构主义学派与关系主义学派的理论争论，认为应该通过权变的视角，重点考察个体在合作网络中的知识获取以及个体可能的创新类型来解决这种研究争论。本书研究从以下三个方面考察了合作网络对个体创新的影响：代表直接联系的关系数量与关系强度对两种创新的影响；代表间接关系或网络结构的个体网络密度对创新的影响；直接关系与间接关系的交互作用——从动态性和知识流动造成的知识分布的差异两个角度，考察了关系强度和网络密度对个体创新的交互作用。

（2）将个体属性与网络分析相结合，通过引入个体知识宽度变量，研究个体知识宽度与网络强度（代表个体的直接关系）和网络密度（代表个体的间接关系）对个体创新的交互作用。在对个体与网络之间的关系进行辨析的基础上，本书研究考察了个体的知识宽度如何调节网络中以及关系双方知识趋于同质化的趋势，提出知识创新既需要异质知识又需要强关系或紧密网络以完成合作。研究发现，个体知识宽度与强关系以及紧密网络的结合更有利于进行探索性创新，而且与后者的结合效果要优于前者，这是对科尔曼的社会资本理论以及克拉克哈特（Krackhardt）的强关系理论研究的深化。

（3）研究了权变主义视角下的合作网络对个体创新的交互影响。虽然个体的行为策略与网络的交互作用已经得到了社会网络学者的关注，但是这方面的研究并不多。本书研究在回顾大量的相关文献的基础上，将个体的以往绩效、个体人格特征、个体的知识在组织知识网络中的位置、个体的行为特质——自我监控水平等变量引入我们的研究视野。这些研究深化了我们对合作网络对个体知识创新影响机理的理解。

（4）从网络动态性的角度，研究了合作网络的动态演化——个体在合作网络上的结构洞位置的演化动力、组织咨询网络、创新网络的演化特征，以及个体与合作网络的互动如何构成了组织吸收能力的微观基础，两者互动如何影响了组织的创新绩效等。本书基于社会资本的结构、关系与认知三个维度的理论视角，建立了个体基于社会网络的信息搜索模型，从而考察了合作网络演化的内在机理。最后通过仿真实验，研究了合作网络的演化路径。研究表明，两种创新将推动网络朝着不同的方向演化，而演化网络同时又对个体创新提供了不同的机会与约束，从而扩展和深化了网络演化理论，为理论研究和管理实践提供了借鉴。

（5）本书采用二手数据分析和建模仿真研究相结合的方法对研究假设进行了验证。首先，通过对美国专利数据库中从 1976～1980 年五年中生物科技行业中的所有专利，通过 Matlab、Ucinet 等软件进行处理以获得相应的数据。其次，运用 SPSS 社会科学统计软件，采用 Binary Logistic 回归分析的方法对社会网络的直接效应，网络结构与关系强度的交互效应，个体知识宽度与网络结构、关系强度的交互效应这三大类静态的研究假设进行了验证。最后，基于此实证研究结论，通过结构化与非结构化相结合的仿真建模方法，结合 NK 模型的适应度空间建模技术和 March 模型的信息搜索技术，构建了个体互动模型。

6.1.2 研究结论

本书研究围绕个体与网络的交互作用这一核心问题，从个体的直接关系、间接关系，个体知识与关系和结构的交互，个体行为与网络的交互等方面，提出了一系列创新性的研究假设，研究了上述变量对个体创新类型的影响，并进一步从动态性的角度，研究了个体与网络的协同演化，考察了不同的创新类型将如何推动着网络沿着不同的方向演化，以及演化网络对个体提供的机会与限制。本书的大部分研究假设都已得到实证研究或仿真研究的支持。具体来说，通过对 1976~1980 年美国生物科技行业所有的专利数据的 Binary Logistic 回归分析，以及仿真模型的虚拟实验分析，本书研究得出了以下五个方面的主要结论。

（1）关于合作网络对创新类型的作用。在将创新类型这一任务特征类的权变变量引入社会网络研究中以后，以往社会网络研究中对于网络结构与关系特征的争论将得到解决。本书发现并证实，个体所拥有的直接关系数量有助于探索型创新；稀疏网络有助于个体进行探索型创新，而紧密网络有助于个体的改进型创新。

（2）关系和网络密度对个体创新的交互作用。我们将个体关系强度分为强弱两类，同时将个体网密度分为紧密网络和稀疏网络，这样关系和网络密度就有了四种组合。以往的研究表明，强关系与稀疏网络的组合有助于个体创新，我们将这一研究结论进行了深化研究。我们认为，关系和网络密度的乘积项与改进型创新正相关，与探索型创新负相关，并得到了数据支持。

（3）本书将个体引入网络分析，发现个体知识宽度与关系强度和网络密度的结合一起影响了个体创新。研究表明，知识宽度大的个体且身处密度大的网络，有利于其进行探索型创新；知识宽度大的个体且有强度大的合作关系，有利于其进行探索型创新。

（4）本书将个体行为纳入考察视野，考察个体的学习策略和自我监控水平对创新类型的影响。研究发现并证实，在网络密度相同的条件下，与采用选择性模仿策略的个体相比，采用完全模仿的个体有利于进行改进型创新，其绩效短期高，但长期低；在网络密度相同的条件下，与采用完全模仿策略的个体相比，采用选择性模仿策略的个体有利于进行探索型创新，其绩效短期低，但长期高。在网络密度相同的条件下，高自我监控者容易进行探索型创新，低自我监控者容易进行改进型创新。

（5）对合作网络的演化研究发现，无论哪种创新类型都可以成为网络演化的驱动力，并推动网络朝着不同的方向发生演化。具体来说，探索型创新有助于个体获得网络中心性的位置，而在这之后，个体将受到网络嵌入性的约束，从而有利于其进行改进型创新；改进型创新有助于个体在小群体内获得较多的连接，并使得具有相同知识背景的群体的密度越来越大，而在紧密的网络中有助于个体的改进型创新。因此，在一段时间内，我们发现网络密度与改进型创新呈现出正向的螺旋加强的相互作用，但这种情况不会永远持续下去。

6.2　主要创新点

本书第 3~5 章属于理论研究，因此理论创新主要体现在以下四个方面。

（1）将组织学习领域中的双 E 创新理论引入个体研究层次，揭示了合作网络对个体不同创新类型的作用机理。对于何种结构的网络更有利于促进个体的创造力，以往的研究还存在着争论。本书研究认为，不能从网络结构这一个维度去分析对个体创新的影响，而且不能把个体创新理解为一种通用的现象。本书从权变的视角出发，通过引入对任务特征这一权变变量的考察，并结合组织学习理论的研究成果，将个体的创新分为探索型创新和改进型创新两种。然后从网络结构或关系给个体提供的知识重合度与异质性的角度，考察个体所在网络的直接关系、间接关系对这两类创新的作用机理。研究表明，个体所嵌入的网络密度与改进型创新正相关，个体所具有的关系强度与改进型创新正相关，网络范围与探索型创新正相关。该研究结论有助于人们进一步理清社会资本的不同作用机理，认识到合作网络对个体创新的影响机理和作用效果。

（2）揭示了关系特征与网络特征对个体双 E 创新的交互影响。本书在麦克法迪恩（2009）、索萨（2010）等对关系与网络对个体知识创新的作用机理研究的基础上，深入探讨了个体所嵌入的网络密度与其关系特征构成的，个体所具有的直接关系与间接关系的四种组合。先将个体的关系特征分为强关系与弱关系两类，将个体所嵌入的网络分为稀疏网络与紧密网络两类，然后分别考察这四种组合对个体双 E 创新的影响。本书从异质知识的来源、合作的意愿以及未来合作机会的角度提出，具有强关系且嵌入稀疏网络中的个体有利于进行探索型创新。对专利数据的实证研究以及虚拟仿真实验结果都验证了这一结论，该研究结论是对已有研究的深化和补充。

（3）揭示了个体行为与网络结构对个体创新的交互作用。传统的社会网络研究过于强调网络结构和关系特征对一个人行为的约束，而对于个体能动性则极少考虑。本书认为，个体创新的差异除了与所处网络结构有关以外还与个体行为关系密切。也就是说，网络位置将影响人的创新，这是位置与位置的差异。但是即使是在同一个位置上，个体创新也会在绩效水平上产生差异，这就体现了个体间知识水平的差异、能力的差异或者个体行为策略的差异。对此本书将个体知识、两类个体学习行为（完全模仿和选择性模仿），以及个体的信息搜索方式的差异（自我监控水平）引入我们的考察视野，同时结合网络结构研究了二者对个体创新的交互作用。研究发现并证实，个体知识与网络密度、关系特征对个体创新具有交互影响，网络密度和学习行为的交互效应影响了个体的创新类型，而网络结构和自我监控水平将影响个体的创新类型。该结论扩展了社会网络研究文献，并加深了对网络结构的本质和作用的认识。

（4）揭示了合作网络在两类创新驱动力作用下的不同演化路径。以往的研究大多集中在网络对创新的影响，或者创新驱动了网络演化，这些都是对创新与网络的单方面考量，很少有研究同时考虑到两者间的相互作用，以及在这种动态作用下个体的创新类型的改变以及合作网络的演化路径。本书研究表明并证实，个体的两类创新都可以作为合作网络演化的驱动力，并推动网络向着不同的方向演化，同时演化的网络又为个体提供了机会和约束，两者是动态的相互作用。仿真研究结果表明，探索型创新有助于个体获得网络中心性的位置，而该位置又限制了个体的探索型创新而有利于个体的改进型创新；改进型创新和紧密网络之间在一段时间内相互加强，最后趋于收敛。该结论对于人们进一步地认识不同创新驱动下的合作网络演化路径具有重要的指导意义。

6.3　理论贡献和实践借鉴

从理论研究和创新实践两个方面来看，本书的研究结论可以提供以下的借鉴和建议。

（1）本书研究对个体创新研究的理论贡献。以往研究表明，具有多样性创新产出的个体在未来也将产生更多的创新（Amabile，1988）。但本书研究认为，个体如果过早地聚焦在某一类知识上，并难以得到异质知识支持的时候，就很难再跳出圈子来思考其他的探索型创新。这除了有自身的路径依赖之外，还与外界环境有关。探索型创新在给自己带来中心性的网络地位的同时，也容易发生网络的过度嵌入现象，从而限制了其沿其他方向探索的机会。

（2）本书研究对社会网络研究的理论贡献。以往的社会网络研究忽略了个体的能动性与异质性，缺乏对个体动机与结果之间的考察。网络结构虽然可能带有某种功能，但是这种功能不是社会资本本身，而是社会资本使用后的结果，或者说，是社会网络结构的使用所得到的回报。因此，个体绩效除了跟网络位置的差异相关外，还与个体利用网络的能力与策略有关。本书仿真实验表明，即使是处于相同的网络位置，由于个体行为策略的不同也会带来不同的创新。更重要的是，本书研究利用虚拟实验模拟了个体如何利用社会资本进行创新，随后的创新又如何影响了个体所处的网络位置，这就加深了我们从时间维度上来理解社会资本对个体的作用机理。

（3）本书研究结论对知识型团队的构建具有重要借鉴意义。马奇曾论断，用雇员的频繁离职来保持团队的知识多样性。本书研究认为，大规模的离职将为团队的凝聚力带来考验，而在保持网络密度稳定的前提下，通过文化、规则等软控制手段，改变个体的学习行为，一样可以保持团队的知识多样性。更重要的是，我们的仿真模型表明，我们可以同时采用和则与谐则交替利用的手段来使得团队得到可持续的发展。考虑到不同的研究层次（个体、团队、部门、组织）对双 E 创新的协调能力，对于一个实际研发团队，同时追求两种创新行为的个体不多。因此，具有较高创新绩效并保证持续创新能力的 R&D 团队要注重培养两种人才：一是深刻了解行业发展趋势、思维活跃、社会接触面较宽，具有较多外部连接的战略型人才；二是具有深厚理论知识、善于合作攻坚的储备型人才。战略型人才主攻探索型创新，为团队研发指明方向，储备型人才主攻改进型创新，通过与其他成员合作，对战略人才提出的课题进行深入研究与挖掘。而这两种人才的数量比例及其双方在组织中的地位将受到组织文化、领导者领导风格的制约。

（4）本书研究的创新与网络协同演化的结论无论是对个体还是企业的发展都存在巨大的借鉴意义，研究结论验证了马奇的关于双 E 创新理论的论断，但本书研究侧重在外部环境上解释为什么个体容易陷入改进型创新之中。这反映了一个深刻的道理：在商业上越早确立的盈利模式就越不长久，难以做大。eBay 和亚马逊的发展历史验证了这个观点，eBay 从第一天经营开始就是赚钱的，而亚马逊历经了 7 年才开始盈利，而亚马逊现在的市值远远超过了 eBay。

6.4　研究局限

尽管本书研究基本达到了预期的研究目标，但也存在一定的局限性，主要表现在以下三个方面。

（1）本书通过专利合作数据推导出发明者的合作网络，只是记录了两个发明人的合作关系，而无法记录到其他的关系类型。譬如两个发明人私下的讨论与交流，甚至一起发表了学术论文，但是如果没有一起合作申请专利那么就无法计算到关系数量与关系强度之列，这就会造成对关系强度和关系数量计量上的缺失。除此以外，以合作发表的专利次数为测量依据的关系强度将影响到网络范围假设的验证。合作关系基本属于强关系，因此尽管关系范围较大的个体也将受到异质知识数量的制约，而本书对网络范围的研究假设基于的是异质知识丰富的内在逻辑，因此，这就将给我们研究假设的验证带来困难。

（2）由于受到数据处理烦琐、耗时的限制，本书研究涉及的专利数据的时间跨度并不大，只分成了若干数据窗口，和一流的研究论文还存在差距。而且由于受到发明者创作周期不确定的限制，无法对发明者的知识创新情况进行长时间的跟踪，例如有的研究者后续的工作可以考虑将其他领域的实证数据纳入考察视野，从而围绕仿真模型进行更加深入的实证数据收集，用以验证模型的有效性及进一步的推广模型的应用范畴。

（3）在本书涉及的仿真研究中，我们的模型都没有考虑到两个节点的连接成本，对衰减系数的设定也是将群体中所有个体统一成同一个值。而且我们对每个 agent 的能力没有进行区别对待，这表现在以下两个方面：第一，本书将每个 agent 的学习能力设定成一个统一的参数，没有考虑到 agent 的"成长"，以及和网络地位的关系；第二，对 agent 的交往能力也没有区别对待，现实中应该考虑到不同 agent 的交往能力是存在差异的，而在本书的仿真模型里面都统一设定成了一个参数。而且网络外部驱动力，个体与环境的交互等问题，本书模型都没有考察。因此，本书的仿真模型可以作为一个基准的、初级模型，今后还有很多扩展的空间。

6.5 进一步研究的方向

（1）通过调研、访谈或问卷的方法来收集到更加全面的数据，从而勾勒出更加完整有效的合作网络。本书研究中由于采用的是共同发表专利的方法来统计的关系数量和关系强度，以及个体所嵌入的网络密度，仅考虑这一个方面会丢失其他方面的合作信息。因此，在弥补了这方面的数据缺陷之后就会进一步地增加研究结论的有效性。而且更重要的是，本书采用的是二手数据基于合作关系确定的合作网络，对个体所嵌入的网络密度也是基于合作关系网络计算出来，这与采用直接访问受访者得到的社会网络的区别在于，对信任、态度等变量是无法得到的，因此我们假设中基于社会网络情感的假设就无法提出。因此，在加入访谈的数据之后，我们可以考虑基于社会情感方面的研究假设，例如对关系强度的划分就可以分成基于交往关系与基于情感投入的两类关系强度，从而扩展本书的研究范围。

（2）本书在第 3 章和第 4 章的部分研究，其数据主要来源于美国国家经济研究机构（NBER）霍尔等的研究报告，在其报告中只提供了专利所属的一类 subclass，这就造成了我们只能对个体的创新成果分成探索型创新和改进型创新两类，也正是由于这个原因，我们的实证研究只能采用 Binary Logistic 回归的方法。如果我们能得到更多的行业资料的话，我们也可以对创新成果的权重进行衡量，因为对个体创造力的研究表明，除了"新颖性"（创新产品的有无）可以作为标准以外，创新产品的"可适性"（创新产品的评价）也是衡量个体创造力的重要指标，补全这一部分资料，可以大大拓展我们的研究范围。

（3）本书的仿真研究涉及的模型都可以看作一个初等的模型，未来还有很多可以扩展的地方。如在对网络演化的建模中应该考虑到个体与环境的互动。以往研究中都是将环境视为一个外生变量，个体是无法改变的，只能去适应，这也和本书研究一致。但在现实生活中，某些个体（如某一行业的巨头或巨头的联盟）具有一定的改变环境的能力，能够在一定程度上使得外部环境朝着自己希望的方向发展。最新的仿真研究文献对个体与外界环境的协同演化也不断地涌现出来，这都为我们模型今后的扩展提供了一个极好的参照。我们的模型对网络演化的外界驱动力考虑不足，个体创新驱动网络演化，而网络演化也受到外部环境的制约。因此，如何加强对个体与环境的互动的考察，以及合作网络在外界环境变化中（急剧的技术变革等）的抗干扰与自适应等问题应该是未来一些很不错的研究方向。

参 考 文 献

[1] 彼得·圣吉. 第五项修炼——学习型组织的艺术与实务 [M]. 上海：上海三联书店，2003.

[2] 陈伟，张永超，田世海. 区域装备制造业产学研合作创新网络的实证研究——基于网络结构和网络聚类的视角 [J]. 中国软科学，2012 (2)：96 - 107.

[3] 邓丹，李南，田慧敏. 基于小世界网络的 NPD 团队交流网络分析 [J]. 研究与发展管理，2005，17 (4)：83 - 86.

[4] 方美琪，张树人. 复杂系统建模与仿真 [M]. 北京：中国人民大学出版社，2005.

[5] 郭士伊，席酉民. 和谐管理的智能体行为模型 [J]. 预测，2004，23 (2)：9 - 13.

[6] 国家发展和改革委员会. 海峡西岸经济区发展规划 [EB/OL]. http://www.fujian.gov.cn/ztzl/jkjshxxajjq/zcwj/201108/t20110818_380916.htm.

[7] 哈耶克. 自由秩序原理 [M]. 上海：三联书店，1997.

[8] 韩翼，廖建桥，龙立荣. 雇员工作绩效结构模型构建与实证研究 [J]. 管理科学学报，2007，10 (5)：62 - 77.

[9] 胡军燕，朱桂龙，马莹莹. 开放式创新下产学研合作影响因素的系统动力学分析 [J]. 科学学与科学技术管理，2011，32 (8)：49 - 57.

[10] 黄光国，胡先缙. 人情与面子：中国人的权力游戏 [M]. 北京：中国人民大学出版社，2010.

[11] 科斯. 财产权利与制度变迁——产权学派与新制度经济学派译文集 [M]. 上海：三联书店，1994：38.

[12] 李凯，李世杰. 装备制造业集群网络结构研究与实证 [J]. 管理世界，2004 (12)：68 - 76.

[13] 林南. 社会资本——关于社会结构与行动的理论 [M]. 上海：上

海人民出版社，2005.

[14] 林毅夫. 关于制度变迁的经济学理论：诱致性变迁与强制性变迁 [M]. 上海：上海三联书店，1994：385.

[15] 刘凤朝，马荣康，姜楠. 基于"985 高校"的产学研专利合作网络演化路径研究 [J]. 中国软科学，2011 (7)：178－192.

[16] 刘军. 管理研究方法原理与应用 [M]. 北京：中国人民大学出版社，2008.

[17] 刘军. 社会网络分析导论 [M]. 北京：社会科学文献出版社，2004.

[18] 刘军. 整体网分析讲义 [M]. 上海：格致出版社，2009.

[19] 罗家德. 社会网络分析讲义 [M]. 北京：社会科学文献出版社，2005.

[20] 马汀·奇达夫，蔡文彬. 社会网络与组织 [M]. 北京：中国人民大学出版社，2007.

[21] 马艳艳，刘凤朝，孙玉涛. 中国大学—企业专利申请合作网络研究 [J]. 科学学研究，2011，29 (3)：390－395.

[22] 迈克尔·波兰尼. 个人知识——朝向后批判哲学 [M]. 贵阳：贵州人民出版社，2000：580.

[23] 诺斯. 新制度经济学及其发展 [J]. 经济社会体制比较，2002 (5)：5－10.

[24] 齐美尔，林荣远. 社会学：关于社会化形式的研究 [M]. 北京：华夏出版社，2002.

[25] 钱学森，于景元，戴汝为. 一个科学新领域——开放复杂巨系统及其方法论 [J]. 自然杂志，1990，13 (1)：3－10.

[26] 王灏. 光电子产业区域创新网络构建与演化机理研究 [J]. 科研管理，2013 (1)：37－45.

[27] 王济川，郭志刚. Logistic 回归模型——方法与应用 [M]. 北京：高等教育出版社，2001.

[28] 吴金闪，狄增如. 从统计物理学看复杂网络研究 [J]. 物理学进展，2004，24 (1)：18－46.

[29] 武学超. 美国产学研协同创新联盟建设与经验——以 I/UCRC 模式为例 [J]. 中国高教研究，2012 (4)：47－50.

［30］席酉民，葛京，韩巍，陈健. 和谐管理理论的意义与价值［J］. 管理学报，2005，2（4）：397 – 405.

［31］席酉民，韩巍，尚玉钒. 面向复杂性：和谐管理理论的概念、原则及框架［J］. 管理科学学报，2003，6（4）：1 – 8.

［32］席酉民. 和谐理论与战略［M］. 贵阳：贵州人民出版社，1989.

［33］熊彼特·约瑟夫. 经济发展理论［M］. 北京：商务印书馆，1991.

［34］姚艳虹，韩树强. 组织公平与人格特质对员工创新行为的交互影响研究［J］. 管理学报，2013，10（5）：700 – 707.

［35］宜慧玉，高宝俊. 管理与社会经济系统仿真［M］. 武汉：武汉大学出版社，2002.

［36］约瑟夫·熊彼特，等. 经济发展理论［M］. 叶华译. 北京：中国社会科学出版社，2009.

［37］曾鹏. 社区网络与集体行动［M］. 北京：社会科学文献出版社，2008.

［38］曾宪聚. 和谐耦合机制及其动态过程研究［D］. 西安：西安交通大学博士学位论文，2008.

［39］张华，郎淳刚. 以往绩效与网络异质性对知识创新的影响研究——网络中心性位置是不够的［J］. 科学学研究，2013，31（10）：1581 – 1589.

［40］张华，席酉民，丁琳. 社会网络对个体创造力的作用机理研究［J］. 科学学与科学技术管理，2008，29（11）：185 – 191.

［41］张江，李学伟. 人工社会——基于 Agent 的社会学仿真［J］. 系统工程，2005，23（1）：13 – 20.

［42］周密，赵文红，姚小涛. 社会关系视角下的知识转移理论研究评述及展望［J］. 科研管理，2007，28（3）：78 – 85.

［43］周雪光. 组织社会学十讲［M］. 北京：社会科学文献出版社，2003.

［44］Adler P S, Kwon S W. Social Capital：Prospects for a New Concept［J］. Academy of Management Review，2002，27（1）：17 – 40.

［45］Afuah A. Are Network Effects Really All about Size? The Role of Structure and Conduct［J］. Strategic Management Journal，2013，34（3）：257 – 273.

［46］Ahuja G. Collaboration Networks，Structural Holes，and Innovation：A Longitudinal Study［J］. Administrative Science Quarterly，2000，45（3）：

425 – 455.

[47] Ahuja G, F Polidoro, and W. Mitchell. Structural Homophily or Social Asymmetry? The Formation of Alliances by Poorly Embedded Firms [J]. Strategic Management Journal, 2009, 30 (9): 941 – 958.

[48] Ahuja G, Soda G, Zaheer A. The Genesis and Dynamics of Organizational Networks [J]. Organization Science, 2012, 23 (2): 434 – 448.

[49] Ahuja M K, Galletta D F, Carley K M. Individual Centrality and Performance in Virtual R&D Groups: An Empirical Study [J]. Management Science, 2003, 49 (1): 21 – 38.

[50] Aiken L S and S G West. Multiple Regression: Testing and Interpreting Interactions [M]. Sage Publications, Incorporated, 1991.

[51] Albert R, Barab A L. Statistical Mechanics of Complex Networks [J]. Reviews of Modern Physics, 2002, 74 (1): 47 – 97.

[52] Albert R, Barabasi A L. Emergence of Scaling in Random Networks [J]. Science, 1999, 286 (5439): 509 – 512.

[53] Allen L J, Burgin A M. Comparison of Deterministic and Stochastic SIS and SIR Models in Discrete Time [J]. Mathematical Biosciences, 2000, 163 (1): 1 – 33.

[54] Allen T J, Henn G. The Organization and Architecture of Innovation: Managing the Flow of Technology [M]. Butterworth-Heinemann, 2006.

[55] Amabile T M. A Model of Creativity and Innovation in Organizations [J]. Research in Organizational Behavior, 1988, 10 (1): 123 – 167.

[56] Amabile T M. Creativity in Context: Update to the Social Psychology of Creativity [M]. Westview Press, 1996.

[57] Amabile T M. The Social Psychology of Creativity: A Componential Conceptualization [J]. Journal of Personality and Social Psychology, 1983, 45 (2): 357 – 376.

[58] Amaral L, Uzzi B. Complex Systems—A New Paradigm for the Integrative Study of Management, Physical, and Technological Systems [J]. Management Science, 2007, 53 (7): 1033 – 1035.

[59] Ancona D G, Caldwell D F. Demography and Design: Predictors of New Product Team Performance [J]. Organization Science, 1992, 3 (3): 321 – 341.

［60］Anderson M H. Social Networks and the Cognitive Motivation to Realize Network Opportunities: A Study of Managers' Information Gathering Behaviors ［J］. Journal of Organizational Behavior, 2008, 29 (1): 51 -78.

［61］Anderson N, Potočnik K, Zhou J. Innovation and Creativity in Organizations: A State-of-the-Science Review, Prospective Commentary, and Guiding Framework ［J］. Journal of Management, 2014, 40 (5): 1297 -1333.

［62］Andriopoulos C, Lewis M W. Exploitation-exploration Tensions and Organizational Ambidexterity: Managing Paradoxes of Innovation ［J］. Organization Science, 2009, 20 (4): 696 -717.

［63］Argyres N S, Silverman B S. R&D, Organization Structure, and the Development of Corporate Technological Knowledge ［J］. Strategic Management Journal, 2004, 25 (8 -9): 929 -958.

［64］Audia P G, Goncalo J A. Past Success and Creativity Over Time: A Study of Inventors in the Hard Disk Drive Industry ［J］. Management Science, 2007, 53 (1): 1 -15.

［65］Baer M. The Strength-of-Weak-Ties Perspective on Creativity: A Comprehensive Examination and Extension ［J］. Journal of Applied Psychology, 2010, 95 (3): 592 -601.

［66］Balkundi P, Kilduff M, Barsness Z I, et al. Demographic Antecedents and Performance Consequences of Structural Holes in Work Teams ［J］. Journal of Organizational Behavior, 2007, 28 (2): 241 -260.

［67］Baron R M, Kenny D A. The Moderator-Mediator Variable Distinction in Social Psychological Research: Conceptual, Strategic, and Statistical Considerations ［J］. Journal of Personality and Social Psychology, 1986, 51 (6): 1173 -1182.

［68］Barrick M R, Mount M K. The Big Five Personality Dimensions and Job Performance: A Meta-Analysis ［J］. Personnel Psychology, 1991, 44 (1): 1 -26.

［69］Barron F, Harrington D M. Creativity, Intelligence, and Personality ［J］. Annual Review of Psychology, 1981, 32 (1): 439 -476.

［70］Baum J A, Shipilov A V, Rowley T J. Where Do Small Worlds Come from? ［J］. Industrial and Corporate Change, 2003, 12 (4): 697 -725.

［71］Becker B E, Huselid M A. Strategic Human Resources Management:

Where Do We Go from Here? [J]. Journal of Management, 2006, 32 (6): 898 – 925.

[72] Bessant J, Caffyn S, Gallagher M. An Evolutionary Model of Continuous Improvement Behaviour [J]. Technovation, 2001, 21 (2): 67 – 77.

[73] Bonacich P. Power and Centrality: A Family of Measures [J]. American Journal of Sociology, 1987: 1170 – 1182.

[74] Borgatti S P and D S Halgin. On Network Theory [J]. Organization Science, 2011, 22 (5): 1168 – 1181.

[75] Borgatti S P, Brass D J, Halgin D S. Social Network Research: Confusions, Criticisms, and Controversies [J]. Research in the Sociology of Organizations, 2014 (40): 1 – 29.

[76] Borgatti S P, Cross R. A Relational View of Information Seeking and Learning in Social Networks [J]. Management Science, 2003, 49 (4): 432 – 445.

[77] Borgatti S P, Everett M G, Freeman L C. Ucinet for Windows: Software for Social Network Analysis [J]. Harvard: Analytic Technologies, 2002.

[78] Borgatti S P, Halgin D S. On Network Theory [J]. Organization Science, 2011, 22 (5): 1168 – 1181.

[79] Borgatti S P, Mehra A, Brass D J, et al. Network Analysis in the Social Sciences [J]. Science, 2009, 323 (5916): 892 – 895.

[80] Botwin M D, Buss D M, Shackelford T K. Personality and Mate Preferences: Five Factors in Mate Selection and Marital Satisfaction [J]. Journal of Personality, 1997, 65 (1): 107 – 136.

[81] Bouty I. Interpersonal and Interaction Influences on Informal Resource Exchanges Between R&D Researchers Across Organizational Boundaries [J]. Academy of Management Journal, 2000, 43 (1): 50 – 65.

[82] Brass D J. Being in the Right Place: A Structural Analysis of Individual Influence in an Organization [J]. Administrative Science Quarterly, 1984, 29 (4): 518 – 539.

[83] Brass D J. Creativity: It's All in Your Social Network [J]. Creative Actions in Organizations, 1995, 29 (1): 94 – 99.

[84] Brown J S, Duguid P. Organizational Learning and Communities of Practice [J]. Organization Science, 1991, 2 (1): 40 – 57.

[85] Burton R. Validating and Docking: An Overview, Summary, and Challenge [M] // Simulationg Organizations: Computational Models of Institutions and Groups. Prietula M J, K M Carley and L Gasser, eds. MIT Press: Cambridge, MA, 1998.

[86] Burt R S. Brokerage and Closure: An Introduction to Social Capital [M]. OUP Oxford, 2005.

[87] Burt R S. Network-related Personality and the Agency Question: Multirole Evidence from a Virtual World [J]. American Journal of Sociology, 2012, 118 (3): 543 – 591.

[88] Burt R S. Structural Holes and Good Ideas [J]. American Journal of Sociology, 2004, 110 (2): 349 – 399.

[89] Burt R S. Structural Holes: The Social Structure of Competition [M]. Harvard University Press, 1992.

[90] Burt R S. Structural Holes Versus Network Closure as Social Capital [J]. Social Capital: Theory and Research, 2001: 31 – 56.

[91] Burt R S. The Network Structure of Social Capital [J]. Research in Organizational Behavior, 2000, 22 (2): 345 – 423.

[92] Caldwell D F, O'Reilly C A. The Impact of Information on Job Choices and Turnover [J]. The Academy of Management Journal, 1985, 28 (4): 934 – 943.

[93] Campbell B A, Coff R, Kryscynski D. Rethinking Sustained Competitive Advantage from Human Capital [J]. Academy of Management Review, 2012, 37 (3): 376 – 395.

[94] Carley K. A Theory of Group Stability [J]. American Sociological Review, 1991, 56 (3): 331 – 354.

[95] Carley K M. Computational and Mathematical Organization Theory: Perspective and Directions [J]. Computational & Mathematical Organization Theory, 1995, 1 (1): 39 – 56.

[96] Carley K M. Computational Organization Theory [M]. MIT Press Cambridge, MA, USA, 1999.

[97] Carley K M. On the Evolution of Social and Organizational Networks [J]. Research in the Sociology of Organizations, 1999, 16 (1): 3 – 30.

［98］ Carnabuci G, Bruggeman J. Knowledge Specialization, Knowledge Brokerage and the Uneven Growth of Technology Domains ［J］. Social Forces, 2009, 88 (2): 607 - 641.

［99］ Carnabuci G, Operti E. Where Do Firms' Recombinant Capabilities Come from? Intraorganizational Networks, Knowledge, and Firms' Ability to Innovate through Technological Recombination ［J］. Strategic Management Journal, 2013, 34 (13): 1591 - 1613.

［100］ Cartwright D, Harary F. Structural Balance: A Generalization of Heider's Theory ［J］. Psychological Review, 1956, 63 (5): 277 - 293.

［101］ Cattani G, Ferriani S. A Core/Periphery Perspective on Individual Creative Performance: Social Networks and Cinematic Achievements in the Hollywood Film Industry ［J］. Organization Science, 2008, 19 (6): 824 - 844.

［102］ Cederman L E. Computational Models of Social Forms: Advancing Generative Process Theory ［J］. American Journal of Sociology, 2005, 110 (4): 864 - 893.

［103］ Christensen C M. The Innovator's Dilemma: When New Technologies Cause Great Firms to Fail ［M］. Harvard Business Press, 1997.

［104］ Chung S A, Singh H, Lee K. Complementarity, Status Similarity and Social Capital as Drivers of Alliance Formation ［J］. Strategic Management Journal, 2000, 21 (1): 1 - 22.

［105］ Cohen W M, Levinthal D A. Absorptive Capacity: A New Perspective on Learning and Innovation ［J］. Administrative Science Quarterly, 1990, 35 (1): 128 - 152.

［106］ Cohen W M, Levinthal D A. Fortune Favors the Prepared Firm ［J］. Management Science, 1994, 40 (2): 227 - 251.

［107］ Cohen W M, Levinthal D A. Innovation and Learning: The Two Faces of R&D ［J］. The Economic Journal, 1989, 99 (397): 569 - 596.

［108］ Coleman J S. Foundations of Social Theory ［M］. Belknap Press, 1994.

［109］ Coleman J S. Social Capital in the Creation of Human Capital ［J］. American Journal of Sociology, 1988, 94 (3): 95 - 120.

［110］ Cowan R, Jonard N. Network Structure and the Diffusion of Knowledge

[J]. Journal of Economic Dynamics and Control, 2004, 28 (8): 1557 – 1575.

[111] Cowan R, Jonard N, Zimmermann J B. Bilateral Collaboration and the Emergence of Innovation Networks [J]. Management Science, 2007, 53 (7): 1051.

[112] Cross R, Cummings J N. Tie and Network Correlates of Individual Performance in Knowledge-Intensive Work [J]. The Academy of Management Journal, 2004, 47 (6): 928 – 937.

[113] Dansereau F. A Vertical Dyad Linkage Approach to Leadership within Formal Organizations*1: A Longitudinal Investigation of the Role Making Process [J]. Organizational Behavior and Human Performance, 1975, 13 (1): 46 – 78.

[114] Davis J P, Eisenhardt K M, Bingham C B. Developing Theory Through Simulation Methods [J]. The Academy of Management Review (AMR), 2007, 32 (2): 480 – 499.

[115] Deffuant G, Huet S, Amblard F. An Individual-Based Model of Innovation Diffusion Mixing Social Value and Individual Benefit [J]. American Journal of Sociology, 2005, 110 (4): 1041 – 1069.

[116] Demsetz H. The Theory of the Firm Revisited [J]. Journal of Law, Economics, and Organization, 1988, 4 (1): 141 – 161.

[117] Dibiaggio L. Design Complexity, Vertical Disintegration and Knowledge Organization in the Semiconductor Industry [J]. Industrial and Corporate Change, 2007, 16 (2): 239 – 267.

[118] Diestre L, Rajagopalan N. Are All "Sharks" Dangerous? New Biotechnology Venturesand Partner Selection in R&D Alliances [J]. Strategic Management Journal, 2012, 33 (10): 1115 – 1134.

[119] Dosi G. Technological Paradigms and Technological Trajectories: A Suggested Interpretation of the Determinants and Directions of Technical Change [J]. Research Policy, 1982, 11 (3): 147 – 162.

[120] Doz Y L and J Santos, et al. From Global to Metanational: How Companies Win in the Knowledge Economy [M]. Harvard Business School Press, 2001.

[121] Emirbayer M, Goodwin J. Network Analysis, Culture, and the Problem of Agency [J]. American Journal of Sociology, 1994, 99 (6): 1411 – 1454.

［122］ Fang C, Lee J, Schilling M A. Balancing Exploration and Exploitation through Structural Design: The Isolation of Subgroups and Organizational Learning ［J］. Organization Science, 2010, 21 (3): 625 – 642.

［123］ Fleming L, Mingo S, Chen D. Collaborative Brokerage, Generative Creativity, and Creative Success ［J］. Administrative Science Quarterly, 2007, 52 (3): 443 – 475.

［124］ Fleming L. Recombinant Uncertainty in Technological Search ［J］. Management Science, 2001, 47 (1): 117 – 132.

［125］ Fleming L, Sorenson O. Science as a Map in Technological Search ［J］. Strategic Management Journal, 2004, 25 (8 – 9): 909 – 928.

［126］ Ford C M. A Theory of Individual Creative Action in Multiple Social Domains ［J］. The Academy of Management Review, 1996, 21 (4): 1112 – 1142.

［127］ Funk R. Making the Most of Where You Are: Geography, Networks, and Innovation in Organizations ［J］. Academy of Management Journal, 2013: 2012 – 2585.

［128］ Gabbay S M, Leenders R. Social Capitalof Organizations: From Social Structure to the Management of Corporate Social Capital ［J］. Social Capital of Organizations, 2001, 18 (1): 1 – 20.

［129］ Galton F. Hereditary Genius ［M］. London: Macmillan, 1869.

［130］ Gargiulo M, Ertug G, Galunic C. The Two Faces of Control: Network Closure and Individual Performance among Knowledge Workers ［J］. Administrative Science Quarterly, 2009, 54 (2): 299 – 333.

［131］ Gatignon H, Tushman M L, Smith W, et al. A Structural Approach to Assessing Innovation: Construct Development of Innovation Locus, Type, and Characteristics ［J］. Management Science, 2002, 48 (9): 1103 – 1122.

［132］ Gavetti G, Levinthal D. Looking Forward and Looking Backward: Cognitive and Experiential Search ［J］. Administrative Science Quarterly, 2000, 45 (1): 113 – 137.

［133］ Gavetti G, Levinthal D, Rivkin J W. Strategy-making in Novel and Complex Worlds: The Power of Analogy ［J］. Strategic Management Journal, 2005, 26 (8): 691 – 712.

［134］ Ghoshal S, Nahapiet J. Social Capital, Intellectual Capital, and the

Organizational Advantage ［J］. Academy of Management Review, 1998, 23
(2): 242 – 266.

［135］ Ghosh A, Martin X, Pennings J M, et al. Ambition Is Nothing without Focus: Compensating for Negative Transfer of Experience in R&D ［J］. Organization Science, 2013, 25 (2): 572 – 590.

［136］ Gomes-Casseres B. Group vs. Group: How Alliance Networks Compete ［J］. Harvard Business Review, 1994, 72 (4): 62 – 76.

［137］ Gough H G. A Creative Personality Scale for the Adjective Check List ［J］. Journal of Personality and Social Psychology, 1979, 37 (8): 1398 – 1405.

［138］ Gould R V, Fernandez R M. Structures of Mediation: A Formal Approach to Brokerage in Transaction Networks ［J］. Sociological Methodology, 1989, 19 (1): 89 – 126.

［139］ Graen G B, Novak M A, Sommerkamp P. The Effects of Leader-Member Exchange and Job Design on Productivity and Satisfaction: Testing a Dual Attachment Model ［J］. Organizational Behavior and Human Performance, 1982, 30 (1): 109 – 131.

［140］ Graf H. Gatekeepers in Regional Networks of Innovators ［J］. Cambridge Journal of Economics, 2011, 35 (1): 173 – 198.

［141］ Granovetter M. Economic Action and Social Structure: The Problem of Embeddedness ［J］. American Journal of Sociology, 1985, 91 (3): 481 – 501.

［142］ Granovetter M S. The Strength of Weak Ties ［J］. American Journal of Sociology, 1973, 78 (6): 1360.

［143］ Grigoriou K, Rothaermel F T. Structural Microfoundations of Innovation the Role of Relational Stars ［J］. Journal of Management, 2014, 40 (2): 586 – 615.

［144］ Groysberg B. Chasing Stars: The Myth of Talent and the Portability of Performance ［M］. Princeton University Press, 2012.

［145］ Gulati, R, M Sytch, and A Tatarynowicz. The Rise and Fall of Small Worlds: Exploring the Dynamics of Social Structure ［J］. Organization Science, 2012, 23 (2): 449 – 471.

［146］ Hall B H, Jaffe A, Trajtenberg M. The NBER Patent Citations Data File: Lessons, Insights and Methodological Tools ［D］. Working Paper 8498,

National Bureau of Economic Research, Cambridge, MA, 2001.

［147］Hanaki N, Peterhansl A, Dodds P S, et al. Cooperation in Evolving Social Networks ［J］. Management Science, 2007, 53 (7): 1036.

［148］Hansen M T. The Search-Transfer Problem: The Role of Weak Ties in Sharing Knowledge across Organization Subunits ［J］. Administrative Science Quarterly, 1999, 44 (1): 82 – 85.

［149］Han Yi, Liao Jianqiao, Long Lirong. Employee Job Performance Structural Model Building and Empirical Research ［J］. Journal of Management Science in China, 2007, 10 (5): 62 – 77.

［150］Hargadon A, Sutton R I. Technology Brokering and Innovation in a Product Development Firm ［J］. Administrative Science Quarterly, 1997, 42 (4): 716 – 749.

［151］Hargadon A. Technology Brokering and Innovation: Linking Strategy, Practice, and People ［J］. Strategy & Leadership, 2005, 33 (1): 32 – 36.

［152］Harrison J R, Lin Z, Carroll G R, et al. Simulation Modeling in Organizational and Management Research ［J］. The Academy of Management Review (AMR), 2007, 32 (4): 1229 – 1245.

［153］Hausknecht J P, Rodda J, Howard M J. Targeted Employee Retention: Performance-Based and Job-Related Differences in Reported Reasons for Staying ［J］. Human Resource Management, 2009, 48 (2): 269 – 288.

［154］Heilman K M, Valenstein E. Clinical Neuropsychology ［M］. Oxford University Press, USA, 2003.

［155］He J and M Hosein Fallah. Is Inventor Network Structure a Predictor of Cluster Evolution? ［J］. Technological Forecasting and Social Change, 2009, 76 (1): 91 – 106.

［156］Helfat C E, Winter S G. Untangling Dynamic and Operational Capabilities: Strategy for the (N) ever-Changing World ［J］. Strategic Management Journal, 2011, 32 (11): 1243 – 1250.

［157］Henderson R M, Clark K B. Architectural Innovation: The Reconfiguration of Existing Product Technologies and the Failure of Established Firms ［J］. Administrative Science Quarterly, 1990, 35 (1): 9 – 30.

［158］Hite J M, Hesterly W S. The Evolution of Firm Networks: From

Emergence to Early Growth of the Firm [J]. Strategic Management Journal, 2001, 22 (3): 275 – 286.

[159] Hite J M. Patterns of Multidimensionality Among Embedded Network Ties: A Typology of Relational Embeddedness in Emerging Entrepreneurial Firms [J]. Strategic Organization, 2003, 1 (1): 9 – 49.

[160] Hogan J and D S Ones. Conscientiousness and Integrity at Work [M]. US: Academic Press, 1997.

[161] Howell J M, Shea C M, Higgins C A. Champions of Product Innovations: Defining, Developing, and Validating a Measure of Champion Behavior [J]. Journal of Business Venturing, 2005, 20 (5): 641 – 661.

[162] Huang Guangguo, Hu Xianjin. Face and Favor: The Chinese People's Power Game [M]. Beijing: China Renmin University Press, 2010.

[163] Ibarra H. Homophily and Differential Returns: Sex Differences in Network Structure and Access in an Advertising Firm [J]. Administrative Science Quarterly, 1992, 37 (3): 422 – 447.

[164] Ingram P, Roberts P W. Friendships among Competitors in the Sydney Hotel Industry [J]. American Journal of Sociology, 2000, 106 (2): 387 – 423.

[165] Jabri M M. The Development of Conceptually Independent Subscales in the Measurement of Modes of Problem Solving [J]. Educational and Psychological Measurement, 1991, 51 (4): 975 – 983.

[166] Jackson M O, den Van N. Strongly Stable Networks [J]. Games and Economic Behavior, 2005, 51 (2): 420 – 444.

[167] Jackson M O, Watts A. On the Formation of Interaction Networks in Social Coordination Games [J]. Games and Economic Behavior, 2002, 41 (2): 265 – 291.

[168] Jackson M O, Watts A. The Evolution of Social and Economic Networks [J]. Journal of Economic Theory, 2002, 106 (2): 265 – 295.

[169] Jackson M O, Wolinsky A. A Strategic Model of Social and Economic Networks [J]. Journal of Economic Theory, 1996, 71 (1): 44 – 74.

[170] Jaffe A B, Trajtenberg M, Henderson R. Geographic Localization of Knowledge Spillovers as Evidenced by Patent Citations [J]. The Quarterly Journal of Economics, 1993, 108 (3): 577 – 598.

[171] Jansen J J, den Van B, Volberda H W. Exploratory Innovation, Exploitative Innovation, and Performance: Effects of Organizational Antecedents and Environmental Moderators [J]. Management Science, 2006, 52 (11): 1661 – 1674.

[172] Judge T A, Heller D, Mount M K. Five-Factor Model of Personality and Job Satisfaction: A Meta-Analysis [J]. Journal of Applied Psychology, 2002, 87 (3): 530 – 541.

[173] Kale P, Singh H, Perlmutter H. Learning and Protection of Proprietary Assets in Strategic Alliances: Building Relational Capital [J]. Strategic Management Journal, 2000, 21 (3): 217 – 237.

[174] Kalish Y. Bridging in Social Networks: Who are the People in Structural Holes and Why Are They There? [J]. Asian Journal of Social Psychology, 2008, 11 (1): 53 – 66.

[175] Kanfer R, Ackerman P L, Murtha T C, et al. Goal Setting, Conditions of Practice, and Task Performance: A Resource Allocation Perspective [J]. Journal of Applied Psychology, 1994, 79 (6): 826 – 835.

[176] Kanter R M. When a Thousand Flowers Bloom: Structural, Collective, and Social Conditions for Innovation in Organization [J]. Entrepreneurship: The Social Science View, 2000, 1 (10): 167 – 210.

[177] Kasperson C J. Psychology of the Scientist: XXXVII. Scientific Creativity: A Relationship with Information Channels [J]. Psychological Reports, 1978, 42 (3): 691 – 694.

[178] Katila R, Ahuja G. Something Old, Something New: A Longitudinal Study of Search Behavior and New Product Introduction [J]. Academy of Management Journal, 2002, 45 (6): 1183 – 1194.

[179] Kauffeld-Monz M, Fritsch M. Who Are the Knowledge Brokers in Regional Systems of Innovation? A Multi-actor Network Analysis [J]. Regional Studies, 2013, 47 (5): 669 – 685.

[180] Kauffman S A. Cellular Homeostasis, Epigenesis and Replication in Randomly Aggregated Macromolecular Systems [J]. Cybernetics and Systems, 1971, 1 (1): 71 – 96.

[181] Kehoe R R, Tzabbar D. Lighting the Way or Stealing the Shine? An Examination of the Duality in Star Scientists' Effects on Firm Innovative Performance

[J]. Strategic Management Journal, 2014.

[182] Kijkuit B, Van E J. The Organizational Life of an Idea: Integrating Social Network, Creativity and Decision-Making Perspectives [J]. Journal of Management Studies, 2007, 44 (6): 863 – 882.

[183] Kilduff M, Day D V. Do Chameleons Get Ahead? The Effectsof Self-Monitoring on Managerial Careers [J]. Academy of Management Journal, 1994, 37 (4): 1047 – 1060.

[184] Kirton M. Adaptors and Innovators: A Description and Measure [J]. Journal of Applied Psychology, 1976, 61 (5): 622 – 629.

[185] Kleysen R F, Street C T. Toward a Multi-Dimensional Measure of Individual Innovative Behavior [J]. Journal of Intellectual Capital, 2001, 2 (3): 284 – 296.

[186] Kogut B, Zander U. Knowledge of the Firm, Combinative Capabilities, and the Replication of Technology [J]. Organization Science, 1992, 3 (3): 383 – 397.

[187] Krackhardt D. The Strength of Strong Ties: The Importance of Philos in Organizations [J]. Networks and Organizations: Structure, Form, and Action, 1992, 44 (2): 216 – 239.

[188] Kwon S, Adler P S. Social Capital: Maturation of a Field of Research [J]. Academy of Management Review, 2014, 39 (4): 412 – 422.

[189] Lane P J, Lubatkin M. Relative Absorptive Capacity and Interorganizational Learning [J]. Strategic Management Journal, 1998, 19 (5): 461 – 477.

[190] Laureiro Martínez D, Brusoni S, Canessa N, et al. Understanding the Exploration-Exploitation Dilemma: An MRI Study of Attention Control and Decision-Making Performance [J]. Strategic Management Journal, 2015, 36 (3): 319 – 338.

[191] Lazer D, Friedman A. The Network Structure of Exploration and Exploitation [J]. Administrative Science Quarterly, 2007, 52 (4): 667 – 694.

[192] Lee J. Heterogeneity, Brokerage, and Innovative Performance: Endogenous Formation of Collaborative Inventor Networks [J]. Organization Science, 2010, 21 (4): 804 – 822.

[193] Leifer R. Radical Innovation: How Mature Companies Can Outsmart

Upstarts［M］. Harvard Business Press，2000.

［194］Levinthal D A. Adaptation on Rugged Landscapes［J］. Management Science，1997，43（7）：934 –950.

［195］Lim K. The Many Faces of Absorptive Capacity：Spillovers of Copper Interconnect Technology for Semiconductor Chips［J］. Industrial and Corporate Change，2009，3（1）：44 –54.

［196］Lin N. Social Capital：A Theory of Social Structure and Action［M］. Cambridge University Press，2002.

［197］Lin Z，Yang H，Demirkan I. The Performance Consequences of Ambidexterity in Strategic Alliance Formations：Empirical Investigation and Computational Theorizing［J］. Management Science，2007，53（10）：1645 –1658.

［198］Liu Jun. Principles and Applications Management Research Methods［M］. Beijing：China Renmin University Press，2008.

［199］Luo Jiade. Social Network Analysis Notes［M］. Beijing：Social Sciences Academic Press，2005.

［200］Macy M W，Willer R. From FactoRs to Actors：Computational Sociology and Agent-Based Modeling［J］. Annual Reviews in Sociology，2002，28（1）：143 –166.

［201］Mahmood I P，Zhu H，Zajac E J. Where Can Capabilities Come from？Network Ties and Capability Acquisition in Business Groups［J］. Strategic Management Journal，2011，32（8）：820 –848.

［202］March J G. Exploration and Exploitation in Organizational Learning［J］. Organization Science，1991，2（1）：71 –87.

［203］Martin X，Salomon R. Knowledge Transfer Capacity and Its Implications for the Theory of the Multinational Corporation［J］. Journal of International Business Studies，2003，34（4）：356 –373.

［204］Mcevily B，Zaheer A. Bridging Ties：A Source of Firm Heterogeneity in Competitive Capabilities［J］. Strategic Management Journal，1999，20（12）：1133 –1156.

［205］Mcfadyen M A，Cannella A A. Social Capital and Knowledge Creation：Diminishing Returns of the Number and Strength of Exchange Relationships［J］. Academy of Management Journal，2004，47（5）：735 –746.

[206] Mcfadyen M A, Cannella J A. Social Capital and Knowledge Creation: Diminishing Returns of the Number and Strength of Exchange [J]. The Academy of Management Journal, 2004, 47 (5): 735 – 746.

[207] Mcfadyen M A. Value of Strong Ties to Disconnected Others Examining Knowledge Creation in Biomedicine [J]. Organization Science, 2009, 20 (3): 552 – 564.

[208] Mehra A, Kilduff M, Brass D J. The Social Networks of High and Low Self-Monitors: Implications for Workplace Performance [J]. Administrative Science Quarterly, 2001, 46 (1): 121 – 146.

[209] Milgram S. The Small World Problem [J]. Psychology Today, 1967, 2 (1): 60 – 67.

[210] Miller K D, Zhao M, Calantone R J. Adding Interpersonal Learning and Tacit Knowledge to March's Exploration-Exploitation Model [J]. The Academy of Management Journal, 2006, 49 (4): 709 – 722.

[211] Mizruchi M S. Getting a Bonus: Social Networks, Performance, and Reward Among Commercial Bankers [J]. Organization Science, 2010, 22 (1): 42 – 59.

[212] Mizruchi M S, Stearns L B, Fleischer A. Getting a Bonus: Social Networks, Performance, and Reward Among Commercial Bankers [J]. Organization Science, 2010, 22 (1): 42 – 59.

[213] Mom T J, den Van B, Volberda H W. Investigating Managers' Exploration and Exploitation Activities: The Influence of Top-Down, Bottom-Up, and Horizontal Knowledge Inflows [J]. Journal of Management Studies, 2007, 44 (6): 910 – 931.

[214] Mumford M D, Licuanan B. Leading for Innovation: Conclusions, Issues, and Directions [J]. The Leadership Quarterly, 2004, 15 (1): 163 – 171.

[215] Nebus J. Building Collegial Information Networks: A Theory of Advice Network Generation [J]. Academy of Management Review, 2006, 31 (3): 615 – 637.

[216] Nelson R R, Winter S G. An Evolutionary Theory of Economic Change [M]. Harvard University Press, 2009.

[217] Nerkar A, Paruchuri S. Evolution of R&D Capabilities: The Role of

Knowledge Networks within a Firm [J]. Management Science, 2005, 51 (5): 771 – 785.

[218] Nerkar A. Old is Gold? The Value of Temporal Exploration in the Creation of New Knowledge [J]. Management Science, 2003, 49 (2): 211 – 229.

[219] Nerkar A, Paruchuri S. Evolution of R&D Capabilities: The Role of Knowledge Networks within a Firm [J]. Management Science, 2005, 51 (5): 771 – 785.

[220] Newman M E. Scientific Collaboration Networks. I. Network Construction and Fundamental Results [J]. Physical Review E, 2001, 64 (1): 131 – 161.

[221] Nicholls Nixon C L, Woo C Y. Technology Sourcing and Output of Established Firms in a Regime of Encompassing Technological Change [J]. Strategic Management Journal, 2003, 24 (7): 651 – 666.

[222] Nicolaou N, Birley S. Social Networks in Organizational Emergence: The University Spinout Phenomenon [J]. Management Science, 2003, 49 (12): 1702 – 1725.

[223] Obstfeld D. Social Networks, the Tertius Iungens Orientation, and Involvement in Innovation [J]. Administrative Science Quarterly, 2005, 50 (1): 100 – 130.

[224] Oettl A. Reconceptualizing Stars: Scientist Helpfulness and Peer Performance [J]. Management Science, 2012, 58 (6): 1122 – 1140.

[225] Oh H, Kilduff M. The Ripple Effectof Personality on Social Structure: Self-Monitoring Origins of Network Brokerage [J]. Journal of Applied Psychology, 2008, 93 (5): 1155 – 1164.

[226] Oldham G R, Cummings A. Employee Creativity: Personal and Contextual Factors at Work [J]. The Academy of Management Journal, 1996, 39 (3): 607 – 634.

[227] Oldroyd J B, Morris S S. Catching Falling Stars: A Human Resource Response to Social Capital's Detrimental Effect of Information Overload on Star Employees [J]. Academy of Management Review, 2012, 37 (3): 396 – 418.

[228] Ong C H, Wan D, Chng S H. Factors Affecting Individual Innovation: An Examination within a Japanese Subsidiary in Singapore [J]. Technovation, 2003, 23 (7): 617 – 631.

［229］ Operti E，Carnabuci G. Public Knowledge，Private Gain the Effect of Spillover Networks on Firms' Innovative Performance ［J］. Journal of Management，2014，40 （4）：1042 – 1074.

［230］ Paruchuri S. Intraorganizational Networks，Interorganizational Networks，and the Impact of Central Inventors A Longitudinal Study of Pharmaceutical Firms ［J］. Organization Science，2010，21 （1）：63 – 80.

［231］ Paulus P B，Nijstad B A. Group Creativity：Innovation Through Collaboration ［M］. Oxford University Press，USA，2003.

［232］ Payne R，Lane D，Jabri M. A Two-Dimensional Person-Environment Fit Analysis of the Performance，Effort and Satisfaction of Research Scientists ［J］. British Journal of Management，1990，1 （1）：45.

［233］ Perry-Smith J E，Shalley C E. The Social Side of Creativity：A Static and Dynamic Social Network Perspective ［J］. The Academy of Management Review，2003，28 （1）：89 – 106.

［234］ Perry-Smith J E. Social Yet Creative：The Role of Social Relationships in Facilitating Individual Creativity ［J］. The Academy of Management Journal，2006，49 （1）：85 – 101.

［235］ Phelps C C. A Longitudinal Study of the Influence of Alliance Network Structure and Composition on Firm Exploratory Innovation ［J］. Academy of Management Journal，2010，53 （4）：890 – 913.

［236］ Phelps C，Heidl R，Wadhwa A. Knowledge，Networks，and Knowledge Networks：A Review and Research Agenda ［J］. Journal of Management，2012，38 （4）：1115 – 1166.

［237］ Podolny J M，Baron J N. Resourcesand Relationships：Social Networks and Mobility in the Workplace ［J］. American Sociological Review，1997，62 （5）：673 – 693.

［238］ Podolny W W，White D R，Koput K W，et al. Network Dynamics and Field Evolution：The Growth of Interorganizational Collaboration in the Life Sciences ［J］. American Journal of Sociology，2005，110 （4）：1132 – 1205.

［239］ Port R F，Van G T. Mind as Motion：Explorations in the Dynamics of Cognition ［M］. The MIT Press，1995.

［240］ Powell W W，Koput K W，Smith-Doerr L. Interorganizational Collaboration and the Locus of Innovation： Networks of Learning in Biotechnology ［J］. Administrative Science Quarterly, 1996： 116 – 145.

［241］ Powell W W, White D R, Koput K W, et al. Network Dynamics and Field Evolution： The Growth of Interorganizational Collaboration in the Life Sciences ［J］. American Journal of Sociology, 2005, 110 （4）： 1132 – 1205.

［242］ Reagans R, Mcevily B. Network Structure and Knowledge Transfer： The Effects of Cohesion and Range ［J］. Administrative Science Quarterly, 2003, 48 （2）： 240 – 267.

［243］ Reagans R, Zuckerman E, Mcevily B. How to Make the Team： Social Networks vs. Demography as Criteria for Designing Effective Teams ［J］. Administrative Science Quarterly, 2004, 49 （1）： 101 – 133.

［244］ Reagans R, Zuckerman E W. Networks, Diversity, and Productivity： The Social Capital of Corporate R&D Teams ［J］. Organization Science, 2001, 12 （4）： 502 – 517.

［245］ Reinholt M, Pedersen T, Foss N J. Why a Central Network Position Isn't Enough： The Role of Motivation and Ability for Knowledge Sharing in Employee Networks ［J］. Academy of Management Journal, 2011, 54 （6）： 1277 – 1297.

［246］ Ren Y, Carley K M, Argote L. The Contingent Effects of Transactive Memory： When Is It More Beneficial to Know What Others Know? ［J］. Management Science, 2006, 52 （5）： 671.

［247］ Rivkin J W, Siggelkow N. Balancing Search and Stability： Interdependencies Among Elements of Organizational Design ［J］. Management Science, 2003, 49 （3）： 290 – 311.

［248］ Rodan S, Galunic C. More than Network Structure： How Knowledge Heterogeneity Influences Managerial Performance and Innovativeness ［J］. Strategic Management Journal, 2004, 25 （6）： 541 – 562.

［249］ Rogan M, Mors M L. A Network Perspective on Individual-Level Ambidexterity in Organizations ［J］. Organization Science, 2014, 25 （6）： 1860 – 1877.

［250］ Rosenkopf L, Almeida P. Overcoming Local Search through Alliances and Mobility ［J］. Management Science, 2003, 49 （6）： 751 – 766.

［251］ Rotolo D, Messeni Petruzzelli A. When Does Centrality Matter? Scientific Productivity and the Moderating Role of Research Specialization and Cross-

Community Ties ［J］. Journal of Organizational Behavior, 2013, 34 (5): 648 –
670.

［252］ Rowley T, Behrens D, Krackhardt D. Redundant Governance Structures:
An Analysis of Structural and Relational Embeddedness in the Steel and Semiconductor
Industries ［J］. Strategic Management Journal, 2000, 21 (3): 369 –386.

［253］ Rulke D L, Galaskiewicz J. Distribution of Knowledge, Group Net-
work Structure, and Group Performance ［J］. Management Science, 2000, 46
(5): 612 –625.

［254］ Sasovova Z, et al. Network Churn: The Effects of Self-Monitoring Per-
sonality on Brokerage Dynamics ［J］. Administrative Science Quarterly, 2010, 55
(4): 639 –670.

［255］ Scherer K. R. Personality Inference from Voice Quality: The Loud
Voice of Extroversion ［J］. European Journal of Social Psychology, 1978, 8
(4): 467 –487.

［256］ Schilling M A, Phelps C C. Interfirm Collaboration Networks: The Im-
pact of Large-scale Network Structure on Firm Innovation ［J］. Management Sci-
ence, 2007, 53 (7): 1113 –1126.

［257］ Schutjens V, Stam E. The Evolution and Nature of Young Firm Net-
works: A Longitudinal Perspective ［J］. Small Business Economics, 2003, 21
(2): 115 –134.

［258］ Scott S G, Bruce R A. Determinants of Innovative Behavior: A Path
Model of Individual Innovation in the Workplace ［J］. The Academy of Manage-
ment Journal, 1994, 37 (3): 580 –607.

［259］ Seers A. Team-member Exchange Quality: A New Construct for Role-
Making Research ［J］. Organizational Behavior and Human Decision Processes,
1989, 43 (1): 118 –135.

［260］ Seibert S E, Kraimer M L, Liden R C. A Social Capital Theory of Ca-
reer Success ［J］. Academy of Management Journal, 2001, 44 (2): 219 –237.

［261］ Shalley C E, Perry-smith J E. Effects of Social-Psychological Factors
on Creative Performance: The Role of Informational and Controlling Expected Eval-
uation and Modeling Experience ［J］. Organizational Behavior and Human Deci-
sion Processes, 2001, 84 (1): 1 –22.

［262］Siggelkow N, Rivkin J W. When Exploration Backfires: Unintended Consequences of Multi-level Organizational Search ［J］. Academy of Management Journal, 2006, 49 (4): 779 - 795.

［263］Simonton D K. Biograpyical Typicality, Eminence and Achievement Styles ［J］. Journal of Creative Behavior, 1986, 20 (1): 14 - 22.

［264］Singh J. Collaborative Networks as Determinants of Knowledge Diffusion Patterns ［J］. Management Science, 2005, 51 (5): 756 - 770.

［265］Snijders T. Stochastic Actor-Oriented Modelsfor Network Change ［J］. Journal of Mathematical Sociology, 1996, 21 (2): 149 - 172.

［266］Soh P. Network Patterns and Competitive Advantage before the Emergence of a Dominant Design ［J］. Strategic Management Journal, 2010, 31 (2): 438 - 461.

［267］Sorenson O, Stuart T E. Syndication Networks and the Spatial Distribution of Venture Capital Investments ［J］. American Journal of Sociology, 2001, 106 (6): 1546 - 1588.

［268］Sosa M E. Where Do Creative Interactions Come from the Role of Tie Content and Social Networks ［J］. Organization Science, 2010, 22 (1): 1 - 21.

［269］Sutton R I, Hargadon A. Brainstorming Groups in Context: Effectiveness in a Product Design Firm ［J］. Administrative Science Quarterly, 1996, 41 (4): 445 - 461.

［270］Switzer D P. Network Liability: A New Frontier for Healthcare Risk Management ［J］. Journal of Healthcare Risk Management, 2001, 21 (2): 3 - 13.

［271］Sytch M, A Tatarynowicz, and R Gulati. Toward a Theory of Extended Contact: The Incentives and Opportunities for Bridging Across Network Communities ［J］. Organization Science, 2012, 23 (6): 1658 - 1681.

［272］Sytch M, Tatarynowicz A. Exploring the Locus of Invention: The Dynamics of Network Communities and Firms' Invention Productivity ［J］. Academy of Management Journal, 2013: 2011 - 2655.

［273］Sze-sze W. Task Knowledge Overlap and Knowledge Variety: The Role of Advice Network Structures and Impact on Group Effectiveness ［J］. Journal of Organizational Behavior, 2008, 29 (5): 591 - 614.

［274］Szulanski G. Exploring Internal Stickiness: Impediments to the Transfer of Best Practice Within the Firm [J]. Strategic Management Journal, 1996, 17 (1): 27 –43.

[275] Tam P W, K J Delaney. Talent Search: Google's Growth Helps Ignite Silicon Valley Hiring Frenzy [N]. Wall Street Journal, November 23, 2005, A1.

[276] Thompson V A. Bureaucracy and Innovation [J]. Administrative Science Quarterly, 1965, 5 (1): 1 –20.

[277] Tierney P, Farmer S M. Creative Self-Efficacy: Its Potential Antecedents and Relationship to Creative Performance [J]. Academy of Management Journal, 2002, 45 (6): 1137 –1148.

[278] Tierney P, Farmer S M, Graen G B. An Examination of Leadership and Employee Creativity: The Relevance of Traits and Relationships [J]. Personnel Psychology, 1999, 52 (3): 591 –620.

[279] Tiwana A. Do Bridging Ties Complement Strong Ties? An Empirical Examination of Alliance Ambidexterity [J]. Strategic Management Journal, 2008, 29 (3): 251 –272.

[280] Tortoriello M, Reagans R, Mcevily B. Bridging the Knowledge Gap: The Influence of Strong Ties, Network Cohesion, and Network Range on the Transfer of Knowledge between Organizational Units [J]. Organization Science, 2012, 23 (4): 1024 – 1039.

[281] Trajtenberg M, G Shiff, R Melamed. The Names Game: Harnessing Inventors' Patent Data for Economic Research [D]. Working Paper 12479, National Bureau of Economic Research, Cambridge, MA, 2006.

[282] Tsai W, Ghoshal S. Social Capital and Value Creation: The Role of Intrafirm Networks [J]. Academy of Management Journal, 1998, 41 (4): 464 –476.

[283] Tsai W. Knowledge Transfer in Intraorganizational Networks: Effects of Network Position and Absorptive Capacity on Business Unit Innovation and Performance [J]. Academy of Management Journal, 2001, 44 (5): 996 – 1004.

[284] Tzabbar D, Kehoe R R. Can Opportunity Emerge from Disarray? An Examination of Exploration and Exploitation Following Star Scientist Turnover [J]. Journal of Management, 2014, 40 (2): 449 –482.

[285] Utterback J M, Abernathy W J. A Dynamic Model of Product and Process Innovation [J]. Omega, 1975, 3 (6): 639 –656.

［286］Uzzi B. Social Structure and Competition in Interfirm Networks: The Paradox of Embeddedness ［J］. Administrative Science Quarterly, 1997, 42 (1): 35 – 67.

［287］Uzzi B, Spiro J. Collaboration and Creativity: The Small World Problem ［J］. The American Journal of Sociology, 2005, 111 (2): 447 – 504.

［288］Uzzi B. The Sources and Consequences of Embeddedness for the Economic Performance of Organizations: The Network Effect ［J］. American Sociological Review, 1996, 61 (4): 674 – 698.

［289］Van B G, Van D M, Snijders T A. Friendship Networks Through Time: An Actor-oriented Dynamic Statistical Network Model ［J］. Computational and Mathematical Organization Theory, 1999, 5 (2): 167 – 192.

［290］Van V A. Central Problems in the Management of Innovation ［J］. Management Science, 1986, 32 (5): 590 – 607.

［291］Volberda H W, Foss N J, Lyles M A. Perspective-Absorbing the Concept of Absorptive Capacity: How to Realize Its Potential in the Organization Field ［J］. Organization Science, 2010, 21 (4): 931 – 951.

［292］Wang C, Rodan S, Fruin M, et al. Knowledge Networks, Collaboration Networks, and Exploratory Innovation ［J］. Academy of Management Journal, 2013: 2011 – 2917.

［293］Wang C, Rodan S, Fruin M, et al. Knowledge Networks, Collaboration Networks, and Exploratory Innovation ［J］. Academy of Management Journal, 2014, 57 (2): 484 – 514.

［294］Wasserman S, Faust K. Social Network Analysis: Methods and Applications ［M］. Cambridge University Press, 1994.

［295］Watts D J, Strogatz S H. Collective Dynamics of Small-World Networks ［J］. Nature, 1998, 393 (6684): 440 – 442.

［296］Weitzman M L. Recombinant Growth ［J］. Quarterly Journal of Economics, 1998: 331 – 360.

［297］West M A, Anderson N R. Innovation in Top Management Teams ［J］. Journal of Applied Psychology, 1996, 81 (6): 680 – 693.

［298］Wong S S, Boh W F. The Contingent Effects of Social Network Sparseness and Centrality on Managerial Innovativeness ［J］. Journal of Management

Studies, 2014, 51 (7): 1180 – 1203.

[299] Woodman R W, Sawyer J E, Griffin R W. Toward a Theory of Organizational Creativity [J]. Academy Of Management Review, 1993, 18 (2): 293 – 321.

[300] Wright S. The Roles of Mutation, Inbreeding, Crossbreeding and Selection in Evolution [C]. Proceedings of the VI International Congress of Genetrics, 1932 (1): 356 – 366.

[301] Wright S. The Roles of Mutation, Inbreeding, Crossbreeding and Selection in Evolution [J]. Collected Reprints, 1960.

[302] Xiao Z, Tsui A S. When Brokers May Not Work: The Cultural Contingency of Social Capital in Chinese High-Tech Firms [J]. Administrative Science Quarterly, 2007, 52 (1): 1 – 31.

[303] Yang H, Phelps C, Steensma H K. Learning from What Others Have Learned from You: The Effects of Knowledge Spillovers on Originating Firms [J]. Academy of Management Journal, 2010, 53 (2): 371 – 389.

[304] Yao Yanhong, Han. A Study on Relationship Between Effects of Organizational Justice and Personality Traits on Employee' Innovative Behavior [J]. Chinese Journal Management, 2013, 10 (5): 700 – 707.

[305] Yayavaram S, Ahuja G. Decomposability in Knowledge Structures and Its Impact on the Usefulness of Inventions and Knowledge-base Malleability [J]. Administrative Science Quarterly, 2008, 53 (2): 333 – 362.

[306] Zaheer A and G Soda. Network Evolution: The Origins of Structural Holes [J]. Administrative Science Quarterly, 2009, 54 (1): 1 – 31.

[307] Zaheer A, Gulati R, Nohria N. Strategic Networks [J]. Strategic Management Journal, 2000, 21 (3): 203.

[308] Zaheer A, Mcevily B. Bridging Ties: A Source of Firm Heterogeneity in Competitive Capabilities [J]. Strategic Management Journal, 1999, 20 (12): 1133.

[309] Zahra S A, George G. Absorptive Capacity: A Review, Reconceptualization, and Extension [J]. Academy of Management Review, 2002, 27 (2): 185 – 203.

[310] Zeggelink E. Dynamics of Structure: An Individual Oriented Approach [J]. Social Networks, 1994, 16 (4): 295 – 333.

[311] Zeggelink E. Evolving Friendship Networks: An Individual-Oriented Approach Implementing Similarity [J]. Social Networks, 1995, 17 (2): 83 – 110.

[312] Zhao Z J, Anand J. Beyond Boundary Spanners: The "Collective Bridge" as an Efficient Interunit Structure for Transferring Collective Knowledge [J]. Strategic Management Journal, 2013, 34 (13): 1513 – 1530.

[313] Zhou J, George J M. Awakening Employee Creativity: The Role of Leader Emotional Intelligence [J]. The Leadership Quarterly, 2003, 14 (4): 545 – 568.

[314] Zhou J, George J M. When Job Dissatisfaction Leads to Creativity: Encouraging the Expression of Voice [J]. Academy of Management Journal, 2001, 44 (4): 682 – 696.

[315] Zhou J, Shalley C E. Research on Employee Creativity: A Critical Review and Directions for Future Research [J]. Research in Personnel and Human Resources Management, 2003, 22 (2): 165 – 218.

[316] Zhou J, Shin S J, Brass D J, et al. Social Networks, Personal Values, and Creativity: Evidence for Curvilinear and Interaction Effects [J]. Journal of Applied Psychology, 2009, 94 (6): 1544 – 1552.

后　记

读博士时师兄跟我说，做每一项研究就如同做一颗珍珠，你的珠子做得多了，用一根主线把它们串起来，写成博士论文或者出一本书，就成了一条美丽的"项链"。当时入学不久的我，望着神情刚毅、发际线日渐后移的师兄，佩服得五体投地。日子飞快，女儿一天天长大，我也步入中年，发际线肉眼可见地后移。时常翻看女儿在这个世界的足迹，我不禁想起也应该为自己的学术生涯留下一个里程牌式的记录。惭愧的是这些珠子远不够闪亮，无法为学术世界增光添彩，我更多的是想留下一个中国学者多年的学术研究足迹。温故而知新，记录当下是为了探索更广阔的未来。

这本书集合了迄今为止我在合作网络与知识创新领域里的大部分工作，有发表在学术刊物上的，也有一些尘封在文件夹里的存货，如今一并奉上，将珠子串成了"项链"。串"项链"最大的意义在于反思。在动手整理、挑选、排版、补充书稿的同时，过去的日子一幕幕回到我的眼前，在教研室、图书馆、自习室，和老师们、同事们、师兄弟、研究生之间的讨论、开会、争论的画面，那些"合作网络"和"知识创新"场景在脑海中渐渐鲜活了起来。人是社会性动物，人与人之间的合作而产生的知识创新书写了人类的进步历史。即使在知识管理工具如此发达的今天，人际网络依然是隐性知识传播的最佳途径。本书从理论、实证与仿真三个视角围绕合作网络与知识创新话题开展研究，从传统的结构主义分析逻辑，到权变的结构、关系与个体特质的交互，以及个体推动网络的演化，知识创新的故事通过不同视角的研究变得更加鲜活生动。我坚信，本书提出的各种研究项目能够被更多的知识创新场景所借鉴。

成书之际，首先要感谢我的导师席酉民教授，他也是本书中一系列研究的主要合作者，他的学识风范深刻地影响了我。此外，要感谢的是学术路上的同路人，研究团队里的老师、师兄弟姐妹、我的同学、工作后的同事和研究生们。这些研究（包括还没有收录在此书中的研究）发表在《科研管理》

《科学学研究》《管理评论》《科学学与科学技术管理》《运筹与管理》等学术期刊上，在此也要一并感谢这些杂志的编辑和审稿人。更要感谢经济科学出版社的张燕编辑，感谢您辛勤的工作以及对我的帮助和鼓励。成书之后，孙雅钰通读了全书，并提出了仔细的格式修改意见，在此一并致谢。

此书的系列研究工作得到了国家社会科学基金面上项目"海外华人科学家跨国流动对我国前沿知识创新的影响研究"（21BGL054）的资助，在此一并表示感谢。

感谢父母和家人，希望我能给你们辛劳的人生带来温暖。

最后我想把"项链"送给我的女儿，她是我世界的光。

张　华

2022 年 7 月于国立华侨大学